国药集团
项目制提质增效
典型案例精选

杨珊华　赵炳祥　主编

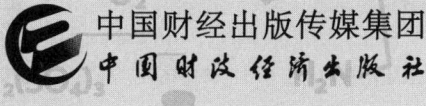

北京

图书在版编目（CIP）数据

国药集团项目制提质增效典型案例精选 / 杨珊华，赵炳祥主编． -- 北京：中国财政经济出版社，2024． 9.
ISBN 978-7-5223-3276-5

Ⅰ．F426.7

中国国家版本馆CIP数据核字第2024RA3385号

责任编辑：马　真　　　　责任校对：张　凡
封面设计：智点创意　　　　责任印制：史大鹏

国药集团项目制提质增效典型案例精选
GUOYAO JITUAN XIANGMUZHI TIZHI ZENGXIAO DIANXING ANLI JINGXUAN

中国财政经济出版社 出版

URL：http://www.cfeph.cn
E-mail：cfeph@cfeph.cn

（版权所有　翻印必究）

社址：北京市海淀区阜成路甲28号　邮政编码：100142
营销中心电话：010-88191522
天猫网店：中国财政经济出版社旗舰店
网址：https://zgczjjcbs.tmall.com
北京中兴印刷有限公司印刷　各地新华书店经销
成品尺寸：185mm×260mm　16开　16.75印张　388 000字
2024年9月第1版　2024年9月北京第1次印刷
定价：78.00元
ISBN 978-7-5223-3276-5
（图书出现印装问题，本社负责调换，电话：010-88190548）
本社质量投诉电话：010-88190744
打击盗版举报热线：010-88191661　QQ：2242791300

编 委 会

主　编：

杨珊华　中国医药集团有限公司总会计师，中国医药会计学会会长，正高级会计师

赵炳祥　中国医药集团有限公司董事、总经理，教授级高级工程师

副主编：

王　鹏　中国医药集团有限公司财务部主任，注册会计师，注册审计师，管理会计师

陈施行　中国医药集团有限公司财务部主任助理，注册会计师

李晓娟　国药控股股份有限公司财务总监，高级经济师，注册会计师，注册资产评估师，美国管理注册会计师

胡立刚　中国生物技术股份有限公司财务总监，正高级会计师，注册会计师

沈黎新　中国中药控股有限公司财务总监，高级会计师

孙　铭　中国国际医药卫生有限公司财务总监，正高级会计师

周震宇　国药医疗健康产业有限公司财务总监，高级会计师，注册会计师

祖　敬　上海现代制药股份有限公司财务总监，高级会计师

刘尊义　重庆太极实业（集团）股份有限公司财务总监，高级会计师

许京辉　国药集团财务有限公司财务总监，正高级会计师，注册会计师，注册税务师

王　宁　中国医药投资有限公司财务总监，高级会计师

余　剑　中国医药集团有限公司财务部副主任，高级会计师，注册会计师，英国特许公认会计师公会国际注册会计师

编委会成员：

黄　艳　国药集团致君（深圳）制药有限公司总经理

苗瑞春　国药集团威奇达药业有限公司总经理

张俊波　国药集团容生制药有限公司总经理

刘统斌　国药集团工业有限公司党委书记、总经理

张　宇　国药控股菱商医院管理服务（上海）有限公司总经理

魏　润	国药东风总医院院长
马　东	国药同煤总医院院长
钟大强	国药控股星鲨制药（厦门）有限公司财务总监
王祥臣	上海生物制品研究所有限责任公司财务总监、总法律顾问、首席合规官
姜建宝	国药控股安徽有限公司财务总监、首席合规官
陈祥军	中国医药对外贸易有限公司财务总监
刘　凡	国药集团威奇达药业有限公司财务总监、首席合规官
戴　树	国药集团容生制药有限公司财务总监
江砚芳	国药集团上海血液制品有限公司总经理
陈　林	太极集团重庆涪陵制药厂有限公司财务总监
郭　虹	国药集团致君（深圳）制药有限公司副总经理
陈伟强	国药控股星鲨制药（厦门）有限公司副总经理
周万森	西南药业股份有限公司财务总监
郑　阳	国药朴信商业保理有限公司副总经理
涂　艳	国药集团同济堂（贵州）制药有限公司财务副总监
梁颖康	国药控股广东物流有限公司供应链与物流管理中心总经理
叶　碧	国药集团医药物流有限公司上海分公司副总经理
吴　铎	国药集团财务有限公司计划财务部经理
王　岩	中国国际医药卫生有限公司财务资金部资金管理科科长
李禄年	重庆太极实业（集团）股份有限公司营销管理中心藿香产品群品类总监
李成彪	中国出国人员服务有限公司财务部副经理
闫　珍	中国医药对外贸易有限公司财务部副经理
刘玉霞	新乡市中心医院药剂科主任
朱世国	广东一方制药有限公司工程设备中心设备动力部设备管理副主任工程师
骆绍君	西南药业股份有限公司粉针剂车间主任
贾玉强	长春生物制品研究所有限责任公司疫苗六室主任助理
张高硕	中服（三亚）免税品有限公司总经理助理兼物流部总经理
冯丽华	国药集团冯了性（佛山）药业有限公司生产部部长
窦海朋	广东一方制药有限公司生产中心生产部包装车间主管
林细芬	广东一方制药有限公司生产中心计划部计划主管
周雅泉	广东一方制药有限公司生产中心生产部提取车间主管

序

中国医药集团有限公司，简称"国药集团"，是由国务院国资委直接管理的以生命健康为主业的中央企业，拥有1,600余家成员企业，包括国药控股、国药股份、国药一致、天坛生物、中国中药、国药现代、国药太极等上市公司，业态涵盖科技研发、生物制药、现代中药、化学制药、医疗器械、药品分销、医药零售、医疗健康、国际经营、金融投资等大健康全产业链。国药集团旗下企业历史悠久，文化底蕴深厚，近年来，经营规模、效益和综合实力居于全球同行业领先地位，经济效益在中央企业中名列前茅。自新中国成立以来，国药集团积极履行中央企业的政治责任、经济责任和社会责任，一直承担着国家疾病预防免疫、中央医药储备和药品紧急生产调拨供应任务，在国家历次应急事件和重大活动中，为保障人民生命健康安全与社会稳定发挥了重要作用。

建设世界一流企业，必须要建设世界一流的财务管理体系。财务管理是企业管理的核心，财务管理贯穿于企业经营管理的各个流程，直接反映企业经营管理的成绩和问题。各公司的财务报表都是我开展经营管理工作的重要的案头工具，常翻常看，常看常新。我认为，任何一名企业的经营管理者都应当懂财务，能通过财务报表看出企业经营管理中的问题。而作为一名财务管理者，除了财务核算，还必须能创造价值。正如国资委《关于中央企业加快建设世界一流财务管理体系的指导意见》所指出的，世界一流财务管理体系要更加突出"支撑战略、支持决策、服务业务、创造价值、防控风险"的功能作用。创造价值必须是企业财务管理的重要职能。

近年来，国资委每年都开展提质增效专项行动，每年下发工作方案和管理要求，推动中央企业积极落实各项经营业绩任务目标，促进企业高质量发展。在建设世界一流企业的实践中，国药集团财务条线创造性地以"项目制"开展提质增效，创造了显著的经济效益。通过厘清理论逻辑、变革组织方式、纳入专项考核、开展优秀案例评审等一系列举措，充分调动了各级企业开展提质增效的积极性。不少集团下属企业开展"党建+提质增效""团建+提质增效"活动，充分发挥政治优势、组织优势和治理优势，形成了全面动员、全员参与、全域覆盖的态势，大大激发了20万国药人的积极性和创造性，提升了企业的精益管理水平，有力推动了集团的高质量发展。自 2020 年集团财务部牵头组织提质增效工作以来，国药集团设立提质增效项目数千个，实现增效数十亿元，涌现出一大批代表性、典型性的优秀案例。国药集团项目制提质增效获得社会各界广泛关注和好评：集团提质增效工作成果被纳入国资委党委 2023 年学习贯彻习近平新时代中国特色社会主义思想主题教育第 69 期简报《凝心聚力谋发展 真抓实干建新功》；2022 年获评中国管理科学学会第八届"管理科学奖"管理促进类优选成果；财政部主管的重要期刊《财务与会计》《新理财》2023 年对集团项目制提质增效设置专题专栏，发表集团多篇案例文章；2023 年新华网进行了专访报道。为进一步巩固、推广提质增效案例成果，集团筛选、组织内外部专家评审，遴选出 40 个典型案例集结成书，书中收录的案例分为增收、降本、提质、创新四大类别，作者既包括企业一把手、财务总监、副总经理，也有来自生产经营管理各个领域的部室负责人和普通员工，案例生动展示了国药大家庭各条线、各层级企业开展提质增效专项行动的鲜活实践，希望能为相关企业开展提质增效活动、助力高质量发展提供参考和借鉴，也希望集团各级企业的经营管理人员认真学习优秀案例的经验，准确领会项目制提质增效的精髓，把本企业的提质增效工作做得更加扎实、更有成效。

作为医药领域的国家队、主力军，国药集团不仅是一个企业，更是一个行业，是推进健康中国建设国家战略的重要力量。在市场化发展的浪潮中，国药集团先行先试，始终将效益效率作为经营发展的重中之重，以"产品卓越、品牌卓著、创新领先、治理现代"的世界一流企业标准为目标，在做强做优做大的道路上稳步前行。随着数字化时代的到来，财务管理要更多面向决策、面向未来，充分发挥趋势判断和预警作用，用先进的思路、模型和方法去解决企业发展过程中面临的各种不确定问题，同时也必须始终坚持创造价值。要继续深入开展好项目制提质增效工作。要加大宣传力度，从上到下进一步形成共识，从点到面形成合力，深挖价值漏洞，加大跨流程、跨部门、跨价值链协同力度，通过联合挖掘、联合优化创造更大的价值，建设提质增效长效机制，使项目制提质增效为国药集团建设世界一流企业贡献更大力量。

面对世界百年未有之大变局，面向中华民族伟大复兴的光明前景，国药集团将继续秉承"关爱生命、呵护健康"的企业理念，围绕增强核心功能、提高核心竞争力开展项目制提质增效，持续提升精益管理水平和价值创造能力，更好发挥国资央企"科技创新、产业控制、安全支撑"三个作用，为建设医药现代化产业体系、打造新质生产力、全面服务"健康中国"战略作出新的更大贡献。

国药集团党委书记、董事长　白忠泉
2024 年 8 月

目 录

第一章　总论……………………………………………………………………（1）
　　认真做好项目制提质增效　全面助力高质量发展………………………（3）
　　项目制提质增效的逻辑与国药实践………………………………………（7）

第二章　增收项目………………………………………………………………（13）
　　国控星鲨优化厂房布局　提升产能提质增效实践………………………（15）
　　提升重点品种产能　促进企业增效………………………………………（22）
　　优化生产结构　提升产品产能
　　　　——精益价值流在企业提质增效中的应用与实践…………………（27）
　　提高固体制剂车间产能的实践探索………………………………………（34）
　　改造污水处理设施　突破投浆瓶颈………………………………………（39）
　　品牌溢价促进产品创新发展
　　　　——太极藿香正气口服液提质增效实践……………………………（45）

第三章　降本项目………………………………………………………………（51）
　　加强生产过程控制　降低鸡胚成本消耗…………………………………（53）
　　"降低太极藿香正气口服液制造费用和直接人工费用"提质增效项目实践……（60）
　　加强干法制粒机主轴配件管理　降低维修费用…………………………（65）
　　改进物流运作模式　助力离岛免税邮寄业务提速降本…………………（71）
　　构建标准化流程　助力挖潜降本
　　　　——优化不合格品销毁管理…………………………………………（77）
　　新乡市中心医院降低药品成本的提质增效实践…………………………（83）
　　绿色低碳理念下降低蒸汽单耗的提质增效实践…………………………（90）
　　高浓度脱酯水相（青霉素废酸水）处理绿色低碳转型实践……………（96）
　　国药威奇达青霉素105车间智能化升级提质增效实践…………………（102）
　　注射用甲泼尼龙琥珀酸钠（米乐松）精益管理实践探索………………（109）

稳抓关键工序　提升生产效率……………………………………………（113）
优化生产工艺　提高产品收率
　　——精益管理工具在提质增效中的应用与实践…………………（119）
立足成本动因多措并举　提升四价流感疫苗原液收率…………………（123）
精准设置喷干工艺参数　缩短清场时长　提升设备喷干效率…………（128）
项目制提质增效在冯了性药业的实践与应用
　　——丸剂包衣工艺升级优化……………………………………（133）
优化生产及库存管理　减少资金占用……………………………………（139）
优化物流费用率　提升企业经济效益……………………………………（145）
"精打细算四分钱"租赁打印机提质增效实践……………………………（151）

第四章　提质项目……………………………………………………（157）

国控星鲨提质增效价值链分析综合应用实践……………………………（159）
基于 DRG 支付改革的医院精细化管理实践与探索………………………（165）
以产线创新驱动医药制造业提质增效……………………………………（173）
国药国际资金运营提质增效项目实践……………………………………（178）
国药东风总医院提升精细化运营管理提质增效实践……………………（183）
本量利管理会计工具方法在负毛利产品提质增效中的应用与实践……（189）
全球化体系化推动注射用头孢曲松钠价值链提质增效实践……………（196）
基于管理会计视角的零售企业存货管控实践
　　——以离岛免税企业 A 为例……………………………………（203）
重塑工作流　实现收货报告"一点通"……………………………………（209）
创新国药朴信保理 ABS 循环购买　服务国药集团成员企业高质量发展………（215）

第五章　创新项目……………………………………………………（223）

国药威奇达"绿色低碳化"提质增效实践………………………………（225）
创新 SPD 人力成本标准化管理　促进公司运营效率提升………………（231）
国药致君产品全价值链提质增效实践……………………………………（237）
国药物流 UDI 系统建设与追溯平台升级提质增效实践…………………（242）
AI 智能医药物流提质增效项目实践………………………………………（248）
国药集团财务有限公司金融数据采集管理提质增效项目实践…………（255）

第一章 总论

认真做好项目制提质增效
全面助力高质量发展

杨珊华*

新华网北京 12 月 22 日电（吴起龙）　自 2012 年以来，国务院国资委每年都组织中央企业开展提质增效工作，给中央企业提质增效工作提出了明确要求。今年，国资委进一步提出"一利五率"经营指标和"一增一稳四提升"总体目标，引导企业突出高质量发展首要任务，扎实推进提质增效稳增长。

近日，国药集团总会计师、国药财务公司董事长、中国医药会计学会会长杨珊华做客新华网访谈间，分享国药集团独具特色的提质增效工作体系。他表示，集团结合实际创新思维和工作方式，提质增效工作取得了显著成效。

寻找价值漏洞　助力企业高质量发展

新华网：对于国药集团正在开展的提质增效工作，您有何看法？

杨珊华：只有先明确定义提质增效，才能在实际工作中落实。实践中我一直思考提质增效的定义，特别是在我们中国中药公司按照项目制开展提质增效工作后，我深感有必要准确定义企业的提质增效。

我们所给出的定义是，提质增效是企业管理层组织的，区别于日常经营管理活动，旨在提升企业发展质量，能够在短期内（一般不超过一年）提升企业经济效益的专项管理活动。这个定义为我们正确开展提质增效提供了依据。

依据马克思主义的政治经济学，价值由活劳动直接创造而其他生产资料转移价值，但我们发现在价值创造中，存在信息不对称、制度不健全以及管理薄弱等问题，这些问题可能导致价值的流失或减少，我将其称为价值漏洞。

实行提质增效的过程，实际上就是寻找价值漏洞、进行价值挖掘的过程。在实践中，提质增效工作可以被理解为专门寻找价值漏洞、创造新价值的工作，我们正是按这样的逻辑进行工作。

新华网：在提质增效工作中，国药集团有哪些创新举措？

杨珊华：工作中，我们严格按照项目制进行实施，并简化为"项目制、可量化、可考

---

* 作者简介：杨珊华，中国医药集团有限公司总会计师、中国医药会计学会会长。

核",创新举措也都围绕这9个字展开。

在组织管理方面,我们建立了网格化的提质增效管理体系。集团内设专门的提质增效工作领导小组,由主要领导担任组长,总会计师带领财务团队组织开展工作,并针对不同企业提出寻找价值漏洞和提质增效项目的指导意见。

与此同时,进行专门督导,并设置了相应的考核机制,这种考核将影响下属企业领导团队的综合业绩考核,直接关系到他们的薪酬绩效,这在提质增效工作的执行过程中具有创新性。

在具体执行方面,鼓励下属企业从多个角度结合实际寻找项目,其中也包含创新。

在考核方面,各企业依据自身实际创新考核办法,形成了科学有效的激励机制。

新华网:提质增效创新举措在助力国药集团高质量发展方面有哪些贡献?

杨珊华:首先,提升了集团的经济效益。每年集团立项的提质增效项目超2,200个,目标增量利润约20亿元,但实际完成的增量利润近30亿元。

其次,提升了集团的管理水平。因为按项目制进行提质增效,需每位员工去发现并完善漏洞,每家企业都有自己的项目,从而提升了整体企业的管理水平。

最后,调动了广大员工的积极性,特别是青年干部、青年员工和基层员工。前几天,我参加了中国中药的精益改善大赛,看到很多年轻朋友,他们认真、严谨地开展提质增效工作;通过比赛评选出优秀项目,也形成了企业的提质增效文化,这种贡献非常明显,促进了企业的高质量发展。

改变管理思维 提升企业效益、服务能力

新华网:实际开展提质增效工作中,是怎么进行组织和管理的?

杨珊华:国药集团拥有1,661家子公司,我们明确认识到各企业间业务线的差异和业态多样性。这也意味着,在提质增效的过程中,每家企业的重点和难点都会有所不同。因此,我们强调依靠全体员工,尤其是基层员工去发掘每个企业的价值漏洞。

在集团层面,我们建立了专门的组织机构来负责提质增效的管理,每年发布通知,要求各企业根据集团要求,从项目立项开始,明确重点领域。不同的企业,比如中药、西药、生物制药等,项目划分的方式也不相同。

例如,在生产企业,涉及研发、采购、生产、销售、售后服务、职能管理等多个方面。而商业企业则可能只涉及少数几类项目。在这个过程中,需要注意的是不同项目的分类不是集团规定的,而是由各个企业根据自身实际情况,根据员工在实际的经营管理过程中发现的项目去分类的。审批流程和立项管理各有不同特点,但总体来说,都是针对各企业实际运营中的薄弱环节,去寻找和解决问题,从而找到提升经济效益的增长点。

新华网:请您给大家分享一些可展示、推广的提质增效成果实践案例。

杨珊华:我先举一个我们生活中的例子,大家都有参加会议的经历,如果大家都把自己喝了一点但是没有喝完的矿泉水带走继续饮用,就能减少浪费。

在国药集团的实践案例中,提质增效项目很多,涵盖了许多领域,并展现了丰富的成果。

比如，集团旗下中药控股德众药业针对药瓶的尺寸进行研究，合理设置药瓶体积，优化药品包装设计，减少包装箱体积，既可避免药片损坏，还可以节约包装成本；中药控股广东一员工提出从不同渠道采购机器所需的密封圈，降低成本50%，还提高了耐用性；国药控股星鲨公司针对铝塑板上的药片数量问题，通过提高药片的密度，减少铝塑板的用量，降低生产成本；在国药中生上海公司，他们设立了提高每枚鸡胚流感疫苗原液的单产收率项目，降低了生产成本，也显著增加了经济效益。

这些案例显示了不同企业利用项目制开展提质增效所获得的成功。结合实际情况，积极调动员工参与的热情和创造性，发掘价值漏洞，不仅提升了经济效益，还为建设先进的企业文化提供了强力支持。

新华网： 您认为按项目制开展提质增效工作，对于央国企提高效益和竞争力有什么重要性？

杨珊华： 提质增效工作对央国企提升效益和竞争力具有多方面的重要性。通过产品质量、经营管理质量等方面的提升，提质增效可以直接带来经济效益的提升。即便有些改进项目不能直接转化为经济效益，但提高产品合格率、顾客满意度等可量化的指标最终也会为企业经济效益带来积极贡献。

通过提升经营管理水平，提质增效使企业更具竞争力。这个过程中的创新需求推动了创新工艺和管理制度的改善，进而提高了企业的创新能力。

引入精益管理工具和管理会计工具等，还可以提升央国企的精益管理水平，增强盈利能力、风险控制能力，降低成本，进而增强企业的发展能力。

而通过整体提升产品质量和服务水平，提质增效不仅提升了企业的核心竞争力，还提高了整个行业为人民群众提供服务的能力，实现了更好地为社会提供高质量产品和服务的目标。

因此，提质增效工作从根本上改变了管理思维，对于企业的发展、经济效益提升、竞争力和服务能力提升等多方面都可以带来显著的积极影响。

项目制提质增效理念可推广　　财务部门角色关键

新华网： 除企业外，其他单位是否适用？能不能在全社会推广项目制提质增效经验？

杨珊华： 提质增效项目制这种管理方式不仅适用于企业，而且适用于其他单位和组织，包括政府机关、事业单位以及个体企业，其经验也可以在全社会范围内推广。

每个单位都在创造价值的过程中存在着价值漏洞，而提质增效的项目制可以帮助发现并解决这些漏洞。这种方式的关键在于依靠全员的积极参与，每位员工都有能力去寻找潜在的价值漏洞，并通过立项、解决漏洞来创造新增价值。

举例来说，在日常生活中，宾馆使用小包装的洗发露和沐浴露，但往往会造成浪费。通过改变使用方式，将洗发露和沐浴露固定在洗浴间，供客人灵活选用，就可以减少浪费，节约资源。这样的例子在生活中很常见，也说明了按项目制、寻找价值漏洞的经验可以广泛适用于各个领域。

提质增效的理念和方法可以为各类组织和单位带来实际的效益，通过发掘价值漏洞、提高工作效率和资源利用效率，对于社会的各个方面都能产生积极影响。

新华网：国药集团的提质增效工作主要由财务部门牵头开展，这种形式是出于什么考虑呢？

杨珊华：提质增效在国药集团中是一项重要工作。在这个过程中，财务部门的牵头组织角色很关键。这种选择出于财务部门实际优势的考量，财务部门对单位的价值创造和利润形成有着最清晰的了解，因为他们了解影响利润形成的各种因素。

财务团队的专业特长使其能够最清楚地确认和管理价值，以及定量评估新增的价值。当发现价值漏洞后，需要一个团队共同研究、找出漏洞的原因，并提出改进措施。这个过程中财务团队的参与至关重要，因为他们的参与能够提高工作效率。基于国药集团的经验，财务团队直接参与并组织这样的项目会产生更好的效果，这是一个值得其他单位或组织参考的经验。

新华网：财务团队在执行中是否遇到过困难？又是如何解决的？

杨珊华：对于国药集团这样的大型企业，如何能更完善地做好提质增效工作，一直是我们思考的问题。在过去几年的实践中，确实遇到了一些困难。比如，对下属企业提质增效的考核，涉及立项率、结项率、新增经济效益达成率等指标，我们希望这些数据是准确可靠的。因此，我们建立了一个专门的提质增效管理信息系统，从项目立项开始，各企业通过该系统上报情况，集团通过该系统进行分析、监控和管理。

另外，提质增效新增经济效益和预算指标完成情况可能存在矛盾，需要我们进行科学分析和评价。当发现某些企业没有完成预算指标时，可能有市场原因，也可能是管理上的问题。项目制的提质增效工作是有效的，但如果产生的效益未能覆盖其他因素引起的经济效益减少，这就可能导致预算指标未达标；当然也有可能是预算设定高了，与市场实际情况不符。

总体来说，提质增效项目制的本质是找到和解决漏洞，增加价值。我们要充满信心，不断完善这一工作，遇到问题也要坚持按项目制去解决。相信坚持下去，将为国药集团和整个行业的高质量发展作出更大的贡献。

值得一提的是，我们的提质增效项目制还荣获了中国管理科学学会2022年度的优秀创新成果，我们的成果也在《财务与会计》《新理财》等相关财经期刊上发表，这是理论界对我们工作的认可。

（本文为新华网2023年12月22日对国药集团总会计师杨珊华采访报道，责任编辑吴起龙）

项目制提质增效的逻辑与国药实践

杨珊华　陈施行[*]

一、项目制提质增效的理论逻辑

提质增效是在资源稀缺条件下人类社会的永恒主题，是任何组织提升效率和效果、促进组织发展的重要活动。提质增效四个字人人认识，耳熟能详。但是什么是提质增效？为什么要做提质增效？如何科学地、有效地、系统性的做提质增效，几乎没有人论述。如果这些基本问题不研究清楚，要把提质增效做到位是不可能的。本文希望能对提质增效的理论逻辑进行论述，并结合国药集团提质增效工作进行实践论证和总结。

让我们先从价值的形成过程说起。

根据马克思主义政治经济学，商品的价值是由消耗掉的生产资料的价值和工人新创造的价值两个部分构成的。所谓剩余价值就是劳动力消耗所创造的超过劳动力价值的那部分价值，也就是工人在剩余劳动时间里所创造的价值。剩余价值是资本主义社会各个剥削集团收入的总源泉，它以利润、利息、地租、赋税等各种不同形式被瓜分。

马克思阐述了价值的形成过程或创造过程。在马克思所描述的价值形成过程中，会不会百分之百实现资本家或者工人或者企业的目的呢？答案自然是否定的。因为活劳动在创造价值过程中，由于顶层设计不科学、内外部信息不对称、组织管理不到位、规章制度不健全、人力资源数量质量不足、员工积极性未充分发挥、技术工艺落后等原因，不可避免地存在价值链上的薄弱环节或漏洞，导致价值流失或减少，从而形成价值漏洞。

从价值形成过程来看，影响价值漏洞的主要因素包括：影响劳动力生产及生产质量的因素；影响劳动力组织与管理的因素；影响劳动资料（包括厂房、设备等）质量的因素；影响劳动对象（包括原材料、半成品等）质量的因素；影响生产工艺、加工过程的技术因素；影响生产工艺、加工过程组织管理的因素；影响劳动力、劳动资料、劳动对象的价格的因素。

以上产生价值漏洞的原因和影响因素必将是客观的长期的存在，所以价值漏洞也必将是客观的长期的存在。因此客观来说，价值创造的过程也就是价值漏洞的形成过程。那么对于一个企业来说，企业在从事生产经营管理活动创造价值的同时，实际上也不多不少地在形成价值漏洞。既然如此，那么企业除了从事日常的生产经营管理活动外，还必须开展

---

[*] 作者简介：杨珊华，中国医药集团有限公司总会计师、中国医药会计学会会长；陈施行，中国医药集团有限公司财务部主任助理。

发现、堵塞价值漏洞、实行价值挖掘的活动，于是提质增效活动就应运而生，因为企业的提质增效活动实际上就是这样一种活动。这就是我们所说的提质增效的理论逻辑。

那么什么是提质增效？如何给它下定义呢？我们尝试对提质增效作如下定义：提质增效是由企业管理层组织的、区别于日常经营管理活动，旨在提高企业发展质量、能够在短期内（一般不超过一年）增加经济效益的专项提升性管理活动。

以上定义，强调了五个关键词。一是强调了"是由企业管理层组织的"，因为企业价值的创造由管理层组织，那么提质增效自然也就应该由企业管理层组织，企业价值创造是由企业管理层组织全员参与的，那么提质增效自然也就应该由企业管理层组织全员参与；二是强调了"区别于日常经营管理活动"，日常经营管理活动是日常的价值创造活动，那么发现和堵塞价值漏洞、实行价值挖掘的活动当然要与之区别开来；三是强调了"旨在提高企业发展质量"，说明企业还有价值漏洞，还有提升空间，说明提质增效的目的；四是强调了"能够在短期内（一般不超过一年）增加经济效益"，因为日常经营管理活动的会计年度一般为一年，为了便于对提质增效活动进行管理考核，因此对提质增效活动产生效益的时间期限提出了要求；五是强调了"专项提升性管理活动"，进一步明确了提质增效的本质，是"专项的""提升性的"管理活动。

以上对提质增效逻辑的分析和提质增效的定义为我们在实际工作中以"项目制"开展提质增效提供了理论依据。既然提质增效活动就是开展发现和堵塞价值漏洞、实行价值挖掘的活动，那么我们就把员工组织起来去开展发现和堵塞价值漏洞、实行价值挖掘的活动，每一个漏洞就立一个项目，每一个项目的目的就是堵塞漏洞，创造增量价值。因此，以项目制开展提质增效，不仅在理论上符合逻辑，而且在实践中也具有符合提质增效本质的极强的现实可操作性。

当然以上对提质增效的分析和定义都是从狭义上讲的。很多人常常从广义上去简单理解提质增效是所有一切能提升质量和效率、增加效益的管理活动。这种理解在不是特指提质增效专项活动的场景中也是完全成立的，本文在此不予讨论。

通过上述分析和定义，国药集团将提质增效与企业日常经营管理活动区分开来，明确其本质是"专项提升性管理活动"，其目的是提高企业发展质量，且能在短期内增加企业经济效益。这个定义为集团在实际工作中组织开展提质增效活动提供了理论依据和行动指南。

二、国药集团项目制提质增效的实践与成效

中国医药集团有限公司（以下简称"国药集团"或"集团"）是由国务院国资委直接管理的唯一一家以生命健康为主业的中央企业，是中国和亚洲综合实力和规模领先的综合性医药健康产业集团，拥有集科技研发、工业制造、物流分销、零售连锁、医疗健康、工程技术、专业会展、国际经营、金融投资等为一体的大健康全产业链。旗下有国药控股、国药中生、国药国际、中药控股等12家二级公司，合并范围有1,660余家子公司及国药控股、国药股份、国药一致、天坛生物、国药现代、中国中药、太极集团等8家上市公司，员工总人数超过20万人。

2020年，国药集团积极响应党中央"六稳六保"要求，组织所属企业认真开展提质

增效，从集团层面明确提出净利润、销管费用率、营运周期、工业研发经费投入强度四项量化目标，全年仅压控费用就实现增效 10.98 亿元，圆满完成年度经营目标。2021 年，国药集团继续挖潜增效，各项经营指标取得突破性进展，设立提质增效项目 586 个，实现增效 13.67 亿元。2022 年，国药集团坚决贯彻落实国资委"稳增长、防风险"要求，将提质增效作为提升企业精益管理水平和应对不确定性的重要抓手，增强效益增长的稳定性和可持续性，设立提质增效项目 2,242 个，实现增效 26.75 亿元。2023 年，国药集团围绕提升企业核心竞争力深入开展提质增效，设立提质增效项目 2,242 个，实现增效 26.51 亿元，促进了集团精益管理水平提升和集团经济的健康发展。国药集团将提质增效活动提炼为"项目制、可量化、可考核"九字方针。回顾国药集团提质增效历程，主要做法和经验如下：

（一）建立强大组织保障机制

集团的主要领导对价值实现负总责，因此集团的提质增效活动必须由主要领导抓总。国药集团成立"提质增效专项推进工作组"，由主要领导任组长，其他经营班子为工作组成员。由于财务条线对企业价值创造的过程了解最全面，对价值漏洞形成的过程与原因了解最便利，因此集团明确由总会计师靠前指挥、财务部门牵头，各业务条线齐抓共管，形成上下贯通、纵横交错的网络化的提质增效管理体系。

每年年初，集团研究制定《提质增效专项行动方案》，对各企业开展提质增效提供方向和方法指导，明确不同子公司提质增效重点难点，对各子公司提质增效活动开展常态化过程管控，第二年年初再对各子公司的提质增效工作实施专项考核，组织召开全级次专题会议进行工作总结和经验交流，部署下一年度工作任务，形成提质增效工作的闭环管理。

中国中药控股有限公司在党委组织下开展"党建+提质增效"专项行动，找准党建与生产经营工作的切入点，切实把党的政治优势、组织优势和群众工作优势转化为治理优势，推动党建与业务深度融合，形成全面动员、全员参与、全域覆盖的态势。

国药太极提质增效工作由财务管理中心负责牵头实施，人力资源部负责专项考核，审计部负责对项目的执行情况进行监督，其他各职能部门配合。2021 年并入国药集团后，2022 年首次开展便设立项目 230 个，实现增效 3.49 亿元。

（二）结合实际分层分类立项

国药集团将提质增效项目分为增收、提质、降本、控费、创新五大类，分别征集子公司项目立项。其中，增收、降本、控费类项目为"增效"范畴，明确分销、零售、生物制药、现代中药、化药制药等不同业态的市场开拓和转型升级方向，以及成本管控和费用挖潜重点，通过改善现有价值创造的薄弱环节实现增收增利；提质、创新类项目为"提质"范畴，从深化应收账款及存货精益管理、加快推进数字化转型、提升科研转产率等方面入手，着力提高运营和创新效率，巩固扩大经营成果，增强企业发展活力和后劲。

二级子公司结合自身实际，按照业务和管理条线细化项目类别，组织所属企业按照"横向到边、纵向到底"进一步细化分析，并落实到提质增效具体项目，经经理层办公会或主要领导审批后予以立项。由于不同子公司提质增效的重点、难点不同，在具体分类排序上允许动态调整，哪类项目管理条件成熟，哪类先行实施，以点带面、分层分类开展提质增效项目管理。

例如，针对集采导致公司毛利率持续走低、医保资金紧张医院客户回款滞后等问题，国药控股吉林有限公司构建客户价值度分析模型，设立"重点医院净利率提升项目"，明确转存量品种、强化新品准入和完善服务等提质增效措施；为有效应对一致性评价要求，国药集团致君（深圳）坪山制药有限公司设立"某产品全价值链提质增效项目"，围绕关键工艺、关键设备、关键材料实施改良创新；为响应公立医院高质量发展要求，国药东风总医院设立"专科运营助理项目"，加强医务人员预算和成本管控意识；为防控汇率风险、提升外汇管理效能，中国国际医药卫生有限公司设立"资金运营提质增效项目"，持续挖掘全币种资金运营潜力。

（三）高效严谨做好项目实施

为确保年初立项项目顺利实施，集团编制《提质增效工作手册》，建立推进工作组成员与二级子公司一对一专项督导机制。集团领导带队到二级子公司及部分三级子公司现场开展提质增效专项督导，分析解决存在的困难或问题。二级子公司由财务部牵头，分条线找准管理提升的改进方向，推动专项工作不断下沉，并在项目实施过程中给予充分指导。

中药控股开展提质增效坚持"三现主义"，引入标准化作业、5S与可视化管理、消除八大浪费等精益管理工具，通过人、机、料、法、环进行要因分析，持续挖掘生产经营管理过程中的价值漏洞，取得显著成效。例如，接到消费者反馈"鼻炎康"药片绿色薄膜衣片边缘脱落问题后，国药集团德众（佛山）药业有限公司由质量部、采购部、技术部组成项目团队，按照生产、包装、运输、储存等环节仔细调查原因，锁定要因后设计方案并开展震荡实验，最后明确问题根源在于包装瓶剩余空间过大导致药片相互碰撞边缘脱落。通过更改鼻炎康包装瓶尺寸，不仅有效解决了消费者反应的崩片问题，当年还降低包装瓶、包装盒等包材费用近100万元。

为解决流感车间搬迁改造后带来固定成本大幅上升问题，上海生物制品研究所有限责任公司以"提高流感疫苗原液单产收率"立项，开展成本性态分析确立控制目标，结合生产工艺深入挖潜，通过细化物料管控、强化人员培训、增加物料供应商、优化生产工艺等综合措施，将四价流感疫苗原液单产收率提升55.56%，当年节约生产成本2,371万元。

（四）加强常态化过程管控

集团建立提质增效大数据中心，将年度经审批立项的项目纳入统一平台管理，推动提质增效专项工作信息化、规范化、科学化。集团财务部按季度跟进子公司提质增效年度目标执行进度，经营管理部门对执行偏差大的子公司下达提示函，推动各项措施落到实处。

针对商贸板块占比较高的特点，集团以成本费用明细梳理为切入点，按成本费用形态进行分类管理，聚焦薪酬、市场、折旧、物流、能源等金额或增幅较大的费用，严控非生产性支出。集团在二级子公司自我挖潜的基础上逐户确定费用管控专项目标，对成本费用率高的企业强化穿透式管控。国药控股组织开展分业态销售费用率、管理费用率对标，引导子公司把降本控费落到实处，切实提高经营管理效率。

（五）加大专项考核力度

国药集团制定《提质增效专项工作考核办法》，从过程组织和项目结果两方面对提质增效工作进行考核评价，建立健全提质增效立项、结项、利润贡献与企业负责人业绩考核相衔接的目标确定机制和激励约束机制。按照指标客观、计算简单、导向明确原则，考核办法设定立项率、结项率、效益目标达成率、结项效益增幅、利润贡献率、"可持续提升效益类"项目占比六项量化指标，并组织评定提质增效年度优秀案例，根据考核结果对二级子公司专项工作进行加分。

除应用于二级子公司年度业绩考核外，集团还在年度工作会议上对提质增效考核结果进行通报和表扬，对提质增效工作贡献突出的团队或个人由相关子公司给予专项奖励。

二级子公司层面，中药控股考核办法从经济效益、管理效益、过程组织及重点任务落实情况四方面进行综合评价；国药中生在立项、结项考核基础上对纳入重点项目的增加考核权重；国药工程从项目立项、过程组织和项目结果三方面进行考核评价；国药控股将提质增效纳入二级公司专项考评，项目成果纳入财务总监考核。

（六）打造精益管理文化

要把提质增效专项活动抓出成效、抓出水平，必须将提质增效和精益管理有机结合起来，必须高度重视精益管理工具的使用。同时必须将精益管理思想传播到生产经营的每个角落，培养员工自发的精益行为习惯，形成企业的精益文化沉淀。而精益文化的建设仅仅依靠领导层的一番热情或是流程制度的制定是远远不够的，最行之有效的办法和途径就是在员工中树立榜样。这种榜样的力量不仅仅是需要企业家、管理者以身作则，尊重科学的精益管理，同时也需要利用标杆项目、精益优秀人才进行不断的宣传。

中药控股组织相关部室及子公司代表在同济堂制药现场开展"精益管理"专项培训，并对同济堂车间作业进行观察诊断。中药控股向全级次企业推广精益管理工具应用，推动精益生产、精益管理与提质增效有机融合。2023年，中药控股组织开展以"弘扬中药始于心、提质增效践于行"为主题的精益改善大赛，来自基层的十个项目团队踊跃汇报其在节能降耗、安全环保、工艺改进、创收增效等方面的改善成果，促进子公司之间的交流与学习，营造全员持续学精益、做精益的文化氛围。

三、项目制提质增效实践的经验与体会

（一）以项目制为基础，建立目标责任管理机制

国药集团提质增效的项目制，是指对提质增效项目实施立项管理，即明确项目团队，研究制定项目改善或提升目标、具体行动方案和改进措施，计算立项前后对比结果，在有限资源约束下运用现代、系统、集成、科学的管理手段、工具和方法对项目实施过程管理和结果评价的制度。

以项目制为基础的目标责任管理机制，目标具体明确，结构简单，组织灵活，便于统一指挥、沟通协调、过程控制及结果评价，有力地保证了提质增效专项工作的扎实推进和持续开展。

（二）建立科学考核机制，实施目标责任激励

国药集团自2022年开始将提质增效纳入二级子公司年度专项考核评价体系，强化专项考核的指引作用，实现工资总额向提质增效专项工作优秀的单位倾斜。为确保提质增效与企业主要经营管理活动协同推进，集团规定：出现实际经营业绩下滑等情况要认真查明

原因，必要时对发现上述问题企业当年的提质增效专项工作考核结果作出调整。根据集团提质增效专项工作考核办法，主要子公司修订完善提质增效考核实施细则，并将提质增效量化目标纳入相关经营管理部门、子公司经营绩效考核。

在设定考核指标、评选优秀案例过程中，一方面要考虑项目覆盖率、量化目标完成情况；另一方面又要考虑项目质量、是否符合精益管理思想、是否可持续可推广。提质增效是企业一项长期性、提升性的管理活动，有效的考核激励机制能够培育员工持续学习的精神，打造持续改善的企业文化。

（三）持续宣传推广，构建提质增效长效机制

国药集团定期组织全级次子公司召开提质增效年度会议及专题研讨会，根据子公司反馈意见和实际情况持续修订提质增效管理制度；通过邀请代表性子公司分享提质增效管理经验和典型案例，并将年度评选出来的优秀案例、优选案例推荐对外发表，固化和推广集团提质增效成果。

中药控股连年推出"金点子"项目宣传，通过"中药控股党建"公众号分享优秀案例；通过举办"精益求精提质增效"主题演讲比赛、微创新活动、制作微创新名人榜宣传海报等，激励全员持续开展创新改善行动；通过发布创新优秀案例汇编共享创新改善成果。在修订提质增效专项考核办法时，中药控股对职能部门增加"复制推广成效"考核权重，使得典型案例可以在系统内快速复制和推广。

国药国际采取"本部统领+各单位重点项目宣传"模式，提炼保税、免税、大健康、物业等板块的提质增效项目，制作成小游戏、小视频等形式进行宣传，短小精干生动活泼，积极营造全员提质增效的文化氛围。

（四）迎接数字化时代，推动提质增效转型

面对第四次工业革命背景下的数字化时代，要充分认识到提质增效既是实现精益管理的本质要求，也是企业高质量发展和对标世界一流的需要。推动提质增效专项工作向纵深开展，要正确认识和处理短期效益与长期效益、经营效益与管理效益、财务效益与非财务效益、经营管理与改革创新的关系；要大力推动财务数字化转型，建立强大数据中台，支持提质增效从经验型向科学型、从命令型向沟通型、从人治型向法治型、从独战型向组织型转变；要结合管理会计工具的创新应用开展提质增效，积极推进业财深度融合，持续提升经营管理和科学决策水平。

（本文主要内容发表于2024年《新理财》第1期）

主要参考文献

［1］中共中央组织部，中共中央宣传部，中共中央编译局．马克思主义经典著作选编学习导读［M］．北京：学习出版社，2011．

［2］陈施行，杨珊华．国药集团提质增效工作的探索与实践［J］．财务与会计，2022（17）．

［3］谢青芸．杨珊华：数字化时代CFO新使命——业财融合与价值挖掘［J］．新理财，2022（4）．

第二章　增收项目

国控星鲨优化厂房布局　提升产能提质增效实践

陈伟强[*]

一、引言

在当今竞争激烈的市场环境下，如何通过内部优化与技术创新来提升产能和效率，成为企业持续发展的关键。本文旨在探讨国控星鲨如何通过优化厂房布局、引进自动化技术和应用关键核心技术，实现对软胶囊制剂生产车间的全面升级，进而提升产能和市场竞争力。

二、案例背景

国控星鲨前身是厦门市解放后第一家地方国营企业——厦门鱼肝油厂，成立于1952年。2011年重组后，成为中国医药集团旗下国药控股股份有限公司的控股子公司。公司以医药制造为主业，经营范围涉及健康药品、营养健康产品及健康服务等领域，拥有近10万平方米的一流园林式生产基地和11条通过国家药品新版GMP认证的现代化生产线，拥有近200个药品、保健食品等批文，具备软胶囊剂、片剂、口服溶液剂等10个剂型的生产能力。公司始终致力于维生素制剂、保健食品、功能食品等大健康领域的研发、生产和销售，"十三五"期间，公司各项经济指标呈快速发展态势，"十四五"开局后，保持快速发展。

国控星鲨战略品种维生素D滴剂（胶囊型）凭借长期在临床上的良好效果，备受市场与行业好评。2019—2022年连续四年蝉联"中国非处方药产品综合统计排名（维生素类）"第一名。2022年，国控星鲨"维生素D制剂质量研究及产业化"项目荣膺"中国工业大奖提名奖"。国控星鲨连续多年荣获"中国化学制药行业成长型优秀企业品牌""中国化学制药行业OTC优秀产品品牌""中国化学制药行业儿童用药优秀产品品牌"等荣誉。

随着市场需求的增长，软胶囊制剂生产车间产能的提升也迫在眉睫。然而，在原有厂房和公共配套设施下，实现公司软胶囊制剂产能的快速扩容困难重重。

（一）厂房受限

新建厂房投资较大，且根据药品生产特性，新厂房建设后需对其进行药品生产符合性

---

[*] 作者简介：陈伟强，国药控股星鲨制药（厦门）有限公司副总经理。

检查，整体周期较长，不能解决现有市场的需求问题。目前厂区内有两个软胶囊制剂生产车间，现有厂区无合适厂房用于扩容。

（二）新技术应用受限

软胶囊制剂一车间建设于2007年，受厂房原有格局影响，无法进行在线干燥及联动生产技术布局，胶丸干燥工序采用传统纱盘干燥模式，胶丸靠人工转移，且干燥过程需人工不断翻丸，人工干预因素较多，同时干燥工序又受限于干燥空间的大小，干燥能力有限。

（三）公用系统配置不足

软胶囊制剂一车间所在制剂大楼公用系统与楼房主体同时建成，包含水系统、配电系统、压缩空气系统及空调系统。近年来，随着产能不断扩充，公用系统原有配置处于高负荷状态，新设备的引入也受限于公用系统配置。

三、项目目标与思路

（一）以项目制强化落地能力

国控星鲨提质增效采用项目制管理模式，按照"两级三类"的框架对项目进行分类管理，两级即重点项目和一般项目两个层级，三类为创新创收类、工艺技术革新类以及"金点子"类。通过提质增效系列活动的开展，提质增效的理念在干部员工中得到广泛认可，并逐渐转化为管理习惯和企业文化。

按照项目制管理要求，国控星鲨成立了软胶囊制剂连续性生产暨一车间产能提升项目组。项目组设组长及副组长各一名，负责指导项目各模块的实施，确保各模块顺利衔接。项目组下设技术小组、体系小组、保障小组等三个专业工作小组，负责项目各模块的具体组织实施和协调工作。

技术小组职责包括：统筹项目技术管理，协调相关资源，推动项目实施；结合生产和项目实施周期，制定项目实施进度计划；组织施工单位有序、按进度保质保量开展项目；做好厂房、设备设施、环境、纯化水系统等确认工作；根据国控及公司相关制度，办理项目审批、备案、合同签订、技术确认、验收、付款、建卡等流程及资料手续；做好项目技术资料的收集与归档。

体系小组职责包括：组织开展与该项目相关质量文件、确认、验证、变更等体系文件的修订、审核；根据项目性质，结合药品生产和质量管理相关法规，做好项目与GMP相关的变更控制，与药监部门做好相关事项沟通协调；组织开展项目中所涉及的环境监测、工艺验证、设备确认等工作；组织开展项目投产前GMP自查工作。

保障小组职责包括：做好项目各节点进度跟踪和项目会议组织，落实项目各节点工作要求；协调项目实施过程中所需人员、物料、排产等各环节资源；做好项目各阶段相关工作计划与督导；做好项目施工全过程消防、安全防护的指导与管控；组织做好项目的第三方核价，包括预算价（含控制价）用于辅助施工招标、施工过程的变更核价（如有）；组织做好项目竣工结算核价；做好项目进度监督及相关款项支付审核，满足企业内控要求。

项目组的成立不但可以实现跨部门协同，而且能够有效应对项目开展过程中遇到的重大问题和难点问题，成为项目按时保质保量实施的有效手段。

（二）项目实施目标及思路

连续制造（Continuous Manufacturing，CM）是一种新兴的生产技术和生产理念。药品连续制造是新时代制药工业智能制造重要的发展方向之一。美国、欧盟、日本等国家或地区已陆续推行药品连续制造，美国自2002年《21世纪药品cGMP》发布以来，就一直鼓励行业对药品生产进行持续改进。连续制造技术是一种新兴技术，有助于实现药物生产现代化，并使整个行业和患者受益。作为药品生产制造的新模式，连续制造与传统的批量制造（批生产工艺）相比，具有提高产品质量、减少浪费、降低成本、提高效率、缩短生产周期、提高制造灵活性和敏捷性等优点。

项目以"连续制造、提质增效"为目标，结合自主研发的多项关键核心技术，对厂房、设备、公用系统等进行方案的构建，综合考虑人、机、料、法、环等生产因素以及法规要求，力争在有限的厂房面积和现有的厂房架构内，实现公司软胶囊制剂产能快速扩容，提升产品的生产工艺和质量控制水平。项目实施期为4个月。项目投产后，软胶囊一车间预计可每年新增产能12亿粒（折合30粒/盒规格，约为4,000万盒/年），进一步满足市场的增量需求，第四季度投产后新增产值4,000万元，且实现压丸干燥连续性生产，提高自动化水平，降低劳动成本，提升产品生产周期。

但连续生产对质量控制策略、厂房适用性、生产稳定性、设备技术等有较高要求，因此，项目方案构建时需着重考虑以下问题：一是车间层高，现有厂房层高为5.5米，既要满足技术夹层内各管路（风管、水管、电管、气管等）的布局，还需要满足技术夹层下方设备安装的空间以及人员操作空间；二是内部承重柱间距，早期厂房结构设计，承重柱间距较小，设备的布局、人流物流的设计需避开柱子的影响，才能满足连续性生产线的设计；三是工序衔接，要达到连续生产，提高各工序间周转效率，需做好各工序设备间的过渡，既要满足连续性生产需要，还需达到易拆卸、易清洁、易维修，以符合GMP要求；四是设备选型，国控星鲨软胶囊剂为透明小鱼型，设备的选型需确保小鱼型软胶囊在各工序的传输上不易堆叠，设备尺寸还需满足厂房的安装空间；五是工位布局，设备的布局设计直接影响工位的设置，同样的设备由几个人操作将决定人工成本的投入；六是工期，软胶囊制剂产品为国控星鲨重点品种，本项目改造涉及范围较广，施工期间势必会造成车间停产，工期的把控尤其重要。

四、项目实施过程

（一）以精益为理念，重构厂房布局

综合考虑厂房结构限制及对车间影响范围，选择相对可独立区域进行改造，换向思考，重新"绘画"。经重新布局后，功能间数量减少一间，但新功能间方正平直而且总体面积得到了更好利用，同时人流物流路线得到优化，为连续生产设备布局提供条件。

（二）以连续化为目标，布局生产线

项目通过对三项关键技术的应用，实现了软胶囊制剂生产路径、连续性生产最优化，空间利用率、单位面积产能最大化的效果。

1. 引入数字化溶胶技术，实现自动溶胶

基于企业自主研发的数字化溶胶技术，引入自动化溶胶设备，从物料为起点，建立进料—配制—输送—清洗一键式控制系统，以管道为载体，配制工序所需物料在信息化系统的控制下，准确输送到各个罐体进行配制，然后再根据生产所需输送至各个工序，全过程精准控制。

同时，建立有效清洁程序，将罐体及管道全方面清洁与烘干，为下一次物料配制（配料或溶胶）做好准备。溶胶工艺自动化和数字化技术相结合运用，实现了"一键化胶"，按照验证的配方和参数自动进料和工艺实现，减少人员操作的影响，提高产品质量和生产效率，数字化溶胶技术的应用实现了智能溶胶生产模式的转型。

2. 整合滴丸冷却循环技术应用，引进压丸全伺服设备

（1）滴丸设备整合排布：首先充分分析滴丸设备并列摆放振动干扰对生产的影响，通过优化设备原有结构，降低干扰；其次整合冷却循环系统，由"一拖一"技改为"一拖二"，实现能耗集约控制；最后将定型系统由"侧出"改为"前出"，提升清洁维修便捷性，节约空间。

（2）压丸全伺服控制：引进新型高速制丸设备，且采用镜像式布局，提高了作业流程效率，结合前期技术模式及改进，采用伺服控制系统，在线监测多个关键工艺参数点，实现自动调节控制参数、提高运行稳定性，同时改进模具的排布，增加单位时间产能，提高胶皮利用率，降低损耗，节约生产成本。

3. 引用转轮除湿技术，实现胶丸在线干燥

在软胶囊产品的制备过程中，需要用到干燥工艺，干燥原理主要应用转轮除湿工作原理，即待处理的空气 A 通过前置表冷器的预冷后，形成了空气 B，预冷后的空气 B 穿过处理风机后，进入密闭的吸附除湿转轮。密闭的吸附除湿转轮内分为两个区域，即 270°扇形的除湿区和 90°扇形的再生区。吸附剂均匀分散在基体上形成一个巨大的吸附表面，当空气 B 进入到除湿区时，空气中的水分则被除湿区的吸附剂吸附，得到相对湿度极低的干燥气流 C，气流 C 再经过后置表冷器的等湿冷却后形成恒温低湿的空气 D，进而再将空气 D 传送到所需的干燥间室内，营造恒温低湿的软胶囊干燥环境。

设备外部新鲜空气 E 逆向（相对空气 A）经加热器的升温（145℃）后，形成了等湿高温再生空气 F，F 通过吸附除湿转轮的再生区将吸附剂内的水分解吸出来并带走，使转轮上的吸附剂可循环使用。此处特别说明，吸附除湿转轮需在驱动电机的带动下缓慢旋转（一般 5—50 转/小时的转速），吸附水分后的空气 G 经再生风机处理后排出冷冻—吸附（转轮）联合除湿机组外部。

软胶囊产品经制丸预定型后，操作人员将软胶囊均匀地铺设在纱盘中，并将纱盘置于干燥间进行干燥，干燥间两侧设有送回风墙，温度 18—26℃，相对湿度≤40%。气流经由空调机房内转轮除湿机组处理后从送风口（侧送侧回模式）进入洁净区干燥间，气流带走软胶囊表面水分后从另一侧回风口回到空调机房内转轮除湿机中进行处理，以此不断循环。干燥期间需操作人员每 2 小时对每盘软胶囊进行人工翻丸，确保软胶囊干燥均匀，不粘连，直至软胶囊胶皮水分达到工艺要求，干燥时间约 22—24 小时。这种传统的干燥方

法干燥时间长、沙盘占用空间大、人工翻丸不均匀，并且对干燥间温湿度要求较高，能源利用率相对较低。同时，利用人工翻动干燥胶丸会增加混淆、污染风险。

针对传统干燥工艺的不足，项目依托公司自主研发的软胶囊低温除湿工艺技术，运用软胶囊干燥特性，结合节能减排理念，布局软胶囊在线智能干燥转笼系统。在线智能干燥转笼在采用转轮除湿机组工作原理的基础上，将气流范围控制在独立的转笼框架内。软胶囊通过在线智能干燥转笼的进料口进入自动翻转的转笼内，经干燥后的气流由下部送入，从上部返回内置转轮除湿机组，实现气流与软胶囊充分接触，有利于气流带走软胶囊表面水分，从而达到干燥的效果。在线智能干燥转笼系统将能耗作用由大空间缩小至独立小空间中，提高了能耗利用率，同时通过对单一转笼温湿度的控制，实现产品干燥条件的精准化管控。干燥时间由传统的22—24小时精准控制到16小时，缩短了干燥时间，提高生产效率，同时与前道压丸设备连线，减少了胶丸转移过程带来的质量的风险，提高管理效率。

（三）项目管理工具助推项目落地

为尽可能降低对生产停产的影响，项目进度计划管理在整个项目中是一个必须严控的指标。本项目改造涉及多个专业，工程、电气、机械、暖通、消防等，不同施工单位需要进行交叉施工。为此，项目进度计划管理主要采用两个工具：项目"作战地图"和甘特图。

1. 项目"作战地图"

本项目涉及多个专业、多个部门同时开展工作，将整个项目做成一个完整的"作战地图"，可清晰地呈现整个项目的规划情况，指导整个项目的工作和行动，起到总指挥作用。

各子项目负责人或部门根据"作战地图"所确定的板块制定"作战计划"，提前明确要达成该板块目标所需要的资源配置、时间节点以及与其他子项目交汇点所处阶段等。"作战地图"不仅可让项目人员了解自己部门的项目计划，而且能更好将部门任务与整个项目的实施计划相匹配。"作战地图"可以让所有项目参与人员知道其他成员工作内容及进度节点等，有利于各部门之间的配合，方便推动整个项目运行。项目"作战地图"绘制时，可将质量管理、风险管理、资金管理、安全管理等融入其中，提前制定保障措施和应急预案，确保项目的顺利推进。

2. 甘特图

甘特图通过活动列表和时间刻度表示出项目开展的顺序与持续时间，甘特图还体现了各项目的里程碑、任务间依赖关系以及经办人。本项目采用图表甘特图，将各子项目的任务及进程分别细化后制定甘特图，同时各甘特图之间建立链接关系形成总甘特图，由此可在Excel中建立起三级甘特图关系表，有助于各子项目负责或部门、项目组长以及项目干系人更清晰了解该时间段的进度计划以及实际进度。

五、项目实施成效

（一）项目直接效益

1. 提升生产效率

项目投产后，软胶囊生产实现了从压丸、定型、干燥等工序的自动化连续生产，生产效率得到有效提升，具体提升情况如表 1 所示。

表 1　　　　　　　　　　　　　生产效率比对表

序号	指标	项目实施前	项目实施后	效益提升幅度
1	日压丸产能（万粒）	900	1,500	+67%
2	人均日产量（万粒）	40.91	48.39	+18%
3	软胶囊干燥时间（小时）	22—24	16	+27%
3	压丸+干燥总时长（小时）	48	40	+17%
4	标准批量平均时长（小时）	40	30	+25%

2. 降低质量风险

项目以连续性生产的理念导入，实施后，溶胶、压丸、定型、干燥均减少了人工操作，降低了人工操作、转移过程带来的污染、混淆、交叉污染等质量风险，在确保产品质量的同时，生产过程参数自动化控制保障了产品质量的稳定性。

3. 降低能耗

项目实施后，减少了蒸汽、压缩空气等燃动能源的消耗，既增加了企业效益，也更加节能环保。万元产值能耗由实施前的 0.0205 吨标准煤/万元降低至 0.0183 吨标准煤/万元，能耗降低 11%。

4. 增强生产柔性

项目实施后，同一时间生产品种数由原来的 1 种增加至 2 种，使企业能够更灵活地调整生产计划和产品组合，以快速响应市场需求的变化，从而保持市场竞争力。

（二）项目长远效益

就同品种而言，本项目实现软胶囊压丸产能提升 67%，公司软胶囊压丸产品年产能（按包装能力测算）可达 60 亿粒，如果配套相应人员及加班释放全部生产能力，最高年产能峰值可达 72 亿粒，预计储备产值超过 3 亿元；为后期压丸产品市场需求的满足提供强有力的产能保障。

在同剂型应用领域，本项目成功实现了软胶囊连续化高速生产，极大提升了公司软胶囊产品的生产工艺和质量控制水平。基于软胶囊的特性，可将该技术应用于其他软胶囊剂型产品。目前滴丸生产线借鉴该技术逐步推进连续化生产。

对企业而言，本项目的实施见证了在高速连续生产条件下进一步提高产品质量和生产效率，降低了物料的消耗，也减少了蒸汽、压缩空气等燃动能源的消耗，既增加了企业效益，也更加节能环保。因此，借鉴本项目设计理念，寻找公司其他剂型生产线连续化生产的方案，不断推动公司连续制造的应用。

在行业层面，作为国药大健康产业基地，国控星鲨全面实施创新驱动发展战略，重视发展生命科学领域新技术、新产业，深耕维生素制剂专业研究和产业化，围绕软胶囊产品构建了生产工艺、质量控制及软胶囊关键装备三大核心技术，创新开展软胶囊制剂连续制造和质量控制技术研究与产业化，推动软胶囊现代化制造体系建设。

六、总结与启示

在全球化、信息化的今天，市场竞争日益激烈，企业为了生存与发展必须不断提高产品质量和生产效率，以应对市场的多变需求。因此，开展提质增效项目是企业提升竞争力、实现可持续发展的关键一环。

（一）提质增效可有效驱动企业价值挖掘

实行提质增效的过程，实际上就是寻找价值漏洞、进行价值挖掘的过程。作为医药企业，产品质量直接关系到患者的生命安全，因此，提高产品质量是医药企业的首要任务。同时，随着医药科技的不断发展，创新成为企业保持竞争力的关键。国控星鲨始终将质量与创新作为发展的核心驱动力，不断提升自身的核心竞争力。本次通过该提质增效项目，进一步优化了生产流程，提高了产品质量。

（二）项目制管理可有效推动项目落地

项目制管理能够确保项目的范围、时间、成本和质量得到有效管理。在项目制管理的框架下，项目的各项要素都被明确规划和优化，有助于避免资源的浪费和成本的超支。同时，通过设定明确的目标和计划，项目制管理可以确保项目按时完成，提高工作效率。

（三）提质增效可有效激发员工积极性

提质增效项目为员工提供了一个展示自我、实现价值的平台。在各个项目中，员工可以充分发挥自己的专业技能和创新能力，通过解决实际问题、优化工作流程、提升产品质量等方式，为企业的发展贡献自己的力量。项目的参与感和成就感能够激发员工的内在动力，使干部职工更加积极地投入到工作中。

展望未来，企业开展提质增效项目的前景将更加广阔。2023年，习近平总书记在东北考察时提出发展"新质生产力"，为提质增效项目提供强大的思想动力和理念引领。新质生产力强调科技创新和产业升级，融合了信息技术、智能制造、绿色发展等多种要素的新型生产力形态，不仅为企业提供了高效、智能的生产方式，还为企业带来了更广阔的市场空间和更丰富的创新资源，通过引入新技术、新工艺和新设备，推动企业生产过程的自动化、数字化和智能化。这不仅可以提高生产效率，降低生产成本，还可以提升产品质量和附加值，实现提质增效的目标，推动企业打造核心竞争力，实现高质量发展。

主要参考文献

[1] 李国添. 冷冻—吸附联合除湿机组在恒温低湿空调系统的应用 [J]. 四川建材, 2006（4）：270-271.

[2] 张玲宁, 胡馨升. 甘特图：项目流程管控的技术革命 [J]. 中国工业和信息化, 2021（9）：82-87.

提升重点品种产能　促进企业增效

刘统斌　赵岳锋　王起超　苗庆柱　侯砚军　李富斌　安海跃*

一、引言

国药集团工业有限公司（以下简称"国药工业"）是中国医药集团有限公司（以下简称"国药集团"）下属上海现代制药股份有限公司的重点特色企业，是国家药品监督管理局定点麻醉药品生产企业，国家级高新技术企业。公司坚持以"一麻三镇一戒"（即麻醉，镇痛、镇咳、镇静，戒毒）为主线，具有原料药与制剂相配套、各种剂型全覆盖的一体化生产体系，现拥有顺义、廊坊两个生产基地。

公司提质增效工作由"提质增效工作小组"全面负责，总经理抓总、财务总监靠前指挥、财务部门牵头，联合运营部，指导督促相关专业各部门推进工作实施。工作小组围绕提质增效年度目标，结合实际制定工作方案。深挖核心绩效重点、成本管理难点、过程控制关键点，通过持续改进提质增效。对重点攻关项目将责任分解落实到人，定期加强过程管控和分析。

二、案例背景

注射用盐酸瑞芬太尼（以下简称"瑞芬"）是一种用于全麻诱导或全麻中维持镇痛的麻醉药品，国内仅有国药工业、宜昌人福以及江苏恩华三家企业生产。瑞芬2022年市场规模近32亿元，较2021年增长19.77%。宜昌人福稳居首位，占比超90%；国药工业居第二位，市场占比5.19%。麻醉药品定点生产，定点经营。随着手术量增长，麻醉药用量稳定增长，且由于进入壁垒高、竞争者少、降价风险小，单一大品种增长较为稳定。

随着我国手术数量的增长和人民对舒适化医疗需求的增加，医疗机构对芬太尼类麻醉镇痛药物的临床需求持续增长。作为国药工业过亿元的重点品种，近年来瑞芬市场需求大幅上涨。公司现有车间产能受限，产品供不应求，供应保障能力亟待提升。为提升现有产线供货能力，保障市场供货安全，国药工业充分运用提质增效、精益管理工具，发挥专业麻精产品生产基地技术优势，找出制约供货保障的瓶颈逐项解决，有效提高了瑞芬的供应

---

* 作者简介：刘统斌，国药集团工业有限公司党委书记、总经理；赵岳锋，国药集团工业有限公司副总经理、生产负责人；王起超，国药集团工业有限公司廊坊分公司制造三部经理；苗庆柱，国药集团工业有限公司廊坊分公司质量保证部经理助理、质量负责人；侯砚军，国药集团工业有限公司廊坊分公司设备工程二部经理；李富斌，国药集团工业有限公司廊坊分公司制造三部经理助理；安海跃，国药集团工业有限公司廊坊分公司运营部经理助理。

保障能力，同时提升了产品质量，优化了特药安全管理，进一步夯实了"国药品质，工业责任"的卓越制造体系。

三、目标与思路

国药工业廊坊基地冻干车间厂房、设备老旧，目前最大产能200万支/年。拟通过一系列提质增效措施，提高现有产线产能到270万支/年；保证满足新建制剂车间项目投入使用前（预计2025年）的产品供应；持续优化工艺消除系统风险。据此设立"瑞芬提质增效"项目，运用精益管理工具进行产品全价值流分析，充分调研、分析，针对无菌制剂、麻精药品的特点，通过加强过程控制、优化生产管理等措施，挖掘其中的浪费和瓶颈，从而实现产能提升、效率增进的目标。

国药工业聚焦产能提升，成立"瑞芬提质增效"攻坚小组，小组成员覆盖生产、研发、质量、设备、仓储各个环节，围绕"增加有效时间、消除无效操作、解决制约瓶颈"三个重点，挖掘产能提升空间，共同完成目标。聚焦难点突破，项目实施过程中遇到难以突破的地方，发挥党员先锋模范作用，组建临时突击队攻克难点问题。在重点项目实施上凸显基层党组织的战斗堡垒作用，党员也在项目实施过程中磨砺品格、提升自我。

四、实施过程

国药工业围绕"全覆盖、深挖掘、促增长"的指导思想，秉持"消除一切浪费"的原则，聚焦产能瓶颈，在采购、仓储、排产、过程控制等环节分别找出制约产能释放的主要问题，以"方法提质、流程提质、管理提质"为措施，保证在现有产线基础上实现产能提升。

项目组以"项目化运作、指标化衡量、成效化评价"为导向：项目化运作，即通过项目的申报、立项、初审、复审、结题等各个环节形成闭环管理；指标化衡量，从课题的选题、目标确立、原因分析、对策与实施、科学性、创新性、标准化、推广价值、经济效益方面多维度进行考量评估；绩效化评价则依托精益管理这一核心理念，设立优秀课题奖、优秀团队奖等多元化激励维度，确保考核要求的严格落实，从而全方位推动瑞芬的品质提升与效率增进目标的顺利实现。

（一）成立瑞芬攻坚小组，全员全方位推进工作

瑞芬作为公司的重点品种，供货保障成为重中之重，为此公司专门成立瑞芬攻坚小组，由公司领导班子担任组长，由生产、研发、质量、设备、仓储各环节人员组成，全员全方位推进工作。

（二）聚焦瑞芬产能提升，全面全过程提质增效

麻精产品需求快速增长是公司新的挑战，新产线的投入需要立项设计、施工建设、确认验证、申报批准的时间。因此，国药工业充分调研现有生产条件，立足生产一线，以"多生产、快生产、少浪费"为目标，聚焦"防范风险，降低成本"两个重点，深入剖析采购、生产、包装、检测、仓储各个环节，挖掘产能提升空间，优化质量和特药安全管理，全面全过程提质增效。

1. 在"多生产"上下功夫

通过小组研究发现,在现有设备和工艺的基础上,想要实现多生产,只能从增加生产时间上想办法。

(1) 变更消毒方式,增加有效生产时间。产线采用的甲醛消毒排放时间长,影响有效排产。瑞芬每月生产时间为24天,剩余的7天为消毒和等待环境检测结果的时间。甲醛作为消毒剂,毒性强,职业危害风险高。通过多方调研、学习交流,以VHP替代甲醛消毒,经验证消毒效果可靠。将每月一次的消毒、排放、检测时间由7天先缩短到4天,后又经过反复的摸索,试验,最终实现每月两天完成消毒、排放和检测。这样每月可增加有效排产时间5天;且因为VHP消毒可在当天夜间完成排放、分解,对生产车间其他区域无影响,所以每月可同时增加灯检工序、包装工序的有效作业时间5天。通过增加有效生产时间,瑞芬产能提升24%,2023年增加营业收入3,744.79万元。

(2) 优化特药转运流程,延长有效包装时间。瑞芬属于麻醉药品,作为特殊药品,如果当天不能完成灯检、包装工序的操作,就需要与仓库交接,办理特殊药品暂存,第二天再领出继续灯检或包装。产品频繁出库、操作、入库,每批产品需要出入库3—4次,造成等待及无效搬运等浪费问题。经实地调研、改造,在车间包装区域旁增设车间特药暂存间,安全条件满足特药需求,解决了待灯检、待包装产品每天暂存仓库,反复搬运、等待浪费问题。领料入库程序简化,搬运距离缩短,增加包装有效时间。车间每天至少可延长0.5小时作业时间,同时仓库人员每天可节约2个工时,劳效提升12.5%,年节约人工成本至少2.55万元。

2. 在"快生产"上找突破

瑞芬攻坚小组就"如何能实现快生产"展开讨论,通过对产品的全过程进行分析,最终聚焦至"提高产品包装效率"。

(1) 变更包装形式,提高批量包装效率。瑞芬产品采用手工包装,包装一批产品需要3天,整个流程步骤烦琐;受人数限制,手工包装、赋码、装箱不能以流水线形式组织,分段进行,存在搬运、等待浪费,整体效率较低;人工干预多,包装质量存在一定风险。项目组利用车间现有的水针产品自动包装线,通过定制西林瓶配套的设备模具、对产品外包材重新设计,经调试试验在现有水针产品自动包装线上实现瑞芬产品自动化包装。经确认与验证,可满足产品质量要求,包装1批时间由3天缩短为1天,包装速度提升200%,为满足市场供货需求提供有力保障。2023年节约人工成本12.3万元。

(2) 优化包装设备,提高包装操作效率。通过优化裹包机侧封烫板角度,解决收缩膜粘贴不牢固需要频繁返工的问题;通过调整打码机挡板与后轮角度,方便不同品种包材打码调节;通过自主制作压平轮前端的固定压板,有效防止塑托翘起,杜绝叠托药品滑落,每批减少包装停机3—5次;通过优化自动包装线分流装置,缩短产线切换时的安装调试时间。

3. 在"少浪费"上做文章

瑞芬攻坚小组提出:想要提升瑞芬产品的产能,除了产得多、产得快,还要减少不良品的产生。一方面,生产人员在操作中发现因转运盘没有外部把手,每次在对转运盘操作时容易产生不良品。针对此问题，通过在转运盘上增加外部把手，有效解决灌装转运中不良品的产生。2023年7—12月，此改善增加的合格品产值30.38万元。另一方面，灌装机收瓶处因为存在间隙，容易出现卡瓶、倒瓶现象，从而产生不良品。经现场人员观察和测量，将挡框的形状从三角形调整为梯形，并焊接至分割块上，有效解决了这一工序产生不良品的问题。

4. 全面"防范风险"

瑞芬攻坚小组通过全面分析瑞芬产品保供的风险，发现该产品生产过程中的关键耗材"除菌过滤器"存在较大供货风险。瑞芬产品为非最终灭菌的无菌产品，除菌过滤器是生产过程主要耗材，均为进口物料，供货不稳定；且该材料采购周期长、产品价格昂贵。除菌过滤器的供货问题是有效组织生产、保证产品供应的瓶颈之一。

面对进口物料"卡脖子"问题，在充分研究进口物料质量标准的基础上采用国产药液滤芯替代进口滤芯，经产品润湿性泡点、细菌截留、提取物、浸出、化学兼容性、吸附性确认及产品工艺验证，证明了国产滤芯满足产品生产质量要求。成功实现关键进口材料国产替代。解决了进口滤芯采购供货不稳定、供货周期长、产品价格昂贵的问题。以此为基础，逐步实现了滤芯耗材的全部国产化替代，有效防范关键耗材断供的风险，变更后近半年节约耗材采购成本4.45万元。

5. 全过程"降低成本"

瑞芬攻坚小组通过对瑞芬生产的全流程进行价值分析，对不增值的活动进行持续优化和改善。

（1）包装赋码设备共享，节约人工成本。将原赋码线赋码设备移至自动线传送带三级码前方替代手持赋码枪，中盒在传送过程中可自动扫描二级码，改善后赋码操作由5人减少至4人。此项改善还可应用于水针产品自动线包装。2023年节省人工成本2.1万元。

（2）优化瑞芬包材样式，降低包材成本。经调研及实际测试，发现瑞芬产品包装中的泡沫箱为非必须包材，通过取消泡沫箱、优化小盒封口方式，2023年节约外包材成本7.68万元。

五、实施成效

通过瑞芬产品提质增效项目的实施，解决了公司经营的实际问题，在现有产线基础上实现了瑞芬产能的极大提升，有效保证了瑞芬产品快速增长的市场需求和供货安全，为公司更好达成"十四五"规划目标提供了有力保障。2023年，瑞芬产品增加产值3,744.79万元（已全部完成销售），节约人工成本约18.75万元，降低耗材、包材采购成本12.13万元。

通过本项目的实施，基层党组织的战斗堡垒作用和党员的先锋模范作用也得到了极大的彰显。在产能突破的关键时刻，党员带头，组成"消毒"突击队，通过连夜试验，反复测试，终于找到影响消毒效果的关键指标，解决了产能突破的难点问题。面对反复搬运、等待浪费严重问题，仓储、生产、设备党员迅速集结，组成"暂存库"突击队，通过调研、选址、改造，实现了增加有效生产时间、减少动作浪费的可喜成果。在此次攻坚活动中，也吸引到各骨干力量积极申请加入党组织，进一步增强党组织力量。

项目实施过程中组建了从领导班子到一线员工的专项攻坚小组，小组成员上下齐心，锚定目标，聚焦重点，改革创新，全链条推进瑞芬产品的提质增效工作。用实际工作锻炼了攻坚队伍，证明了公司现有提质增效工作组织开展的可行性、专业性。

项目实施过程中的组织架构、协调方案、分析方法均具有一定可操作性和通用性。现已将瑞芬产品提质增效项目中总结出的精益生产管理的宝贵经验和方法，运用于公司水针生产线及原料药生产线，均取得了良好的效益。后续公司将针对不同品种继续设立攻坚项目，充分运用好提质增效的项目经验和精益生产管理工具，不断解决生产经营中的问题，推动公司高质量快速发展。

六、总结与启示

（一）总结瑞芬提质增效项目实施的经验

通过任务分解，确保项目过程管控。攻坚小组共同制定可执行的项目管理计划，聚焦关键问题、主要目标，找准重点突破点，将项目分解为5个子项目，每个子项目都有明确的、可量化的目标，每个子项目分别设置课题组长，由课题组长统筹协调各个子项目落地实施。

通过"会议+跟进"的方式，确保各课题按期推进、有效实施。课题小组定期召开课题小组会议，及时沟通开展中的问题和思路；课题组长每两周在调度会上进度汇报，讨论遇到的问题。针对课题开展中的难点问题，攻坚小组及时进行资源分配和方案调整。

通过"阶段奖励"+"及时奖励"的激励方式，激励项目稳步推进。每月对项目实施过程中实现的改善进行及时评审和奖励；每个子项目课题结束，组织课题评审和课题奖励。

（二）瑞芬提质增效项目实施的启示

在医药产品的市场竞争中，想要提升企业综合竞争力，需要更多提质增效项目的落地实施。要相信产品是有潜力的，人员是有潜力的，通过实施提质增效项目，逐步提升各产品的质量和生产效率，挖掘产品和人员的潜力，打造卓越制造体系，不断提升企业经济效益，让企业在日趋激烈的市场竞争中立于不败之地。

优化生产结构　提升产品产能
——精益价值流在企业提质增效中的应用与实践

苗瑞春　刘　凡　侯利军　刘建军　常　华　胡万鹏　张世星*

一、引言

国药集团威奇达药业有限公司（以下简称"国药威奇达"）为上海现代制药股份有限公司综合性大宗原料药、中间体、辅料的生产基地，青霉素类、头孢类抗感染药物及酶抑制剂全产业链生产基地。随着全球经济的发展以及市场竞争的加剧，企业面临着前所未有的挑战。为了在激烈的市场竞争中始终立于不败之地，需要不断优化生产结构，增强产品产能，实现提质增效。而精益价值流管理作为一种系统方法，主要是为了消除生产过程中的浪费，优化生产流程，并提升生产效率与产品质量。本文将探讨精益价值流在企业提质增效中的应用与实践，力求助力企业持续改进生产过程，不断适应市场变化，满足客户需求，增加盈利能力，为可持续发展提供有益参考与启示。

二、项目背景

2023年，为进一步提升6-APA产能，完善精益管理机制，促进产业链工艺革新，公司设立6-APA产能优化提升价值流分析项目，落实企业"以优质开拓市场，靠创新谋求发展"经营方针，实现经营效益的合理增长和发展质量的有效提升。

在当前社会快速发展、企业竞争日趋激烈背景下，精益生产不仅有助于减少浪费、提升产品质量和生产效率，还能实现持续改进，深入挖掘企业潜力，进而让公司利益最大化。精益生产理念的核心原则（如价值流分析、流程优化、拉动生产、持续改进），为国药威奇达提供了全面的管理视角和方法论。特别是价值流分析，通过深入理解从原材料到成品的整个生产过程，识别并消除无价值的活动，降低库存和不必要的运输，从而优化生产流程，不仅有助于提高员工参与度，实现高效率和高质量的生产，还能建立团队合作、持续学习和追求卓越的企业文化，有助于提升企业整体竞争力与市场地位。

---

* 作者简介：苗瑞春，国药集团威奇达药业有限公司总经理；刘凡，国药集团威奇达药业有限公司财务总监、首席合规官（兼）；侯利军，国药集团威奇达药业有限公司青霉素事业部105车间主任助理（主持工作）；刘建军，国药集团威奇达药业有限公司青霉素事业部105车间主任助理；常华，国药集团威奇达药业有限公司总工程师、研究中心总经理（兼）；胡万鹏，国药集团威奇达药业有限公司财务管理中心经理助理；张世星，国药集团威奇达药业有限公司生产技术部技术改进管理专员。

三、项目实施目标与思路

（一）项目管理小组

国药威奇达成立优化生产结构、提升产品产能提质增效实践项目管理小组，从原材料供应商到成品入库，细化项目工艺环节，精益采购成本管理，完善设备管理制度，把控6-APA生产过程中的疑难杂症；组建以原料药到成品药的全产业链生产模式和高质量专业研发技术团队，实现了新工艺、新产品到产业化应用的提质增效新路径，完善精益管控体系，推动管理创新，实现6-APA提质增效。

（二）方案制定原则

项目优化方案必须满足以下几个原则：一是不停产、不停工；二是优化工艺参数需考虑自动化运行能否实现，且可与生产实际相结合；三是以实现增产、降耗、节能、区域化无人控制为出发点，建立决策层、经营层、生产执行层、控制层、设备层"五层合一"的生产经营管控一体化体系。

（三）项目实施目标

1. 应用精益管理工具，实现提质增效

价值流涵盖了产品从概念到投产的设计流程，以及从原材料到交付给顾客的生产流程。通过强化业务活动的内在联系，可以更有效地控制整个运行过程，更好地满足顾客需求，提升生产响应速度。同时，它强调以顾客为中心来选择产品，追踪整个生产路径，深度分析并描绘每个工序的状况以及工序间的物流、信息流和价值流动。在此基础上，识别出需要改进的环节，制定并实施改进计划。价值流管理实施全面成本核算，价值流经理则担负着领导、协调和控制整个产品流程、资源配置以及成本核算的重要职责。

全员生产维护（TPM）是一个以提高设备综合效率为目标的体系。它以全员参与为基础，开展系统的预防维修、设备保养以及维护管理，旨在追求生产系统效率的极限，并实现设备综合管理效率的持续改进。TPM的主要特点有四个：首先，它强调建立设备终身彻底预防维修体制，通过运用各种有效手段来防止灾害、浪费和不良情况的发生，构建一个零灾害、零浪费、零不良的生产体系；其次，TPM要求企业内各个部门共同推行，从生产部门开始逐步扩展到管理、开发等所有部门；再次，它倡导企业全员参与，无论是高层管理人员还是一线工人，都要投身其中；最后，TPM还强调通过动机管理，利用自主的班组活动来推动整个体系的实施。

快速换型是通过运用工业工程技巧来减少模具更换时间、机器设置时间以及生产启动时间等的一种过程优化手段。通过实现快速换型，能够缩短生产线在不同产品生产之间的转换时间，从而可在极短时间内成功换型且产出满足标准的产品，这种方法能让制造商在不影响正常生产作业的前提下，减少生产批量并降低库存水平。

标准化作业是通过最佳组合生产过程中的各种要素（包括人员、机器、材料、方法、环境和测量），根据准时化生产的要求来制定相应的作业标准。在这些标准下，各类作业人员应根据既定的作业标准进行操作，这些作业标准不仅规范了操作者的行为，还为管理者提供了检查和指导工作的基础。标准化作业致力于实现三个核心目标：一是明确工人操作时需遵循的标准作业顺序，即"标准操作规程"；二是保证各制造过程在生产时间上达到平衡；三是把半成品的标准库存量控制在最小范围内。

2.6-APA 生产线整体优化，提升产品产能

公司以提质增效专项工作为契机，全方位对项目应用精益思想和方法进行深入剖析、改善，实现优化生产结构，以 6-APA 生产线为例。

6-APA 液体提纯工序产能优化目标。液体提纯工序将实现生产过程自动检测、信息处理、分析判断、精准控制等功能。除解决现状中存在的无法满足产能要求外，也将从原有的分步骤、人工手动控制生产过程的运行体系，转变为以 DCS 控制系统为基础，数据集中监控，自动控制，中控协调、现场巡检配合的运行体系。

6-APA 固体输送产能优化目标。干燥包装将原有的 6-APA 干燥岗位和 6-APA 包装岗位进行整合，除打印标签、放置包装材料、成品物料的托运，其余操作基本均由自动化生产线全部完成，实现了从体力劳动到巡检操控的转变。

6-APA 产能工艺整体优化目标。实现 6-APA 生产线中辅助原料配料过程中的稀硫酸配置、液碱配置、氨水配置、碳酸盐配置辅料溶液的自动定量、精准控制。

同时，关键工艺 pH、流量、液位、压力、温度等参数数据，实时远距离传输至中间体控室，进行数据集中统一调度处理和监控，减少人工检查、取样、化验等工作，并提高异常反馈的及时性。项目实施后预计每年新增 6-APA 产能 500 吨，实现经济效益 2,500 万元。

四、项目实施过程

（一）生产能力现状分析

国药威奇达拥有 1 条先进的 6-APA 生产线和 1 条青霉素 G 工业盐生产线，其中 6-APA 生产线的生产能力为 630 吨/月，生产工序大体分为液体提纯、精烘包装两大板块，具体分为提取、抽提、水解、结晶离心、干燥、包装 6 个主要工序，14 个分步工序，配套 4 个回收处理工序。每个工序通过防爆通讯设备进行交接，费时费力，部分工序还存在产能超负荷运行的情况。2022 年底，由于国内及国际市场环境突变，6-APA 产品市场需求激增，6-APA 年度产能 7,500 吨已无法满足庞大的市场需求，而且冬季正值抗生素产品销售旺季。

青霉素 G 钾工业盐生产工序大体分为液体提纯、精烘包装两大板块，具体分为提取、抽提、减压共沸结晶、离心、干燥、包装 5 个主要工序，12 个分步工序，配套 3 个回收处理工序，生产能力为 150 吨/月。青霉素 G 钾工业盐市场需求每况愈下，青霉素 G 钾工业盐生产线将停产。由于青霉素 G 钾工业盐与 6-APA 化学结构相似、难溶于有机溶剂、易溶于水的特点，生产工艺、工序相近，两条线的生产设备具有高度通用性以及互换性，满足把钾盐生产线改造成能够生产 6-APA 和青霉素 G 钾工业盐的条件，实现多种产品柔性化生产，提高设备利用率以及员工劳动生产效率，增强公司生产线的灵活性和应变能力，从而有效应对市场需求多样性和环境不确定性。

（二）生产经营中所存问题剖析

1. 绘制项目价值流图

通过对 6-APA 产业链的实物流、信息流和工艺流进行详细调研、写实，绘制出车间完整的 6-APA 价值流程图。

2. 6 – APA 生产线价值流分析

（1）液体区价值流分析包括提纯段价值流分析、抽提段价值流分析、水解段价值流分析。

提纯段价值流分析：涉及工序提纯青霉素发酵滤液、水洗、脱色，含有关键离心设备17台、反应釜4台、过滤设备4台，标准化产能以 6 – APA 月度产能 750 吨/月为指标，三者产能通过价值流分析，能效占比分别为 75.00%、87.50%、87.50%，满足生产需求。

抽提段价值流分析：涉及工序抽提、薄膜蒸发器脱酯，含有关键离心设备16台、反应储罐11台、蒸发设备4台，标准化产能以 6 – APA 月度产能 750 吨/月为指标，两者产能通过价值流分析，能效占比分别为 96.15%、93.75%，满足生产需求。

水解段价值流分析：涉及工序水解、萃取 6 – APA 重液，含有关键离心设备10台，反应釜11台，标准化产能以 6 – APA 月度产能 750 吨/月为指标，两者产能通过价值流分析，能效占比分别为 115.38%、110.71%，已经完全超出负荷，不能满足生产需求。

（2）固体区价值流分析包括结晶段价值流分析、干燥段价值流分析。

结晶段价值流分析：涉及工序结晶、1600 离心机，含有关键 1600 离心设备11台，反应釜14台，标准化产能以 6 – APA 月度产能 750 吨/月为指标，两者产能通过价值流分析，能效占比分别为 89.29%、89.29%，满足生产需求。

干燥段价值流分析：涉及工序干燥、包装至成品，含有关键干燥设备7台、包装设备2台，标准化产能以 6 – APA 月度产能 750 吨/月为指标，两者产能通过价值流分析，能效占比分别为 114.29%、119.05%，已经完全超出负荷，不能满足生产需求。

（3）回收线工序价值流分析包括溶媒回收价值流分析、母液回收价值流分析、苯乙酸回收价值流分析。

溶媒回收价值流分析：涉及工序废液、溶媒回收，以 6 – APA 月度产能 750 吨/月为指标，两者产能通过价值流分析，能效占比分别为 80.00%、123.08%，其中溶媒回收工序，已经完全超出负荷，不能满足生产需求。

母液回收价值流分析：涉及脱醇脱脂系统、膜系统、纳析盐水系统、结晶工序和离心工序，以 6 – APA 月度产能 750t/月为指标，通过价值流分析，各系统和工序能效占比分别为 90.91%、117.65%、97.37%、75.00%、112.50%，其中膜系统、离心工序已经完全超出负荷，不能满足生产需求。

苯乙酸回收价值流分析：涉及系统苯乙酸膜系统、苯乙酸塔回收工序，以 6 – APA 月度产能 750 吨/月为指标，两者产能通过价值流分析，能效占比分别为 121.43%、153.85%，均完全超出负荷，不能满足生产需求。

（三）改善措施

1. 水解工序

解决水解工序硼酸管道输送能力不满足产能需求的问题，一是要把硼酸原有输送管道更改为满足产能条件的物料输送管道，硼酸管径由原来的 DN40 改造为 DN65；二是要缩短硼酸输送时间，采用节能降噪的量化型低耗电机，电机功率由原来的 15 千瓦更换为 22 千瓦；三是新增远程控制仪器仪表，实时调控硼酸输送流量，目前硼酸流量已由原来的最大 13.5 立方米/时转变为满足产能条件的 15 立方米/时。

2. 萃取工序

解决萃取工序离心机能力不满足产能需求的问题，按有机萃取剂比例0.5核算，目前单台最大6-APA萃取液处理量为7立方米/时，合计处理能力28立方米/时，为满足750吨/月产能需求，新增6-APA萃取液分相罐，经大量实验验证，新增萃取液分相罐能在所有离心机作为一次萃取的前提下，满足二次萃取分相的需求，同时也是6-APA产品质量提升的关键。

3. 包装工序

解决干粉、包装能力不满足产能需求的问题，一是将双锥干燥器干燥设备更替为市场先进的高效干粉混料沸腾床，每台沸腾床设备增加了原有设备湿粉两倍多的储存空间，而干粉时间仅用原来的1/2，干燥过程效率提升了200%，包装过程效率提升52%，完全满足提产需求；二是新增自动一体化包装设备，实现从包装至成品完全自动化无人操作；三是改进青霉素G钾工业盐单锥干燥器干燥、包装出料环节的关键设备设施以及相匹配的物料输送管道，使其完全具备月产750吨6-APA的能力。

4. 回收工序

（1）解决溶媒回收工序能力不满足产能需求的问题，安装物料管道，改造有机萃取剂回收蒸馏设备，将青霉素G钾工业盐有机脱色回收、有机待检闲置设备利用起来，改造完成后回收效率提升13%，完全满足青霉素G钾工业盐转产6-APA的有机丁醇回收的必要循环辅助条件。

（2）解决母液回收膜系统、离心工序不满足产能需求的问题，一是将原有6-APA母液回收膜系统串联运行，提高处理量；二是新增膜系统进料管线、混合喷射器，提高膜过滤透析液流量至40立方米/时；三是新增一台1250离心机，实现6-APA高效回收、快速离心的产能要求。

（3）解决苯乙酸钠回收膜系统、苯乙酸钠塔回收工序不满足产能需求的问题，通过新增苯乙酸钠膜组及配套的软件系统以及改进青霉素G钾工业盐苯乙酸钠蒸馏塔部分设备、管线，提高苯乙酸减压塔与苯乙酸一级膜的处理量，使其具备回收苯乙酸钠的能力，确保钾盐生产线转产6-APA线的回收效率需求。

五、项目实施成效

（一）可持续产生经济收益

随着优化生产结构，提升产品产能提质增效实践项目的持续推进，直至落地已完全实现6-APA产能750吨/月，2023年度6-APA新增产量516吨，2023年实现经济效益2,551万元（新增产量×售价×毛利率）。

（二）质量效益

1. 6-APA液体区质量成果

6-APA液体区萃取工序使用分相罐后，6-APA萃取液含6-APA成分质量提升0.01%，有机萃取剂轻相含量下降0.18%，有机萃取剂重相含量降低0.02%，6-APA萃取液有机萃取剂含量总降低0.20%，6-APA液体质量获得巨大提升。

2. 6-APA 成品质量成果

（1）6-APA 成品有机成分质量提升。6-APA 液体区萃取工序使用分相罐后，6-APA 成品折光率提升 0.66%，有机萃取剂轻相含量降低 0.019%，有机萃取剂重相含量降低 0.013%、有机萃取剂含量总和降低 0.023%。

（2）6-APA 成品杂质质量提升。6-APA 液体区水解、结晶工序工艺升级后，6-APA 产品单个最大杂质质量指标提升 31%；在干燥、包装设备革新完成后，6-APA 产品总杂指标提升 59.5%，单个杂质质量指标提升 40.32%，对提高品牌价值、扩大市场占用率、促进销售增长起到了较大的促进作用。

（三）6-APA 整体工序输送效率提升

通过进行详细的工序梳理，对各个工序自动、实时进行管道流量、pH 及温度等工艺过程参数的动态监控；原辅料配置过程配置时长缩短，6-APA 生产线整体效率提升了 27.55%。青霉素 G 钾工业盐生产线完成转产改造，实现了 6-APA 柔性化生产，生产流程更加灵活。根据 6-APA 和 G 钾工业盐的生产需求，调整生产设备的路径和顺序，生产设备具有高度通用性和互换性，可以在不同生产流程中快速转换和调整，无须大规模改造或停产，以适应多变市场需求和激烈市场竞争。

六、总结与启示

（一）总结

首先，随着 6-APA 提质增效产能优化项目的完全落地，青霉素 G 钾工业盐已完全具备生产合格 6-APA 的资质，能够与 6-APA 主线共线生产实现提质增效产能优化的最终目的。其次，6-APA 提质增效产能优化项目实践过程中，既需要考量现存工况条件下是否符合改造条件，又要满足日常持续性生产。工作组不断攻坚克难，改进设备性能，完善工艺流程，对比梳理 6-APA 与青霉素 G 钾工业盐生产线细节，查漏补缺，直至实现 750 吨/月产能。此外，面对日新月异的市场变化趋势，更需要以高瞻远瞩的战略眼光去灵活调整 6-APA 生产线、钾盐生产线的产品和产量。与此同时，通过梳理优化 6-APA 工艺流程，稳定产率，提高 6-APA 产品质量，不断提高公司市场竞争力，实现公司利润最大化。

（二）启示

总结精益价值流在国药威奇达提质增效中的应用实践案例，得到以下启示。

一是要坚持以推动高质量发展为主题，持续寻求提高 6-APA 产能的关键节点，提高生产运行效率，强化车间管理，降低车间运营成本，并以此为契机，为下一步实现车间主体智能化生产模式和公司智慧决策夯实基础。

二是推动建立生产经营与管控一体化体系，提升企业全面感知、优化协同、预测预警和科学决策能力，进一步优化管控体系、推动管理创新。

三是要全面推进数字化、信息化、智能化车间建设，彻底改变现有的工作模式，提升关键工序生产效率和持续性生产过程的可靠性和稳定性，降低生产成本，为实现智能化车间奠定扎实基础，也为智能化工厂的打造树立标杆。

四是要不断引进并使用具有一键式综合管理的集成系统，对 6 - APA 产业链的生产过程进行实时监控，完成高效率的数据采集和分析，力求能实现 6 - APA 产业链生产过程数字化、生产控制智能化、生产运营可视化愿景。

主要参考文献

［1］高克卿．基于数字化转型的企业提质增效策略研究［J］．化纤与纺织技术，2024（4）：86 - 88．

［2］黄彦波，孙丽娟．精益管理要求下企业生产管理的注意事项和举措研究［J］．造纸信息，2023（9）：79 - 80．

［3］葛海江，王军闯，张艺聪．在提质增效中高效推进市场开发工作［J］．中国科技投资，2021（21）：6 - 8．

［4］崔伟丽．技术赋能提质增效［J］．福建质量技术监督，2020（4）：12 - 13．

［5］刘文博．浅谈如何开展企业提质增效工作［J］．中国金属通报，2018（3）：271 - 272．

提高固体制剂车间产能的实践探索

张俊波　戴　树　孙小院　马元战　宋浩琪　成维康　闫　宾[*]

一、引言

国药集团容生制药有限公司（以下简称"国药容生"）位于河南省武陟县城，始建于1970年，前身为天津药业焦作有限公司，是国药集团上海现代制药股份有限公司全资子公司。国药容生自2019年开始全面推进精益管理，开展全方位提质增效、降本增效工作。近年来，以带量采购为突破口的医改持续深入推进，给药品生产企业带来巨大影响。国药容生苯磺酸氨氯地平片通过一致性评价并在国采中中标后，产品利润空间被严重压缩。国药容生采取一系列措施降低生产成本，取得了一定的成绩，但由于市场需求量逐年递增，现有产能不能满足市场需求，车间产能亟待突破。2023年，国药容生特设立"提高固体制剂车间产能"项目，以期解决上述实际问题。

二、项目背景

国药容生是集药品研发、生产、营销、医药物流为一体的现代化综合性制药企业，是国家级高新技术企业，拥有东、西两个厂区，占地面积15.5万平方米。国药容生拥有国家药品批准文号183个，其中进入医保目录138个品规，基本药物65个品规。固体制剂车间一共有3个生产车间，主要剂型涵盖片剂、硬胶囊剂、颗粒剂，目前在产品种23个，其中一车间在产品种约20个。主要产品苯磺酸氨氯地平片在一车间生产，该品种于2018年通过国家仿制药一致性评价，随着国家集采的实施产量逐年增加。苯磺酸氨氯地平片是国药容生的重点品种，年销量近20亿片，市场份额位列国内市场前十，产品以稳定可靠的质量畅销全国各地。

该产品适用于高血压、冠心病，降压平稳、长效安全，为高血压临床一线主流用药。该产品降压过程中不减少心、脑、肾等重要生命器官的血流量，且对血糖、血脂等代谢无不良影响，对心肌收缩力和房传导功能影响小，副作用小。该产品纳入公司首批通过仿制药疗效与质量一致性评价，疗效等同于原研"络活喜"。国药容生在"4+7扩围联盟"带

---

[*] 作者简介：张俊波，国药集团容生制药有限公司总经理；戴树，国药集团容生制药有限公司财务总监；孙小院，国药集团容生制药有限公司生产副总监；马元战，国药集团容生制药有限公司固体制剂车间主任；宋浩琪，国药集团容生制药有限公司固体制剂车间员工；成维康，国药集团容生制药有限公司精益办公室员工；闫宾，国药集团容生制药有限公司财务部经理。

量采购中大幅降价以第二顺位中选，体现了国企的担当与使命，惠及更多患者的同时减轻了患者用药负担。带量采购后，公司持续强化精益化降本增效战略及精细化招投标管理，获得了更多市场份额，促进了可持续发展。

三、项目总体思路与目标

2023 年初，国药容生预测苯磺酸氨氯地平片的需求量约增加 15%，但现有产能远远不能满足市场需求。因此提高苯磺酸氨氯地平片产能成为公司和车间迫切需要解决的问题。通过对固体制剂车间的总产量进行统计分析，苯磺酸氨氯地平片的产量在车间总产量中的份额逐年提升，已提升至 78.23%。因此，公司迫切需要提高苯磺酸氨氯地平片的产能即提高固体制剂车间的产能。

为此，固体制剂车间以"精益生产"的理念指导，成立"提高固体制剂车间产能"项目小组，由车间主任担任小组组长，车间副主任、工艺员、各工序班组长为核心成员，协同公司生产部、质量部、设备能源部、机修动力车间、基建科等部门，紧紧围绕影响苯磺酸氨氯地平片产能的原因展开调查、分析，分别从人、机、料、法、环、测等方面逐一进行深入剖析，最终将苯磺酸氨氯地平片年产量目标定为 22 亿片，预计年效益金额约 450 万元。

四、项目实施举措

（一）车间现有设备及生产能力调查

1. 制粒工序现有设备及生产能力调查

固体制剂一车间使用的混合设备主要是 HD-600A 多向运动混合机，设备容量为 600 升，每批生产量已达到混合机的容量极限。苯磺酸氨氯地平片的生产工艺为粉末直压工艺，即将原料与适量的辅料经过筛、混合后直接压制成片剂，与湿法制粒或干法制粒工艺相比较，工艺过程简单，交叉污染风险较小，生产效率高。固体制剂一车间其他在产品种多为湿法制粒工艺，工艺相对复杂，较粉末直压工艺而言，多出黏合剂的配制、制粒、整粒、干燥等工艺步骤，且易受设备生产能力的制约，生产时间长，生产效率低。

根据苯磺酸氨氯地平片各工艺步骤所需时间和人员计算，制粒工序每天可生产苯磺酸氨氯地平片 12.5 批（110 万片/批）。但由于其他工序产能未达到 12.5 批/天，且中间站存放空间有限，两者共同制约着制粒工序的产能，故制粒工序实际产能为 9 批/天。其他湿法制粒品种则受干燥时间等工艺步骤的影响，每天只能生产 2—3 批。

2. 压片工序现有设备及生产能力调查

固体制剂一车间目前有两台压片机，分别为 PG55 高速旋转式压片机、ZP-4047 旋转式压片机。根据压片机冲头数，计算 2 台压片机的最大压片产能分别为 25 万片/时、20 万片/时，压片工序实际日产能约为 6.8 批/天，不能消化制粒工序 9 批/天的产出。

3. 包装工序现有设备及生产能力调查

苯磺酸氨氯地平片包装形式为铝塑泡罩包装，目前市场需求量较大的包装规格为 14 片/板×1 板/盒（国家集采中标规格）、10 片/板×3 板/盒，其他包装规格根据客户需求进行生产。

车间现有一条14片内外包装联动线,生产能力为3.5批/天。除此之外,内包装工序另有两台不同型号但未联线的铝塑泡罩包装机,生产能力分别为3.5批/天、2.5批/天;外包装工序另有1台未联线的全自动装盒机,包装14片的生产能力为3.5批/天,包装30片的生产能力为6批/天,但不能同时满足14片和30片两个规格的生产,并且包装过程中需要人员转运铝塑板,造成人员搬运浪费、等待浪费、动作浪费等一系列问题。

（二）绘制价值流图,分析挖掘问题

项目组成员对苯磺酸氨氯地平片各工序生产能力现状进行调查后,将影响精益生产的各种因素进行系统梳理,全部纳入价值流程图测绘考虑因素中。团队成员聚焦流程图信息环、制造环、领跑环分析,通过对生产成本、生产现场实际观测、信息流分析等绘制价值流现状图,挖掘存在的问题点。

在成本管理方面,主要从提升生产效率、优化设备性能、改变排产方式、改善人机重组等方面进行目标设计及改善方案制定,通过与公司各部门、各个生产环节以及与设备厂家等多方面通力合作,共同实现设定目标的顺利达成。

（三）固体制剂一车间排产情况

为平衡压片、包装工序生产能力低而制粒工序生产能力未有效利用的情况,生产部采取将一车间苯磺酸氨氯地平片和其他品种交叉排产的方式,使制粒工序和压片、包装工序产能相匹配,有效解决了苯磺酸氨氯地平片中间产品库存堆积而造成的等待浪费,故目前的排产方式并不是制约苯磺酸氨氯地平片产能提升的主要因素。

（四）提高车间产能的分析及举措

1. 购置设备,提升产能

根据对各工序现有生产设备及生产能力的调查分析结果,车间根据生产需求申请购置一台压片设备和一条内外包装联线,改善压片工序和包装工序的产能受限情况。2023年5月,新购置的83冲全自动双出料高速压片机,经调试确认、验证后投入使用。同月,新购置的全自动装盒机、透明膜折叠式裹包机与铝塑泡罩包装机组成30片内外包装联动线,经调试确认、验证后投入使用。

2. 优化设备,降本增效

83冲压片机投入初期,由于人员操作不熟练、设备设计缺陷等原因,压片平均收率远低于其他两台压片机的平均收率。项目组成员通过收集生产中的废粉、废片等数据,运用头脑风暴法对影响压片机收率的症结进行原因分析,最终确定5项主要原因,并为此制定了一系列改善解决方案。最终通过调整吸尘器档位、改善吸粉罩和吸粉嘴、调整加料器底衬与冲盘之间的间隙、更换压料板、更换加料器与上料桶之间的密封垫、对人员操作技能进行培训考核等措施,大幅提高了83冲压片机的收率水平。

新投入的内外包联动机组受联线影响,生产速度较慢,项目组成员对影响因素逐项排查分析,通过改善铝塑泡罩机堵料光电感应、影像系统、冷水机升级换代及改善冷水机连接方式等措施,联动机组生产速度得到有效提高。

通过对压片工序、包装工序新设备的投入和性能优化等一系列措施,制粒、压片、包装各工序生产能力基本达到均衡，制约苯磺酸氨氯地平片产能的瓶颈已基本解决。

3. 调整批量/批次，优化产能

虽然各工序每批的产前准备时间和清场时间较长，但产前准备工作主要是领取中间产品及包材、调试机器，清场是预防污染、交叉污染、混批等必不可少的步骤。在不降低日产能的情况下，增大批量、减少日批次，可减少批次间产前准备时间及清场时间，增加有效生产时间，提高产能。因此，车间根据生产需求购进HZD2000料斗混合机，投入使用后批量可增加127%，增加至250万片/批，极大地减少各工序清场及生产准备时间，进一步提高了生产效率。

在HZD2000料斗混合机未投入使用前，车间根据优化后压片、包装工序的设备能力，将制粒的日产能从9批提升至10批，各工序目前运行正常，产能得到再次提升。

4. 集中排产，提升产能

经过以上系列改善后，压片和包装工序不再是制约苯磺酸氨氯地平片的瓶颈，车间可连续不间断生产。随后优化排产计划，将苯磺酸氨氯地平片和湿法制粒品种由交叉排产改为集中排产，减少各工序频繁转产时清场、更换模具的时间，从而提高产能。

同时，对以上改善制定巩固措施，将确认/验证结果写入SOP，对各工序操作人员进行培训考核、优化调配，实行"老带新""优带劣"等方式方法，提高操作人员设备实操水平和维护保养技能，最终实现人员配置最优、设备状态最优、生产能力最优的良好局面。

五、实施成效

改善完成后，苯磺酸氨氯地平片产能达到明显提升，其他小品种的生产能力也得到改善优化，固体制剂车间产能再上新台阶，目前基本可以满足持续增长的市场需求。2023年，苯磺酸氨氯地平片实际产量较2022年同期增加10.52%，实现经济效益462.36万元。

六、总结及展望

经过国药容生全体员工的共同努力和配合，2023年固体制剂车间产能显著提升，实现了项目组最初制定的目标，通过设备及人员优化提高产能、降本增效，公司效益与品牌效益显著提升。

当前，企业面临的形势依然错综复杂，有利条件和不利因素并存。在严控费、降药价背景下，国药容生秉承"降本增效、提质增效、创收增效"的发展理念，坚定不移地坚持成本领先战略，苯磺酸氨氯地平片在日趋激烈的市场竞争中占有一席之地，培育了企业的核心竞争力。下一步，公司将提高二车间西地碘含片的产能并进行质量提升，提高产品市场竞争力；同时进一步优化产品工艺，利用数据进行分析、评估，提高产品质量，持续推进产品质量升级，为下一轮集采竞标提供强有力的保证，推动公司高质量发展。

主要参考文献

[1] 高天兵，郑强. 口服固体制剂与非无菌吸入制剂——药品GMP指南（第2版）

[M].中国医药科技出版社,2023.

[2] 王迎春,王雷,姜彤.基于精益供应链供应商产品质量可追溯管理研究[J].组合机床与自动化加工技术,2018(10):147-150.

[3] 王越,文小桐,段凤然,刘雨欣,毛宗福.集采政策对制药企业在公立医疗机构药品销售的影响——以首批国家集采药品为例[J].中国医疗保险,2023(9):106-112.

[4] 国家组织药品联合采购办公室.国家组织药品联合采购办公室关于发布《全国药品集中采购文件(GY-YD 2022-1)》的公告.国联采字〔2022〕1号[EB].2022-06-20.

[5] 金建闻,党明安,谢芝丽.河南省药品GMP认证缺陷分析及新修订《药品管理法》实施后的建议[J].中国药学杂志,2021,56(2):162-166.

改造污水处理设施 突破投浆瓶颈

江砚芳 梁晓伟 杨 帆 郭维强 郑兴康 徐 镇*

一、引言

为解决污水处理设施处置能力不足且易受活性污泥性质影响、车间产能未全部利用的现实状况,国药集团上海血液制品有限公司(以下简称"上海血制")对污水处理系统原SBR工艺及构筑物进行了优化处理,在解决污水处理问题的同时增加投浆量、突破瓶颈。本文通过污水处理MBR(膜生物反应器)工艺改造实际案例,介绍上海血制在车间产能范围内进一步提升生产能力、降低企业环保风险,从而全面实现污水处理系统升级改造提质增效工程的实施内容及成效,为其他企业提质增效工程提供一定经验借鉴。

二、项目背景

(一)公司简介

上海血制前身上海生物制品研究所有限责任公司的血制业务,具有悠久的血液制品生产历史,是国内最早开展低温乙醇分离血液制品研发和生产的生物制品高新技术企业之一。公司目前拥有人血白蛋白、人免疫球蛋白、人凝血因子三大类10个品种18个规格的产品生产文号。

(二)项目开展背景

上海血制位于上海市长宁区安顺路350号,周边主要为居民区、学校和医院,东面紧邻内环高架,相对处于城市发展中心位置,厂区内外无新增建设用地,无预留用地。污水处理设施成为制约产能的主要因素之一,主要表现为:

1. 在投浆量保持不变的状态下,污水处理系统易受活性污泥性质影响不能正常运行,导致生产计划被迫调整,造成经济损失。

2. 在原料血浆充足、污水处理设施未经改造的条件下,增加生产批次会导致废水水量增加,污水处理系统的运行时间增加、污泥沉降时间缩短、系统运行负荷增大、污染物

---

* 作者简介:江砚芳,国药集团上海血液制品有限公司总经理、国药集团昆明血液制品有限公司总经理;梁晓伟,国药集团上海血液制品有限公司财务总监、国药集团昆明血液制品有限公司财务总监;杨帆,国药集团上海血液制品有限公司副总经理、国药集团昆明血液制品有限公司副总经理;郭维强,国药集团上海血液制品有限公司副总经理、国药集团昆明血液制品有限公司副总经理;郑兴康,国药集团昆明血液制品有限公司安全管理部职员;徐镇,国药集团昆明血液制品有限公司财务部职员。

的有效去除率降低，严重时可能会导致外排废水污染物指标超标，面临行政处罚、被迫停产等风险。而SBR工艺则需要为IAT反应池内的活性污泥自由沉降留有充分的水力停留时间，生产产量增加时污水处理系统必然要求污泥沉降时间缩短，与生产增产要求废水处理量增加之间存在矛盾。现有工艺不能满足投浆量增加的增量废水合规处置。

（三）项目现状

1. 工艺现状

2009年上海血制对血液制剂生产车间及其配套设施进行了改造升级，并按照"三同时"制度建设一座日处理量为200立方米的污水处理站，污水处理工艺为序批式活性污泥法（SBR），是一种按间歇曝气方式来运行的活性污泥污水处理技术。它的主要特征是在运行上的有序和间歇操作，SBR技术的核心是SBR反应池（DAT反应池、IAT反应池），该池集均化、初沉、生物降解、二沉等功能于一池，无污泥回流系统，适用于建设空间不足，间歇排放和流量变化较大的场合。废水主要来源于工艺废水、纯水清洗设备及系统废水、酒精回收系统废水等。

工艺流程如下：生产废水→人工格栅→调节池→DAT反应池→IAT反应池→消毒池→达标排放。污泥处理采用机械浓缩脱水工艺，浓缩脱水设备采用叠螺机，污泥含水率≤80%，污泥集中外运处置。

2. 水量及水质现状

根据2021年1—12月污水排放量统计信息，DAT反应池（尺寸：12米×9.2米×7.7米、有效水深：H=6.4米、池容：V=706.56立方米、MLVSS：5,000毫克/升、SV30：98%）的日处理水量约为200立方米，生产废水主要为化学需氧量（COD）浓度较高的废水，水体几乎不含氮、磷等污染物，平均进水COD浓度为5,000毫克/升，日处理COD总量为200×5,000×0.001=1,000（千克/天），在实际运行过程中曝气有效池容为706.56立方米，IAT反应池（尺寸：6.1米×3.6米×7.7米、有效水深：H=6.4米、池容：V=281.09立方米）仅作为沉淀池使用，曝气处理时间为15小时，折算每日COD容积负荷为1,000×（15÷24）÷706.56=0.88［千克COD/（立方米池容·小时）］。经污水处理系统处理后的出水COD平均值为16.4毫克/升，可以满足上海市地方排放标准。

（四）需要解决的问题

公司生产废水主要为含COD浓度较高的废水，采用的工艺为序批式活性污泥法，主要依靠SBR反应池内活性污泥的生物凝聚、吸附和氧化作用，分解去除污水中的有机污染物，然后使污泥与水分离，大部分污泥留存于曝气池，多余部分则排出活性污泥系统。污泥与水分离的过程主要依靠污泥自身的沉降性能，容易受活性污泥性质影响；排水时通过IAT反应池内的滗水器进行手动操作，出水容易携带活性污泥；末端消毒工艺采用的是臭氧消毒，但因污水处理量大幅增加无法满足消毒处理要求，需通过末端投加氯片的方式补充消毒，很难把控氯片的投加量。

在不新增建设用地、不影响正常生产的前提下，在环评批复的处理能力范围内，通过在原污水处理设施构筑物的基础上对污水处理系统进行升级改造，满足现行法规要求，解决原料血浆充足、车间产能未全部利用与污水处理能力不足之间的矛盾，增加投浆量突破瓶颈，全面实现污水处理系统升级改造和提质增效。

三、项目过程

（一）项目制管理

1. 组织保障

根据国药集团和中国生物 2023 年度提质增效工作总体要求，公司成立提质增效工作领导小组和工作小组，以建立健全组织保障机制。提质增效工作领导小组由公司总经理任组长，其他班子成员任副组长，主要职责为：根据国药集团和中国生物的有关要求，结合公司实际，确定公司提质增效工作任务和目标，提出工作计划，掌握工作进程，抓好工作落实，及时发现和解决工作中存在的问题，定期研究总结工作，保证领导小组切实发挥作用。工作小组由相关部门负责人组成，财务部牵头组织跟进工作小组日常工作，确保各部门按计划推进并提交工作进度，汇总阶段性专项工作进展，并向领导小组定期汇报；党群工作部负责加强公司提质增效工作的宣传，积极营造良好氛围；行政管理与人力资源部负责将提质增效工作纳入年度考核指标，针对提质增效工作完成较好的部门提出初步奖励建议；其他各部门结合本部门所管辖领域和部门实际情况，提出提质增效工作方案，并按计划推进实施。

2. 项目立项

2023 年初由公司财务部向各部门收集提质增效项目，并组织对项目进行预期经济收益测算，项目经比较遴选后报公司审核，最终确认"血浆投浆量增加配套污水处理设施改造"项目，上报上级公司审批立项。

3. 过程管理

生产管理部对改造后的污水处理量及达标情况进行实时监测，评估污水处理设施改造对投浆量及产量的影响。财务部对项目实施进度进行监测，追踪项目实施进度和运行效果，每季度形成提质增效分析报告报提质增效工作小组、领导小组审核后上报上级公司，并定期将项目数据上报国药大数据管控平台，便于上级公司对项目进展情况进行监控。

（二）实施过程

1. 经济效益的可行性分析

如对污水处理设施进行升级改造，可实现年投浆量增加 21%，产品可提前一年上市销售，提前实现经济效益。

增量收益 = 增量资金收益 × 利率
    = 增量现金流入 × 活期存款利率
    = 预计收入 × 综合毛利率 × 活期存款利率
    = 136.72（万元）

增量成本 = 项目改造支出 = 66.5（万元）

增量利润 = 增量收益 − 增量成本 = 136.72 − 66.5 = 70.22（万元）

2. 污水处理设施的分析排查

（1）污泥膨胀。生产废水 COD 浓度较高，废水成分全是易降解有机物，几乎全部可生化，适宜活性污泥中的丝状菌快速生产。丝状菌对有机物降解效果较好，但当活性污泥中含有大量丝状菌时会导致污泥沉降性能变差，一旦出现丝状菌膨胀，IAT反应池内污泥自由沉降时间变长，污水处理系统无法排水，废水处理量降低；情况严重时，会导致整个污水处理系统瘫痪，最终造成停产。

（2）消毒系统存在风险。原废水处理工艺中的消毒工艺采用的是臭氧消毒，但因污水处理量大幅增加无法满足消毒处理要求，需通过补充投加氯片的方式完成末端出水消毒。这种运行方式存在以下问题：一是氯片投加量无法控制，初期余氯值超标，后期余氯值则明显不足，很难保证出水的余氯和大肠杆菌稳定达标排放；二是出水采用滗水器间断排水，局部排水量较大，可能达到40立方米/小时，对于消毒剂的投加量很难把控，有较大风险。

（3）排水易受影响。系统出水方式主要通过IAT反应池内的滗水器手动操作出水，当污泥沉降性能变差时，出水易通过惯性携带活性污泥，从而造成排水数据超标。

（4）处理能力不足。污水处理设施在长期运行过程中部分设备设施老旧、工艺存在一定的局限性，在生产批次增加的情况下，生产车间排水水质及水量会产生较大的波动。原污水处理系统处理能力不足而无法充分利用生产设施改造后扩大的产能，污水处理设施成为制约投浆量扩大的瓶颈。

3. 最终决策

由于上海血制未来将搬迁至云南，污水处理设施是否有必要改造，改造后是否可实现提前投产，是否可增加收益，是否可降低环保风险成为公司管理层考虑的核心问题。经过财务部门和业务部门的多轮讨论，仔细评估方案的可行性和测算改造带来的增量收益和增量成本后，最终决定进行改造。

（三）具体措施

1. 污水处理工艺改造

（1）边界条件。本次改造工艺流程选取如下边界条件：生产废水主要为高浓度可生化性较好的废水；原工艺主流程为SBR工艺，污染物去除效果良好，IAT反应池约为300立方米，现阶段仅作为沉淀池使用，没有对污水的处理实现有效利用；无新增建设用地；需要在不影响生产的前提下完成改造；改造完成后，较2022年投浆量增幅不低于33%。

上述因素集合起来，现实条件是主流程构筑物不具备大拆大建条件，只能在原有构筑物的基础上进行优化处理，需要选择一种流程较短、容积负荷率高、污泥浓度高，且能够快速安装就位的改造工艺，因此在方案征集和多次研讨论证后，选择了膜生物反应器（MBR）工艺。

MBR工艺利用膜的高效截留作用，可使微生物完全截留在生物反应器内，实现较高的污泥浓度，实现高容积负荷、低污泥负荷；在较短水力停留时间（HRT）的情况下保证更高的污泥龄（SRT），可以大幅缩短SBR工艺所需污泥自由沉降时间。改造后无须增加污泥脱水机，且为污染物的降解创造了有利条件。机房及设备放置空间均利用现有位置，无须另外增加运行空间（李亮，2019）。

（2）改造措施。在现有IAT反应池内增设2组MBR膜组件，IAT反应池旁增加2台风机，置于现有风机房内，双层敷设；增加3台自吸泵，置于IAT反应池上方，并建设配套管道电气设施。调节池废水提升泵衡量（17吨/小时）进入曝气池（原有DAT反应池），然后分别进入两组MBR膜池（原有IAT反应池），通过MBR膜自吸泵提升排入消毒池。

原手动控制的滗水器通过改造，出水方式由SBR工艺的自由沉降出水改为MBR工艺的膜出水。系统污泥回流24小时开启，间歇式排泥，污泥中所含水分经叠螺机脱水后回至调节池重新处理。废气处理系统利用原有设施，不发生改变。

工艺流程如下：生产废水→人工格栅→调节池→曝气池→MBR膜池→消毒池→在线监测→达标排放。

2. 消毒设施改造

结合现场环境条件及实际情况，将原有臭氧消毒设施更换为次氯酸钠发生器，即在臭氧设备间内安装一套次氯酸钠发生器，通过投加工业食盐（氯化钠）的形式进行相应次氯酸钠的配置，生成的次氯酸钠溶液浓度为0.2%—0.5%，末端配备在线余氯仪，自动投加。

3. 改造难点

一是不新增建设用地、符合环保要求与突破投浆瓶颈的矛盾；二是改造工程实施时间短不能影响正常生产运行的矛盾。上述两个难点相互叠加，对工艺选择、构筑物设计、建设实施方案均提出极高要求。

四、项目成效

公司生产管理部与上海亚喆环保工程有限公司针对配套污水处理设施改造项目签订了合同，该项目于2023年2月经验收通过后正式投入使用。污水处理设施经改造升级后最大日均污水处理量为400±10%吨/天，全年累计可为公司多处理25,200吨污水，为公司提升生产投浆量提供了基础保障。通过提质增效促进管理提升，助推公司2023年度各项任务顺利完成。

（一）经济效益

上海血制2023年实际投浆比2022年增加39%。与改造前的2023年投浆计划比较，实际投浆量增加26%，多生产人血白蛋白53.01%、静注人免疫球蛋白（pH4）24.50%。与改造前生产计划比较增加现金流16,386.54万元，增加资金利息收入237.60万元，扣除因改造投入的成本66.5万元，实际产生经济效益171.10万元。

（二）其他管理效益

针对上海血制污水的水质特点，对现有的污水处理站升级改造完成后，在不改变其余相关配套设施的情况下，出水方式由MBR膜控制出水代替传统的自由沉降出水，实现了连续投料时生产废水的有效处理，且末端出水采用次氯酸钠发生器产生的次氯酸钠溶液消毒并实时监测。在2023年全年运行实践过程中表明，运行效果稳定，达到排放标准，为同类水质污水处理系统升级改造提供了良好的示范，同时降低企业环保风险。

五、总结与展望

上海血制通过对"血浆投浆量增加配套污水处理设施改造"项目的经济效益测算、污水处理系统各个环节的分析调查，最终确定开展上海血制配套污水处理设施的改造升级。对污水处理系统出现的问题有针对性地整改，突破了公司的投浆瓶颈，生产能力得以提升，在产生明显经济效益的同时降低企业环保风险。

污水处理提质增效有很多内容值得深入研究和探索，企业要结合实际工作，提出"一厂一策"系统化整治方案。"一厂一策"系统化整治方案强调科学分析、系统治理、工程可实施以及目标可达。通过水质、水量等定量监测，有针对性地发现问题和解决问题，确保构建的系统工程得以落地实施，保障阶段性的目标得以实现（张伟，2023）。

主要参考文献

［1］李亮，汪德金，杨雪，徐婧. 大型污水处理厂采用 MBR 工艺不停产扩能提标改造［J］. 中国给水排水，2019，35（14）：52-58.

［2］张伟，潘芳，张海行，王垚森. 污水处理提质增效"一厂一策"方案的编制思考［J］. 中国给水排水，2023，39（2）：32-37.

品牌溢价促进产品创新发展
——太极藿香正气口服液提质增效实践

李禄年　唐　昱[*]

一、引言

品牌溢价是指消费者愿意为某品牌产品支付高于同类产品价格的现象。这种现象通常发生在消费者对品牌有高度认同感、信任感和忠诚度的情况下。品牌溢价是品牌资产的重要组成部分，通过品牌溢价能够为企业带来更高的利润空间和更强的市场竞争力。然而，品牌溢价的维持需要品牌不断地提供符合或超出消费者期望的价值。

近年来，随着药材成本不断上涨、医疗改革新政颁布实施，医药行业内竞争加剧，医药企业利润空间不断被蚕食。在互联网深入千家万户的时代，消费者对价格的获取方式和对产品价值的判断亦发生了颠覆性的变化。如何提高产品在消费者感知中的价值，提升产品对企业利润的贡献水平，升级企业的利润链条，探索出一条可持续、可复制的发展模式，提高企业品牌力和竞争力，是摆在每个医药企业面前的现实问题。

二、案例背景

重庆太极实业（集团）股份有限公司（以下简称"国药太极"）为中国医药集团有限公司成员企业，是国药集团现代中药板块的重要组成部分。国药太极始终坚持以价值创造为核心，正源出新，精益求精，致力于传承创新中医药和发展现代医药，太极藿香正气口服液为其代表性的中成药 OTC 品牌产品。

太极藿香正气口服液上市 30 余年，已成为老百姓心目中防暑解暑的国民品牌。随着时代经济发展，生活方式发生改变，原有的"防暑解暑"品牌定位已无法承载品牌的进一步发展。2022 年，国药太极对太极藿香正气口服液进行了"重新定位、品类破圈"的战略调整，品牌定位由"防暑解暑"延伸至"祛暑祛湿"。历时一年投入，品牌建设成果显著，产品营收、利润快速增长，消费者对品牌的认知度和美誉度大幅提升，品牌发展势能再上新台阶。

合理的价格策略是品牌全生命周期管理、企业可持续发展的重要条件，也是品牌新发展阶段的必然需求。太极藿香正气口服液品牌溢价项目的立项主要围绕以下思路：一是提

---

[*] 作者简介：李禄年，重庆太极实业（集团）股份有限公司营销管理中心藿香产品群品类总监；唐昱，重庆太极实业（集团）股份有限公司营销管理中心藿香产品群一级业务主管。

升产品的品牌价值，以合理价格的策略在消费者心中建立新的价值感知；二是深挖产品价值，推动产品迭代升级以满足不断变化的市场需求，在产品质量、服务水平等多个维度持续改进，不断提高品牌的市场竞争力；三是探索创新发展模式，以提质增效催生创新活力，探索中成药大品种高质量发展模式；四是提升经营利润，通过价格体系重塑实现企业营收和利润增长，推动企业经营健康可持续发展。

三、项目实施目标与思路

（一）组织保障

2023年初，国药太极营销管理中心成立提质增效专项工作组，旨在通过全面梳理产品营销政策，重塑产品价格体系，优化盈利模式，确保销量持续快速增长，推动提质增效目标的成功实现。

该工作组由国药太极营销管理中心党委领导班子及多部门管理人员组成，包括产品群、销售部、营销支持部、品牌服务部、财务部五大职能部门，主要职能包括方案制定、组织实施、资源协调、流程优化、风险管控、进度跟踪、效果评估等。五大职能部门在项目落地执行中，形成矩阵式、无边界的沟通交流机制。工作组每月召开会议，总结项目实施进展情况，讨论问题解决方案，并根据市场反馈及时调整策略，为太极藿香正气口服液提质增效项目提供有力的组织保障。

（二）立项及审批情况

在项目前期，提质增效专项工作组开展了大量的市场调研工作及大数据分析，全面梳理产品的市场表现。本项目中涉及大数据均来自米内网，并通过第三方专业调研公司益普索开展品牌调研，为品牌溢价项目的可行性评估及量化效益目标提供数据支持。

第一，市场规模及业绩情况。据米内网数据，2019—2022年，中国城市实体药店藿香正气品类的市场规模由18.55亿元提升至32.09亿元，太极藿香正气口服液在藿香正气品类中市场份额占比达到64%以上，且呈现逐年增加趋势，已成为藿香正气类领导者品牌。2022年中国城市实体药店终端消化系统中成药中，太极藿香正气口服液市场份额位列第一，是消化系统中成药头部品牌。

第二，消费者口碑调研摸底。由第三方调研公司益普索对17个城市5,000多位消费者开展的随机调研结果显示，消费者对太极藿香正气口服液的整体认知度为66%，在川渝核心市场认知度超过95%，"家中常备药""适合老百姓""老品牌值得信任"是消费者对品牌的主要感知形象。在影响其购买决策的驱动因素中，首要为功效，占比超过七成；其次为品牌，占比近四成；再次是价格，占比约三成；最后是其他因素包括购买便利性、口感、服用方便等。

第三，经销客户意见调研收集。通过走访全国各级经销商客户，广泛收集来自市场一线的反馈。各级客户对太极藿香正气口服液近年来在品质升级、智能制造、品牌建设、营销赋能、渠道服务等方面的工作广泛认可，并期望获得更多来自品牌方的优质服务和营销政策支持。

综合以上等因素，经国药太极营销管理中心提质增效专项工作组和党委会研判，太极藿香正气口服液品牌溢价时机已经成熟，适度的品牌溢价、提升产品盈利能力，有利于进一步提升产品品质、加强品牌建设、提升渠道服务，太极藿香正气口服液品牌溢价项目由此正式立项。

（三）改善目标及行动方向

太极藿香正气口服液品牌溢价项目以经济效益为考核目标，拟提高其A品规的单盒供货价格实现收益。由于前期调研显示的购买驱动因素中，消费者对产品功效的关注度高达七成以上，远高于对品牌与价格的关注，对品牌、价格二者关注度差距6个百分点，所以涨价幅度控制在10%以内较为合理。经财务部测算，扣除广告费、税金、市场营销费等费用，通过品牌溢价预计当年增加净利润额不低于2,560万元，因此立项。

以效益目标为导向，国药太极营销管理中心充分激发提质增效创新活力，从流通管理、品牌建设、价值生态、渠道覆盖、公益IP、终端动销、跨界营销七大方向谋篇布局，多维度发力持续提升品牌价值，形成对溢价的有力支撑，多措并举对项目实行全周期管理，有效管控项目实施进程，确保提质增效目标的胜利达成。

四、项目实施过程

（一）规范渠道体系，加强流通管理

根据公司要求，品牌溢价自2023年2月1日起执行。国药太极营销管理中心通过业务部门事先与客户深入沟通交流，确保相关政策全面宣贯到位、实施过程畅通无阻，同时严格执行公司的产品流通政策，强化监督管理，设立专人专岗，构建起覆盖全区域、全渠道的流向价格实时监测体系，形成"实时反馈、定期报告"的反应机制，动态调节市场营销策略，以维护品牌长期健康、稳定的市场流通秩序。

（二）树立客户信心，共建价值生态

构建起"以产业链为基础、价值创造为目标、数字化为手段、品牌产品为引领"的价值生态体系。2023年2月，国药太极营销管理中心在重庆召开太极藿香正气口服液全国价值生态大会，随后在四川、广东、江苏、广西、山东、湖北、湖南等重点省市相继召开13场区域大型渠道价值生态大会。各级客户在会上深入交流了彼此的意见，达成共商、共建、共享渠道价值生态的共识，明确了各自的职责，有效整合产业链资源，形成协同效应，大大提振了客户的信心。

（三）提升渠道渗透，满足顾客需求

以数字化为抓手，充分开展压渠分销工作。一是建立四级学术营销体系，加快医疗机构的市场准入；二是持续开展双品牌带量合作，以实效营销组合赋能连锁药店，提升产品覆盖率和陈列效果；三是加快县域市场、基层医疗机构、诊所的持续开发，提升渠道覆盖深度；四是通过品牌公关造势而上，开发更多团购客户；五是稳固线上生态，实现流量的精准触达；六是发扬传统中医药优势，开拓以东南亚为代表的海外市场。六大渠道齐发力，全力提升产品的市场覆盖率，同时多部门协同在销售旺季来临前做好客户资金授信保障、仓库库存保障、铺货进度保障、货源调度保障，让消费者买得到、容易买、放心买。

（四）扎实终端工作，促进销售转化

一是充分发挥标杆作用，在全国打造10万家样板陈列门店，开展陈列竞赛，强化终端

门店陈列效果，提高产品在门店的曝光度；二是积极开展医药从业人员培训，全年共计开展2,700场连锁集中培训，培训从业人员42万人次，提升终端人员的医药专业水平和药事服务质量；三是广泛开展消费者培育，开展消费者培育1,300余场，培育消费者400万人次。

（五）公益IP升级，助力企业团购

持续打造太极劳动防暑节企业公益IP，提升品牌公关势能。通过企业公益IP与新华网、全国总工会等国家级平台合作，号召全社会爱心企业、爱心组织和人士共同关注高温下劳动者的健康保障，提升品牌公关高度，提高品牌公益声量。"关爱高温下的劳动者"系列公益活动走进全国多家大型企事业单位，科普高温防暑知识，培育潜在消费人群，播撒下企业团购的种子，有效带动团购业务再增长。

（六）坚持品牌战略，强化品牌建设

在品牌建设上保持战略定力，聚焦并长期坚持"祛暑祛湿"的品牌渗透，合理配置全渠道广告投入。在成熟市场，提高家中常备的品牌提示，加强对"祛湿"领域的品牌渗透；在潜力市场，持续提升消费者对产品的认知水平，强化对县域市场的渗透；在发展市场，持续品牌投入，提升产品知名度。在全国开展"带上藿香吃火锅"专项推广工作，拓展新的应用场景，提升该场景的品牌渗透率。

（七）跨界营销探索，拓展年轻人群

首次开展跨界创新尝试，与光明联合推出跨界藿香味小雪糕，跨界联名产品在抖音、B站、小红书等社交媒体深度传播，强化了主品太极藿香正气口服液的品牌建设，有效展示了品牌"年轻、有梗"的新形象，拓展了年轻消费人群。线上品牌运营与线下连锁活动成功联动，实现门店的精准引流，促进了销售转化。

五、项目实施成效

（一）效益目标超额完成

自2023年2月1日至12月31日，通过INCA系统查询太极藿香正气口服液A品规销量，扣除老价格发货部分，品牌溢价项目期间A品规销量超额完成，实际增加利润金额3,134万元，项目评估考核达成率122.42%。

（二）超额达成目标的原因分析

项目制提质增效充分激发了营销工作的创新活力。国药太极营销管理中心通过多维度的营销工作布局，维持了渠道价值生态的动态稳定，创造了新的销售机会，拓展了消费人群，为品牌长远发展注入新势能，形成对品牌溢价的有力支撑，主要体现在以下三个方面。

一是价值生态建设促进渠道融合发展。通过渠道价值生态会议的持续召开，完成产业链的优势整合，提高产业链的协同效应，齐心共促渠道的融合发展，实现双向赋能、生态共赢、共同发展。2023年共计召开1场全国性的渠道价值生态大会、13场区域性的价值生态大会，650家一二级客户、920多家连锁客户共同参与，各级客户在会上深入交流并达成共识。通过会议树立客户对价值生态建设的信心和决心，明确各自的权责，充分调动了各环节的主观能动性，大大提升了各项营销活动的实施效率。

二是太极劳动防暑节系列公益活动提升团购势能。太极劳动防暑节公益IP首次携手

全国总工会、新华网等国家级平台，开展"关爱高温下的劳动者"系列公益活动。活动覆盖全国 26 个省市，共计开展 574 场公益派赠，实现 1,000 万人次互动，新华网等媒体持续追踪报道，顶层联动公益发声，触发高位声量，赋能公益形象，提升品牌公关高度。系列公益活动走进全国大型企事业单位，开展对高温作业的防暑健康科普教育，徐工集团、农垦集团、柳钢集团、中铁五局等企业成功实现首次高温团购，带来新的团购业务增长。

三是跨界联名活动拓展应用场景和年轻消费者群体。跨界新品藿香味小雪糕通过线上话题营销＋线下门店活动相结合的形式，在全网实现曝光 1.8 亿人次，互动 429 万人次，引发全网关注，掀起社交媒体的广泛讨论。全国 78 个城市 137 家连锁药店承接了线下活动，在 685 家门店共计派赠藿香味小雪糕 82 万支，为连锁门店成功实现引流，直接赋能终端动销活动，实现销量增长。

六、总结与启示

太极藿香正气口服液品牌溢价项目为企业创造了显著经济效益，帮助消费者提升了对品牌的价值感知，巩固了品牌在同品类中的领导者地位，形成品牌发展的良性循环，持续提升品牌竞争力。在品牌溢价的前期立项中，国药太极营销管理中心借助科学的方法成功完成了对企业品牌资产的重新评估和测算，制定了合理的溢价方案。在品牌溢价的实施过程中，国药太极营销管理中心通过坚持品牌战略、实施精益管理，稳定了市场秩序，构建起和谐共生的生态体系，巩固并加深了与客户群体的联系，挖掘并发展了新渠道、新人群、新需求，为品牌的持续发展提供长期的势能，为后续其他品种的开发提供参考借鉴价值。

该项目的成功实施是对国药太极品牌综合营销运营能力的一次重要考验，通过对项目的复盘整理，得出以下启示与展望。

（一）价值生态体系的建设模式值得扩大推广

太极藿香正气口服液价值生态体系的建设是太极商业文明建设的一次重要实践。价值生态体系建设的关键点是共建共享、明确权责、重在治理。通过有效整合品牌工业、品牌商业、品牌连锁资源，打造开放协同、共建共享的生态系统，建设相互滋养、彼此成就的产业价值生态圈，共同推进中医药产业健康发展。国药太极营销管理中心将巩固渠道价值生态成果，持续召开价值生态会议，深化与合作伙伴的共识，把太极藿香正气口服液的价值生态经验逐步推广复制到藿香全品类乃至企业主要经营品种的渠道生态建设。以太极藿香正气口服液为始，搭建起多产品、全渠道、数字化整合营销平台，着力提升平台战斗力，建设一条可持续发展的价值生态体系，塑造全新的太极商业文明形态。

（二）以公益 IP 为主体的品牌公关模式值得持续升华

太极藿香正气口服液夏季防暑公益活动已持续开展十余年。自 2022 年立项打造太极劳动防暑节公益 IP，通过与国家级平台开展合作，整合优势资源组合输出，品牌公关高度得以提升，品牌公益声量持续扩大。2024 年是太极劳动防暑节的第三届，国药太极将进一步深入与全国总工会、人民网等国家级平台的合作，升级太极劳动防暑节品牌公关高度，同时充分激发创新活力，丰富公益的内容形式，提升团购服务质量，提高团购的开发率和回购率,赋能团购销售持续稳定增长。

(三) 品牌跨界联名推动品牌年轻化模式值得探索

作为运营超过30年的品牌,如何不断保持品牌的活力和生命力,是太极藿香正气口服液面向未来发展面临的重要问题。2022年跨界新品藿香味小雪糕的推出是太极藿香正气口服液品牌年轻化的首次尝试,通过话题性、趣味性的活动形式,加强了与年轻消费人群的沟通交流,实现品牌影响力的首次"出圈",拉开了品牌向年轻化、快消化转型的探索之路。未来,品牌跨界合作将进一步扩大,一是与可乐为代表的更多快消品牌联合推出跨界新品,拓展产品新应用场景,吸引年轻消费人群;二是拓宽合作渠道,与各大高校赛事等开展更多形式的跨界合作,邀请年轻人群深入参与互动交流,进一步推动品牌年轻化,为品牌的未来发展绘就新的增长曲线。

国药太极心怀"国药泽华夏,太极济苍生"的初心使命,紧跟国药集团创新驱动型、全产业链和全生态圈的发展战略,遵循"做强做优做大医药健康主业"的目标定位,锚定"一利五率"经营指标体系,以客户为中心,以市场为导向,以产品为依托,持续深挖提质增效创新活力,加快全产业链数字化转型,强化中医药特点的科技创新、管理创新,向建设世界一流的中药企业的目标坚定迈进。

第三章　降本项目

# 加强生产过程控制　降低鸡胚成本消耗

贾玉强　赵卫新　李可新[*]

一、引言

流感病毒裂解疫苗系用世界卫生组织（WHO）推荐的病毒株接种鸡胚，经培养、收获病毒液、纯化、再纯化、灭活等一系列工序制备而成。生产用材料主要包括鸡胚、氯化钠、磷酸二氢钠、磷酸氢二钠、蔗糖、Triton X-100 和甲醛等，这些是生产成本的主要来源，其中，鸡胚消耗数量大，费用占比高，从鸡胚着手控成本、增效益，对实现公司可持续、高质量发展目标意义重大。

二、案例背景

（一）案例单位介绍

长春生物制品研究所位于吉林省长春市，占地面积约 17.97 万平方米，是一个具有悠久历史，集生产、研发、教育、销售为一体的高科技企业，系中国医药集团有限公司旗下中国生物技术股份有限公司的二级子公司。公司始建于 1946 年，前身为卫生部东北卫生技术总厂（卫生部长春生物制品研究所），历经搬迁、合署、更迭、演变逐步发展起来。公司以生产研发病毒性疫苗、重组蛋白治疗产品、诊断试剂为主要发展方向。多年来，公司一直秉承"关爱生命，呵护健康"的理念，聚焦研发领域，携手科研精英，创新开发新药物，更好地满足公共卫生健康需求，积极履行央企的社会职责。

在病毒性疫苗研究领域，公司研制并生产出我国第一支森林脑炎灭活疫苗、第一支麻疹减毒活疫苗（长47株）、第一支冻干甲型肝炎减毒活疫苗、第一支肾综合征出血热疫苗（Ⅱ型）、第一支全病毒流感疫苗、第一支水痘减毒活疫苗；在基因工程制品研究和转化领域，公司是中国第一个干扰素中试基地、第一个基因工程乙肝疫苗工业化生产基地、第一个获得重组人白细胞介素-2 生产文号的企业，研制的重组基因工程人干扰素系列产品呈多个型别和多剂型发展；在菌苗研究领域，公司主要研发及生产百日咳菌苗、流脑菌苗、卡介菌苗等制品；在诊断试剂领域，研制的产品涉及了免疫荧光、放射免疫、免疫酶标三大标记技术，产品包括链球菌溶血素"O"、妊娠诊断制剂、单克隆抗体等，广泛应用于

---

[*] 作者简介：贾玉强，长春生物制品研究所有限责任公司疫苗六室主任助理；赵卫新，长春生物制品研究所有限责任公司财务部经理助理；李可新，长春生物制品研究所有限责任公司疫苗六室组长。

临床诊断、出入境检疫等方面。此外，公司1990年被国务院学位委员会批准成为硕士学位授予单位，有"免疫学"和"病原生物学"两个二级学科专业授权点，2020年调整为一级学科"药学"专业授权点，累计培养硕士研究生300余名。2001年被国家人事部批准为"博士后科研工作站"。多年来，公司积极致力于我国生物制品事业的发展，为我国卫生防疫、疾病防治工作作出了卓越的贡献。

（二）项目制开展情况介绍

长春生物制品研究所积极落实国药集团和中国生物整体规划，牢固树立精细化管理意识，锚定"一利五率"经营指标体系，抓好"一增一稳四提升"任务目标落实，提高公司生产经营精益化管理水平，切实降低生产成本，增加经济效益。长春生物制品研究所高度重视年度提质增效专项工作，建立健全组织保障机制，根据人员变动调整提质增效专项工作小组，设立专项工作办公室，由总经理抓总、财务总监靠前指挥、财务部牵头组织、制定提质增效管理办法，各职能部门齐抓共管，对"计划—执行—检查—考核"各个环节均安排专门机构和人员予以落实，上下协同形成网格化的组织管理体系，取得了良好成效，2023年实现项目目标完成率117.15%。

（三）案例单位产品介绍

长春生物制品研究所于1959年建立了我国第一个流感疫苗研究生产基地，从1995年开始，生产的流感灭活疫苗供防疫部门使用。2001年上市国内首家流感全病毒灭活疫苗；2004年上市流感病毒裂解疫苗；2009年成功研制甲流疫苗，完成1,000万人份的国家调拨任务。2013年上市流感病毒裂解疫苗（无硫柳汞），经过进一步工艺优化、提高过程控制水平，于2018年再次获得补充申请批件。

2014年末长春生物制品研究所开始申请四价流感疫苗临床试验，该品种在延续原有三价流感疫苗专利技术基础上进一步工艺优化，于2020年获得四价流感疫苗批件，成为当时国内第三家、集团内第一家获得该疫苗生产批件的企业。2022年四价流感疫苗完成场地转移，获得补充申请批件；2023年流感病毒裂解疫苗通过WHO预认证。

（四）项目实施背景

四价流感病毒裂解疫苗于2022年完成由原201生产车间向208新生产车间的正式迁址。在生产规模扩大、生产条件改善的同时，厂房折旧、能源、设备设施维修维保等固定成本费用也随之大幅增加。长春生物制品研究所准备从鸡胚入手控制相关成本费用。鸡胚与毒种是疫苗的源头，其质量直接决定病毒液的培养量。鸡胚的质量与毒种的产量如有波动，原液的产出便会受到影响。此外，生产过程中会出现一定数量鸡胚与病毒液量的损失，设备性能的提升会降低鸡胚的损耗，工艺的优化会提升病毒液回收率。综合以上情况，长春生物制品研究所设立"加强生产过程控制，降低鸡胚成本消耗"提质增效项目。通过原辅材料控制、工艺改进、设备优化，提高公司生产经营精益化管理水平和运营效率，降低生产成本，增加经济效益，实现经营效益的合理增长和发展质量的有效提升。

三、项目实施目标与思路

（一）立项及审批情况

1. 以项目制形式开展工作

长春生物制品研究所结合实际情况分别从销售类、生产类、采购类、技术质量类、管理类、政策类等主要方面以"项目制"形式开展提质增效专项工作。

2. 加强提质增效组织保障

长春生物制品研究所成立"公司提质增效专项推进工作组",由总经理牵头抓总,财务总监分管,经营班子成员参加。工作组下设办公室,办公室设在财务部。明确相关职能部门责任,保障专项工作有序开展。

3. 集思广益确定立项方案

长春生物制品研究所组织召开业务部门研讨会,动员公司员工激发内部潜能、努力创新,集思广益,从技术革新、质量提升、生产工艺优化、管理提升等方面深入发掘提质增效项目,开展立项工作,组织各部门提报"年度提质增效专项工作立项情况表"和年度提质增效工作方案。

4. 层层审核,重点选拔

长春生物制品研究所提质增效项目办公室对各部门提报的项目,提请公司相关条线主管部门归口审核,审核通过后由财务部内部业务管理岗位对立项数据进行条线归口复核,再由提质增效办公室进行多轮评审,经过层层审核,评选出26个项目经公司总经理办公会审议后上报中国生物,经中国生物审核批复,确定16个项目作为公司2023年提质增效项目进行立项。其中由疫苗六室提报的"加强生产过程控制,降低鸡胚成本消耗"项目经过层层审核,作为本公司重点立项项目上报中国生物,经过审批作为中国生物直管项目上报国药集团。

(二) 改善目标及行动方案

项目设立提升单产的总体目标为鸡胚单耗相对于2022年降低13.9%;经济目标为全年入库量×单耗节约量×1.6元/枚=540.8(万元)。

承担任务的疫苗六室项目团队首先进行生产成本分析:生产用材料主要包括鸡胚、氯化钠、磷酸二氢钠、磷酸氢二钠、蔗糖、裂解剂和甲醛等。其中鸡胚作为(四价)流感病毒裂解疫苗的主要原料,每年鸡胚使用成本约占生产总成本的1/3,通过提高鸡胚入场质量(如对鸡胚厂家飞检)、优化毒种的筛选,提高产量、提高生产设备性能(如接种机、收获机、照蛋机等),提高鸡胚合格率以及优化纯化工艺,提升产品回收率,降低疫苗成本,提高公司经济效益。

项目团队联合物资供应部、生产管理部、质量保证部、工程服务部和财务部等多部门,通过对生产过程耗材精细化管理,提高一次性耗材的使用次数,进一步降低耗材成本;通过统筹规划验证和试验批次,合并开展,减少上市规模验证批次,降低验证费用;同时通过对关键设备、设施进行分级管理,降低维保频次,减少维修维保费用;通过节能改造,降低能源消耗等一系列措施,加强生产过程控制及产品生产工艺优化,进一步降低单耗,提高单产。

四、项目实施过程

(一) 严格管理鸡胚供应商,提高鸡胚入场质量

1. 优化鸡胚供应商质量协议

签订鸡胚供应商的质量协议,对种鸡品系筛选、饲养方式、鸡场清洁消毒效果、鸡

龄、鸡胚孵化条件、鸡胚表面洁净度、鸡胚筛选、鸡胚运输、蛋壳厚度等方面进行严格约束，并定期开展供应商审计以及飞行检查，实现采购环节全链条全过程精准管控。

2. 协助鸡胚厂家加强管理

长春生物制品研究所不仅对鸡胚供应商按照鸡胚质量协议严格管理，还根据上一年度鸡胚供应商所提供鸡胚质量情况开展区别定价：鸡胚质量好的供应商将在下一年度拿到更多的鸡胚供应额度以及更高的鸡胚定价；鸡胚质量较差的鸡胚供应商将在下一年度拿到较少的鸡胚供应额度以及较低的鸡胚定价。通过鸡胚采购量以及鸡胚定价的方式激励鸡胚供应商。长春生物制品研究所还充分发挥行业优势，对鸡胚供应商的孵房设计、运输验证以及现代化管理给予指导与帮助，以符合GMP等法规的要求，将鸡胚供应商按照战略合作伙伴进行培养。在季节性生产过程中，根据各批次中间品检测结果、鸡胚照检结果将鸡胚质量情况以及改进要求实时反馈给鸡胚供应商。

3. 加强科室鸡胚质量管理

鸡胚到厂后，科室将对鸡胚进行全过程监控，如鸡胚表面微生物、鸡胚发育状态、鸡胚破损率、尿囊收获液产量、纯化后病毒液质量、中间品质量等，对监测结果进行实时趋势分析，并设置警戒线和行动线，若发生异常立即组织科室专家对鸡胚供应商开展飞行检查。对鸡胚全过程监控、反馈，确保鸡胚质量不对产品质量造成影响，全年单价原液合格率为100%。

通过以上措施，有效提高了鸡胚利用率。一照准确率提高了0.8%，说明通过更严格的筛选，将更多不合格鸡胚返厂处理，可以节约采购成本；接种合格率提高了0.3%，鸡胚利用率显著提高。

（二）优化毒种的筛选，提高产量

根据全球流感流行趋势及分析结果，每年WHO公布南半球及北半球流感病毒裂解疫苗毒种推荐谱系，公司为争取流感疫苗的生产时间，使流感疫苗尽早上市，依据推荐的流感毒株向WHO合作实验室采购相应毒株。对采购的不同原始毒株按照一定的时间、适宜的温湿度进行传代，毒种传代均使用无特定病原体（SPF）鸡胚，经病毒接种、病毒培养、冷胚到病毒收获，传代完成后采用对应标准品进行毒株检测，根据血凝滴度指标筛选高产毒株用于生产，从源头确保产量提升。

2023年H1N1、BY型别流感毒株均发生变更，公司从CCDC、NIBSC及VIDRL引入了WHO推荐的2023年流感病毒流行株，并从TGA、NIBSC引进相关检验标准品用于流感疫苗的生产和检验。按公司受控文件要求，结合毒种说明书要求，H1N1、H3N2、BV、BY型别主种子批和工作种子批各1批次，在2023年3月17日前完成制备，经全部检定，检测结果均符合质量标准要求，毒种生产质量稳定可控。

（三）提高生产设备性能

1. 机械臂代替人工搬运鸡胚

鸡胚接收孵化、一次选胚、病毒接种、二次选胚和收获工序增加机械手臂搬运鸡胚，机械手臂运行平稳，能够避免人工操作对鸡胚造成的震荡，进而减少鸡胚流动气室的产生，提高鸡胚照检合格率及利用率。通过定期维护保养延长设备使用寿命，提高设备使用可靠性。设备采购、运维成本远低于人工搬蛋的用工成本，机械手臂的引入有利于企业提质增效。

2. 接种机参数优化

结合生产经验以及设备性能摸索全自动接种机的接种深度、设备压力、病毒接种量等各项参数，降低鸡胚在打孔和接种过程中出现裂纹胚、出血胚的概率。在保证鸡胚接种率的同时降低鸡胚破损率。通过以上控制措施，鸡胚破损数量呈下降趋势，并趋于稳定。

3. 收获机改造

流感病毒裂解疫苗制备过程中，流感病毒被接种至鸡胚尿囊腔，流感病毒在鸡胚尿囊腔内经病毒培养、二次选胚、冷胚后随鸡胚尿囊液一同被收获提取。流感病毒从接种、病毒培养至二次选胚、尿囊液收获，在工艺过程中会造成一部分鸡胚损失，损失鸡胚主要由死胚、弱胚、未削壳胚、破损胚组成。鸡胚损失原因较多，主要包含鸡胚自身发育问题以及工艺设备运行问题。其中，鸡胚自身发育问题主要包含鸡胚蛋壳坚韧度、鸡胚大小、同一蛋盘内的鸡胚均一度等方面；工艺设备运行问题主要包含接种压力设置、接种深度设置、孵化箱温湿度波动、机器举蛋压力设置、削壳速度以及刀头锋利程度等因素。

（1）削壳系统：2023年通过对收获机削壳系统进行改造，降低削壳刀头滑道厚度，使削壳刀片与削壳板儿无限接近，紧密咬合，从而降低鸡胚破损率；定期更换削壳刀片、更换不灵活的举蛋器、严把鸡胚质量关，做好鸡胚厂家审计及抽检，控制鸡胚蛋壳薄脆度、保证鸡胚重量在50—65g之间，确保同蛋盘内鸡胚大小均一性等，鸡胚破损率显著降低。同时，鸡胚尿囊收获液回收率显著提升，收获单产上升了1.1%。

（2）视觉选胚：针对削壳后鸡胚筛选，对现有收获机进行升级改造，引进智能监视选胚系统，冷胚后鸡胚经削壳后传入智能成像工位进行照检成像，图像通过系统传输至选胚显示屏，系统可通过图像分析自行判定该鸡胚是否合格，并标记不合格鸡胚，也可通过操作人员观察图像中的鸡胚状态人工判断，经判断后的鸡胚被收获机轨道传送至尿囊液收获工位，收获机将根据选胚系统判定结果自动下潜对合格鸡胚进行尿囊液收获，智能监视选胚系统的引入降低了因操作员人工拿取不合格鸡胚过程所造成的污染。

（3）举蛋器：收获后的废鸡胚通过在位翻盘粉碎机粉碎，以隔膜泵为动力，通过密闭管道传输至废胚处理机，翻盘粉碎机以气动阀门隔绝外界环境，以保护洁净室环境不被污染。使用后的蛋盘通过机械手臂抓取至蛋盘传送轨道，全自动输送至蛋盘输送干燥叠盘系统内对蛋盘进行处理。蛋盘进入蛋盘清洗机干燥机后，经淋洗、消毒、冲洗、烘干后再次使用。该方式提高了蛋盘清洗效果，降低了蛋盘对车间环境的影响从而保证了产品质量。

（4）自动照检机替代人工照检：一次选胚和二次选胚联合定制化设备制造商根据工艺需求设计开发全自动照蛋机用于鸡胚照检，降低了人工漏检所造成的质量风险。

设备结构方面：全自动照蛋机主要由传送装置AI智能检测模块、自动剔除模组、合格鸡胚传送模块、分料输送机、动力装置、检测模组、顶蛋模组、电气控制柜、伺服电机、视觉控制柜、显示屏、控制面板、不合格胚蛋接料装置等部分组成。

工艺原理方面：照蛋机通过对待检鸡胚进行拍照并将所拍图像与数据库图像作对比分

析，分析后将不合格鸡胚剔除。

设备原理方面：照蛋机由单流道轨道支撑，两侧抱夹机构步进式运行传递蛋盘，蛋盘运行到检测模块，伺服电机将蛋胚顶升至密室内，旋转3次达到360度，同时配合18组相机36组光源完成每两个蛋胚取像4次，再通过以太网将图片传回至中央处理单元进行智能分析判定。分析过程中，照蛋机将根据AI智能检测模组发送来的信号执行剔除，剔除动作为照蛋机一次同时吸取两盘料内不合格蛋胚并移送到接料装置。

数据库建立与作用：设计初始阶段，由操作人员分别采集积累不同厂家，不同季节的5万余张合格鸡胚和不合格鸡胚图片，作为数据库植入照蛋检测系统。照蛋机通过图片对比，经分析血管长度、血管分布、气室形态、澄清度等方面原因综合判定该鸡胚是否合格。

开发全自动照蛋机的意义：设备照检替代人工照检提升了照检标准，同时合格鸡胚和不合格鸡胚分别通过不同通道传出照蛋机，避免混淆或因人为因素造成的判定错误，降低不合格胚进入生产的风险，提高了产品质量，降低了鸡胚成本。

（四）优化纯化工艺

1. 优化CC40离心机上样系统和收样条件

通过对CC40离心机上样系统的研发优化使用，实现上样过程的自动控制、防止离心机进入气泡、能够固定配方、提升数据完整性功能；提高工作效率，能够实现一键化清洗和上样，减少操作人员（由一台设备一人操作改进为多台设备一人操作），降低人工成本；提升产品质量，通过对工艺参数的更加稳定控制，确保离心纯化效果，减少批间差异，提升产品质量，同时，自动CIP能够对上样设备与离心机进行更好的清洁消毒，从而降低微生物污染的风险。

持续摸索CC40离心机收样条件，确定最优收样糖度范围，在减少血凝素含量损失的同时，降低卵清蛋白的含量以利于后续样品的纯化，提高产品收率与质量。

2. 提升超滤除糖、裂解剂、甲醛等工序的回收率

通过增加超滤定容的次数和膜包收集方式，最大程度确保回收率；优化超滤参数、严控跨膜压等方式保证杂质去除率，提升产品质量。除糖、裂解剂、甲醛回收率分别提高了7.1%、1%和2.2%。

五、项目实施成效

第一，生产任务完成情况。2023年，长春生物制品研究所仅用上一年度90%的原液投产量，便顺利完成"830"超千万支流感疫苗全部入库的生产任务。除因H1N1型毒株发生变更导致生产批次较2022年多，其他三种型别生产批次均少于2022年批次。

第二，中间品与病毒原液情况。流感疫苗所有中间品与单价病毒原液检测指标均符合要求，合格率为100%。从鸡胚投产，到单价原液的除菌过程，对有效成分（血凝素）的生产和储存过程可控，能够保证各批次单价原液血凝素含量稳定，远高于质量标准。纯化过程生产管理、人员操作符合要求，能够稳定可控的去除杂蛋白，使产品纯度（蛋白质含量/血凝素含量）保持在稳定状态。对中间产品进行微生物限度检测、细菌内毒素检测和

无菌检查均符合要求,说明生产过程能够满足对微生物负载的控制和无菌生产的要求。对每批原液进行灭活验证试验,结果全部符合质量标准要求,证明了灭活工艺有效灭活病毒,保证产品质量符合要求。

第三,鸡胚单耗与项目目标完成情况。2023年生产使用鸡胚数有一定比例下降,单耗下降14.4%(优于设定目标13.9%)。

第四,项目目标与成果对比情况。此项目实现经济目标为584万元,超额完成预设目标540.8万元。

在实施各项优化策略后,此项目不仅保证了生产稳定,而且在人员能力、自动化水平以及产品质量上都实现了显著提升,取得了多重成效。这些成绩的取得,体现了公司在优化运营管理、推进技术革新和品质升级方面所取得的重大突破,充分展现了项目团队超强的执行力和创新实力。同时项目超额完成年度立项目标,成功提升了鸡胚质量和毒种的产量,加强了生产过程控制,提升了工艺的稳定性,给公司带来可持续的经济效益。

六、总结与启示

"加强生产过程控制,降低鸡胚成本消耗"项目只是长春生物制品研究所年度提质增效众多项目之一,作为优秀案例具有代表性、可推广性,切实提升了公司精益化管理水平,降低了生产成本,增加了公司经济效益。

项目制提高了公司全员对降本节支、提质增效重要性的认识,树立了精细化管理理念、成本节约意识和艰苦奋斗的主人翁精神。通过广泛征集全员降本节支的合理化建议,最大限度激发员工聪明才智,激发乘数效应,建言献策,让"金点子"结成"金果子"。提质增效立足提升精益化管理水平,建立健全全员、全要素、全过程降本控费管控机制,打破部门职能界限,促进业财融合。财务业务相互赋能,"降本节支、提质增效、预算管理"三位一体工作联动开展,通过深挖生产经营各环节降本潜力,深化全面成本费用明细构成分析,确定成本费用管控重点,制定成本费用管控目标,切实取得了成效。通过开展集团提质增效专项行动,对标集团优秀案例、标杆企业微创新项目及精益管理工具探索和方法应用等,了解各公司先进管理经验和管理模式,有利于公司深入研讨提质增效专项工作持续发力的方向。

项目制提质增效工作的几点启示:一是合理有效的管理组织机制是提质增效工作取得成效的基本保证,由总经理抓总、财务总监靠前指挥、财务部牵头组织、各职能部门齐抓共管,发挥团队的最大的合力,才能有力推动提质增效专项工作的落实;二是要持续强化项目制理念,把提质增效作为公司一项长期性、提升性管理活动;三是要树立标杆,分享优秀项目案例,发挥榜样作用,以点带面,利用标杆项目进行不断的宣传;四是将提质增效融入企业文化建设,持续开展"我为公司献一计"活动,征集"金点子";五是要持续优化项目制考核,强化考核的导向作用,激发全体员工提质增效的潜能活力;六是在项目制的基础上不断优化管理模式,促进财务信息和业务信息有机融合,采取多项措施推动构建提质增效长效机制。

"降低太极藿香正气口服液制造费用和直接人工费用"提质增效项目实践

陈　林　杜　云*

一、引言

太极集团重庆涪陵制药厂有限公司（以下简称"涪陵制药厂"）在太极集团"战略引领，数据驱动，打造一个数字化太极"的规划引领下，致力于建设现代中药智能制造中心。2023年，涪陵制药厂制定了"2121"工作计划，即：紧扣保供、降本两大主题；严守安全环保一条底线；避免财务风险、合规经营风险两个风险；达成提质增效一个总体目标。为确保提质增效总体目标的达成，涪陵制药厂召开项目制提质增效专题工作部署会议，按照"闭环管理，循环实施"的标准要求，决定设立"降低太极藿香正气口服液制造费用和直接人工费用"提质增效项目，促进经营管理质量和效益提升。

二、案例背景

涪陵制药厂成立于1972年，属于医药制造型企业，主要从事中成药生产，是太极集团的发源地及核心制药企业，具有中国驰名商标"太极"和重庆市著名商标"山水"牌。先后承担国家科技部、发改委、工信部近30个重大专项、省级专项50余个，荣获国家高新技术企业、国家创新型试点企业、重庆市企业技术中心等称号。

在太极集团战略规划指引下，涪陵制药厂以"数智制造创行业标杆，精益求精促产品卓越，全域链接建价值生态"为战略目标，专注于现代中药智能制造，紧紧围绕保供、降本、风险防范三大任务，持续深化业务举措。

三、项目实施目标与思路

（一）搭建项目管理体系

一是建立项目制提质增效管理机制。成立"降低太极藿香正气口服液制造费用和直接人工费用"项目制领导工作组，总经理担任组长，作为公司"一把手"工程。为精准评估可行性、量化指标、总结验收，指定财务总监为总负责人，分管领导作为具体项目负责

---

* 作者简介：陈林，太极集团重庆涪陵制药厂有限公司财务总监；杜云，太极集团重庆涪陵制药厂有限公司高级经理、数字总监。

人,生产车间负责人为成员,横向到边、贯通协调,纵向到底、高效联动。

二是明确项目制提质增效工作方法。成立二级项目制实施小组,周密布置、迅速行动、全面推进。车间负责人担任小组长,制定详细的项目推进计划,明确分工、职责、标准、周期,统筹调动资源。每一阶段充分评估,及时更新方案,每月向分管领导汇报进度和成效。

三是明确项目制提质增效考核奖惩。为确保项目落地见效,压实责任到岗到人,公司不断优化完善项目制提质增效管理办法,激发车间全员创新创造。同时,将项目纳入车间负责人年度《业绩合同》和车间组织绩效考核。

四是塑造全域全员提质增效文化。每月在公司内部分享点滴教育案例,公众号开展广泛宣传报道,肯定集体和个人的突出贡献,优先推荐参加月度之星、年度评优、职称晋升等。

(二)提质增效的目标及路径

作为涪陵制药厂的一号品种,2022年太极藿香正气口服液营业收入占比达58%,利润占比达85%。为进一步降低产品成本,提升盈利能力,公司主要围绕制造环节实施提质增效。重点通过技术创新降低损耗、减少生产用工提高生产效率、发挥规模经济效益等方式摊薄固定生产成本。2023年计划降低太极藿香正气口服液人工成本0.07元/盒、降低制造费用0.10元/盒,按照年产12,000万盒测算,项目制提质增效目标为2,040万元。

(三)具体行动方案

一是成立"提质增效"项目制领导工作组,统筹资源、总体决策、评价提升;二是明确方向,从"智改数转、三项制度改革、精益管理"三个维度着力,降低太极藿香正气口服液生产成本中的制造费用和直接人工费用;三是建立项目制提质增效管理机制,制定台账及推进计划,考核奖惩、闭环管理、循环实施。

四、项目实施过程

(一)聚焦"智改数转",创造提质增效新成效

涪陵制药厂以"互联让创新更开放,融合让产业更智慧"为路径,按照"筑根基、建中枢、促智慧"三步走,形成系统性的全链路、各业务形态数据穿透,建成现代中药智能制造数字化中枢,并不断提升数据治理和信息安全管理水平。太极藿香车间按照"数字驱动+智能制造"实施转型升级,不断开展自动化、信息化、数字化改造,成为国药集团最大的中药提取中心和中药口服液体制剂中心。

一是应用制造执行系统(MES)和进阶生产规划及排程系统(APS)开展生产管理工作,太极藿香正气口服液实现自动排产排程、电子批记录、物料管理等功能。生产计划管理应用数字化技术持续优化排产,降低能源消耗,进一步提升人效,设备综合效率(OEE)提高5%。采用仓储管理系统(EMS)管理中药材原辅料仓库,实现自动进出库、自动导引运输车(AGV)搬运、自动向生产线补货,定期汇总相应数据,形成多维度统计报表,物料管理应用数字化技术减少转运人员31人。

二是太极藿香车间采用分布式控制系统(DCS)和数据采集与监视控制系统(SCA-

DA），建立了中央控制中心，作为生产线的"神经中枢"，实现远程控制可编程逻辑控制器（PLC）、有轨制导车辆（RGV）、自动导引运输车（AGV）、工业机器人、智能芯片、物联网设备等1,700余套装备。计算机化开展配方管理、设备管理、能源管理、质量过程监控、远程监控及数据存储等功能，并实施数字孪生三维虚拟仿真、在线采集和分析数据、引导设备预防性维护、生产过程监管数字化，以提高效率的方式实现综合效益提升。获得重庆市"口服液体制剂数字化车间、中药熬制前处理智能工厂"认定，口服液数字化生产后减少400余名生产人员，日产能由350万支增加到700万支。

> **案例1**：物流线远程控制系统同步到终端平板电脑。
> 痛点分析：太极藿香正气口服液1,600米物流线故障频发，识别不精准，处置时间长、人员占用多，制约设备综合效率OEE。
> 解决方案：将数据采集与监视控制系统（SCADA）同步到移动终端（平板），可以准确定位故障地点，现场清除故障代码，简化处置流程。
> 结果评价：每天累计处理故障时间由55分钟缩短到23分钟，生产效率进一步提升，用工人数减少4名。

三是建立数字化看板，洞察业务绩效。基于供应链管理平台、生产运行管理平台、质量安全管理平台、企业分析管理平台，创新围绕"保供、降本、风控"的核心任务，构建了口服液"指标管控"一体化管理驾驶舱，形成"十大管理看板"数据决策体系，让业务"看得全、看得透、能治理、能管控"。数据可视化助力太极藿香正气口服液成本分析，进一步优化工作举措和效率提升，帮助产品在市场竞争中取得优势，实现业务突破和可持续发展。

四是厚植环保安全绿色可持续发展理念。太极藿香正气口服液生产线大规模应用多能罐高效提取、机械式蒸汽再压缩节能技术（MVR）、热储能、云自控等节能设备和系统，多领域应用安全行为识别AI，智能管控酒精仓库等高风险区域人员行为、环境状态，防止发生安全事故，获得重庆市"绿色工厂"、环境管理体系、职业健康安全管理体系和能源管理体系认证。

（二）聚焦"三项制度改革"，增添提质增效新活力

全级次人员实施绩效薪酬体系，以"价值创造、价值评价、价值兑现"为基准，重点开展生产车间工时和后勤服务人员绩效改革，与产量和工作成果挂钩，鼓励多劳多得，奖勤罚懒。再按照"机械化换人、自动化减人、智能化无人"的思路，大幅提高生产效率。

一是工作清单再核定。通过合并职责、兼职兼薪、简化流程、减少层级等方式，调减岗位编制。2023年太极藿香车间生产线编制调减12人，人均产出率为19.69批/人，较2022年人均产出率增加7.51批/人，单位产出率提高62%。

二是岗位权重再评估。按照岗位技术难度、劳动强度、工作环境等多维度评分，考虑新生产线效率大幅提高后单位时间产出量加大等实际要素，在岗位定员基础上合理优化岗位工资、工时和绩效标准，重点向"苦、险、难"的岗位倾斜。

2023年太极藿香车间经过岗位编制、岗位工资、工时及绩效调整后，产品单批工时标

准从 171.90 个调减至 60.33 个，减少 111.57 个工时/批。单批工时费用由 4,813.20 元降至 1,689.24 元，调减 3,123.96 元/批。浮动部分收入（工时、绩效）占总收入比例优化为 60%，进一步体现劳动成果和价值的正比关系。

通过三项制度改革创新体制机制，太极藿香车间人均产量同比增长 62%，大幅提高了生产效率，降低了产品成本中的制造费用和直接人工费用。2023 年公司全员劳动生产率 39.42 万元/人，同比增长 25.22%。

（三）聚焦"精益管理"，运用提质增效新工具

一是导入卓越绩效管理体系，专注"精益生产、卓越品质，强抓内控，提质增效"。2023 年太极藿香车间开展 5S 精益现场管理，发起 27 个点滴教育（OPL），重点知识更加清晰可见。围绕太极藿香正气口服液各生产工序梳理 214 个改善提案，质量和安全管控能力持续提升；实施全员设备维护（TPM）、微创新、精准调度等，大幅提高设备综合效率 OEE，促进流程效率进一步提升。

二是开展"精益改善满天星创新工程"。2023 年提炼 37 项机会点，太极藿香正气口服液配制设备在线调度，物料周转效率提高 10%；应用设备管理系统（EAM），强化包装线点检和维护；实施全员设备维修管理（TPM），推行"十分钟快修"绩效（KPI），促进设备机手主动学习机械、电气原理，故障率下降 80%。

三是激励全员参与"微创新蒲公英工程计划"。太极藿香车间成立配制、灌装、灭菌、包装、自动化控制等五支"启梦远航"攻坚小组，活跃在太极医药城的各个角落。2023 年立项 28 个项目，持续攻破：参考铁路高压线拉直"坠陀"原理，开发柔性推瓶专利技术，彻底解决太极藿香正气口服液输送过程中倒瓶的问题，生产效率提升 22%；优化灌装—灭菌工序节拍，工序能源消耗降低 40%；在线人工灯检装置替代集中离线灯检，在制品实现同步结批；甩水机动力系统"小改大"，装备运行效率提升 28%，彻底改善工作环境，2023 年太极藿香车间制剂工序单批制造费用降低 5,158.76 元。

> **案例 2**：消除甩水工序产能瓶颈，提高全线生产效率。
>
> 痛点分析：太极藿香车间新生产线理论产能为 18 批，但每天实际最多生产 12 批。通过分析各工序设备综合效率，发现主要瓶颈为甩水环节，导致整线不能达到设计能力。
>
> 解决方案：设备部与车间工程师共同设计，多次实验，将刹车系统动力"小改大"，可有效减少动—静态转换时间，从而提高该工序运行效率。
>
> 结果评价：单台设备原耗时 16 分钟，降低到 11.5 分钟，装备运行效率提升 28%。

> **案例 3**：优化药盘设计，提高成品收率。
>
> 痛点分析：原药盘一侧设计了较大空隙，供装卸盘推杆进出，但口服液瓶子容易从空隙掉落、破损，从而影响口服液产品收率。
>
> 解决方案：大师工作室负责人和工程技术人员联合攻关，通过在药盘侧面增加活

动门，既不影响口服液瓶子进、出药盘，也彻底消除口服液瓶子掉出药盘的问题。

结果评价：太极藿香正气口服液成品收率由99.60%提升至99.76%，提升了0.16%，创造了巨大的经济效益。

五、项目实施成效

2023年，项目制提质增效助力涪陵制药厂太极藿香正气口服液生产成本同比下降7,585.41万元。其中制造费用降低4,851.55万元，同比降幅为26%；直接人工费用降低2,733.86万元，同比降幅为27%。项目实施结果超出原计划5,545.41万元，目标达成率为371.83%。

公司科学合理组织生产，充分发挥现有生产设备设施的效能；同时进行三项制度改革，优化组织架构，重塑岗位职责，充分调动员工工作积极性，提高员工单位产出率。2023年每月人均生产0.61批，较2022年每月人均生产0.47批增加0.14批，增幅为30%。

同时，2023年评选出车间优秀案例15个，推荐到全国医药质量管理协会、国药集团等参加课题发表，5个课题获得一等奖，并获得一种口服液瓶自动装卸托盘等11项专利技术。已经建成3个数字化车间和1个智能工厂，先后获评重庆市"十佳智慧健康工厂、智能制造标杆企业、企业创新奖"，入选"重庆灯塔工厂种子企业、国家五部委2023年度智能制造优秀场景（质量精准追溯）案例"等荣誉，品牌影响力持续提升。

六、总结与启示

持续改进的关键在于采用PDCA（计划—执行—检查—行动）循环管理方法，确保了每个改进措施都能经过周密的计划、实施、效果评估和后续调整。同时应用了层次化的管理策略，在整体项目的牵引下，各个子项目（智改数转、三项制度改革、精益管理）得以实施并反馈其绩效表现，并促进整个项目策略的调整与优化。通过大环带动小环、小环推动大环的机制，确保了从宏观到微观、再从微观反馈到宏观的持续改进循环，有效降低了太极藿香正气口服液生产成本中的制造费用和直接人工费用。未来，需要更加关注能源消耗、环境保护等方面，通过智能化和精益化工具减少资源浪费，采用绿色生产技术，构建更加环保和可持续的现代制造业体系，据此提出以下两点持续改进思路：

一是推广到其他产品。围绕太极急支糖浆、通天口服液推广应用项目制提质增效管理思路，重点关注组织变革、生产效率、流程管理等，持续改善非必须成本。

二是应用到公司管理。推广应用"精益管理、智改数转"的思路和发展模式，帮助企业全面提升战略思考能力，推进订单准时交付、存货精细化管理和供应链协同等，实现可持续发展的长远目标。

加强干法制粒机主轴配件管理　降低维修费用

朱世国　孟亚峰[*]

一、引言

实施提质增效不仅短期内能提升企业的盈利水平，而且对企业的长期发展和市场竞争力具有重要意义。广东一方制药有限公司认真贯彻落实国药集团和中药控股项目制提质增效管理要求，组织每个部门、车间都扎实开展"提质增效"专项行动，取得了良好的经济效益。

中药配方颗粒是由单味中药饮片经水加热提取、分离、浓缩、干燥、制粒而成的颗粒，在中医药理论指导下，按照中医临床处方调配后，供患者冲服使用。制粒工序主要有湿法制粒和干法制粒两种，公司主要以干法制粒工序为主，对设备的产能需求较大。因此，保证设备利用率和完好率，才能满足公司计划要求和供应市场需求。

中药配方颗粒的生产主要经过以下几个关键步骤：

中药材 —前处理→ 中药饮片 —提取→ 提取物 —**干法制粒**→ 颗粒 —包装→ 成品

通过上述步骤可以看出，中药配方颗粒的生产主要包含药材前处理，将中药材加工成可供生产的中药饮片，然后在提取工段通过将中药饮片提取、浓缩、喷干制作成可供制剂的中药喷干粉，再通过干法制粒机将中药提取物压制成中药颗粒，最后通过包装工序进行包装。在整个生产流程中，干法制粒工序是中药配方颗粒生产最为关键的工序。通过对比各车间设备维修费用、征集干法制粒机有关问题、分析干法制粒机结构及运行原理等，项目小组拟通过设备技术优化升级提升利用率从而实现提质增效，公司领导也对项目给予了足够的资源和支持。

二、案例背景

广东一方制药有限公司（以下简称"一方制药"）隶属于国药集团中国中药控股有限公司，1992年由广东省中医药工程技术研究院创办，是国家"中药饮片剂型改革生产基

---

[*] 作者简介：朱世国，广东一方制药有限公司工程设备中心设备动力部设备管理副主任工程师；孟亚峰，广东一方制药有限公司工程设备中心设备动力部经理。

地"和国家"中药配方颗粒试点生产企业"。一方制药依托研究院和广东省第二中医院的强大科研和临床支持，研究生产了700余味产品，建立了中药配方颗粒特征图谱质量控制标准，开展了中药谱效学研究、等量性与等效性研究等科研工作。作为中药配方颗粒生产的先驱与领导者，为打造研产一体的一流企业，一方制药坚持守正创新，积极探索中药配方颗粒高质、低耗、高效、高智的生产模式，从而推动中药配方颗粒向高质量发展。

通过对比各车间2022年度维修费用，干法制粒机总维修费用约74万元，对比其他所有车间均较高。

进一步对干法制粒机维修数据进行分析，发现有几类故障频发且较为集中，反复维修、耗时长且费用高，数量高达259起，备件总金额累积占比86.27%，经计算，单台每月费用高达0.39万元，维修时需要投入大量的人力、物力、财力，也是导致维修费用居高不下的症结所在。

改善小组对维修记录、采购记录、出库记录进行分析，发现主要故障是磨损、断轴、轴承、密封圈使用寿命短等，故障频繁需要进行维修更换配件。基于上述原因，一旦出现设备故障，不仅维修时间长、人员劳动强度大、费用高，还造成生产周期延长，更重要是对产品质量造成影响。项目小组期望通过系统分析查找原因，解决故障发生源，从而提高产能，降低人工成本，节约维修费用。

三、项目实施目标与思路

（一）项目职责分工

为顺利开展项目，立项审批通过后，召集设备动力部各专业人才组建了项目团队并按专业特长进行职责分配。

（二）成功要素

项目组拟通过更换材质、改变工艺、结构优化、提高配件耐磨强度延长使用寿命，通过原厂配件本地化降低配件成本。项目设定经济效益目标为8万元，经济效益计算方式为：（本期单台设备每月配件维修费用－上期本期单台设备每月配件维修费用）×设备运行台数×月份数。

四、项目实施过程

（一）送料端盖密封槽实施方案

送料端盖密封槽易变形磨损，通过查询大量资料发现316不锈钢材质含有镍和钼，其耐腐蚀性优于304不锈钢，耐磨强度相对较高能到达200—400HV，具有良好的耐热性能，可以在－196℃至400℃的温度范围内长期工作。这种材质能够承受高温和低温下的热循环变化，而不会产生裂纹或腐蚀；被广泛应用于化工、食品、制药和海洋工程等领域，且易于加工成型，可以通过冷加工、热加工，便于制造各种复杂形状的设备和构件；表面光滑具有银白色的光泽，外观美观大方，即使在恶劣环境中长期使用后，其表面仍然能保持较好的光洁度；不易藏污纳垢，容易清洁，符合食品和制药行业对卫生的严格要求；此外，它还对许多化学物质具有惰性，不会与之发生反应，保证了产品的纯净和安全。

综上所述结合现场试验，316不锈钢具有卓越的耐腐蚀性、耐磨性、耐热性、加工性能。通过对6台设备进行技改，将送料端盖密封槽位置使用316不锈钢材质加工成备件镶入端盖，不仅使用寿命由6个月延长至13.6个月以上，而且方便维修更换。

（二）螺杆材质优化实施方案

原厂送料螺杆安装轴承位置不耐磨，通过研究德国亚历山大干法制粒机，发现它的转轴表面有镀硬铬工艺。进一步查询资料了解到镀硬铬是一种表面硬化技术，通过电镀方式将一层硬铬金属沉积在基体材料表面，从而显著提高该部件的硬度、耐磨性和耐腐蚀性。这种工艺在工业领域有着广泛的应用，特别是对于需要在恶劣工况下长时间保持良好性能的零件和工具。

镀硬铬的过程如下：

1. 预处理：首先对要镀层的零件进行彻底的清洁，去除油污、锈迹、旧涂层等，确保表面的清洁度和活性，为镀层的附着力提供良好的基础。

2. 电镀：将预处理后的零件作为阴极，放入含有铬酸盐的电镀液中。通过电解作用，阳极的铬离子逐渐迁移到阴极的零件表面，并在那里沉积形成一层均匀、致密的铬金属。这个过程需要严格控制电流密度、温度和时间等参数，以确保镀层的质量。

3. 后处理：镀层完成后，零件会经过一系列的后处理工序，如水洗、干燥、抛光等，以去除表面的杂质、提高镀层的光泽度，并进一步改善其表面特性。

镀硬铬的优点包括：一是提高硬度，镀层的硬度可以达到900—1,200HV，这使镀硬铬的零件能够抵抗高磨损和机械应力；二是增强耐磨性，镀硬铬后的零件在摩擦和磨损条件下能够保持较长的使用寿命；三是提高耐腐蚀性，铬在大气和多数介质中能迅速形成一层致密的钝化膜，有效防止金属进一步氧化，从而提高零件的耐腐蚀性；四是改善表面光洁度，镀铬后的零件表面光洁如镜，外观美观；五是提高尺寸稳定性，镀铬层可以作为一种防护层，减缓零件尺寸的变化。

综上所述结合现场试验，确定在螺杆安装轴承、密封圈位置表面镀一层硬铬，整体使用寿命由6个月延长至12个月以上，完成28台设备技改。

（三）主轴强度优化实施方案

1. 主轴材质：由原来的3Cr13部分调质+淬火工艺改为2Cr13整体调质处理+整体表面镀铬工艺，防止生锈，耐磨有效延长了主轴的使用寿命。

2Cr13是一种含碳量适中、含铬量较高的马氏体不锈钢材料，具有良好的综合力学性能，如较高的强度、硬度以及一定的耐蚀性。由于其特殊的化学成分，2Cr13不锈钢通常采用调质处理来优化其性能，以适应各种工作条件。

以下是2Cr13不锈钢的调质处理方法：

固溶处理：将2Cr13钢加热至一定的温度范围使钢中的碳和铬充分溶解，形成奥氏体结构。然后迅速冷却，通常采用水淬或其他冷却介质，以获得均匀的马氏体组织。

回火处理：固溶处理后的2Cr13钢需要进行回火处理，以消除淬火应力，提高韧性和稳定性。具体温度取决于所需的最终性能。回火时间足够长，以确保马氏体充分转变为回火索氏体，同时保持较高的硬度。

回火后的冷却：回火完成后，钢件需要在空气中自然冷却，以避免新的应力集中和组织变化。

调质后的性能：经过调质处理的2Cr13不锈钢，具有良好的耐磨性和一定的韧性，调质处理还可以改善钢的疲劳强度和抗拉伸强度。

注意事项：调质处理的温度和时间需要严格控制，以避免过度硬化导致的脆性增加或未达到预期的硬度。

2Cr13不锈钢在调质后的冷却速率也会影响其最终的微观结构和性能。所以在进行2Cr13不锈钢的调质处理时，应根据具体的应用要求和材料特性，制定合理的热处理工艺路线。同时为了确保最终产品的质量，应严格按照工艺规程操作，并进行必要的性能测试。

2. 主轴方头：由原来长度20毫米改为30毫米，有效增强了压辊与主轴的受力面，减少了磨损。

3. 锁紧螺牙：由原来的M60×1.5牙距改为M60×2的牙距有效增强了牙头的耐压强度。

4. 轴套：由原来的表面渗碳改为表面镀铬工艺处理，有效防止生锈。改进后由7个月延长至17个月，主轴：完成16台技改；轴套：完成6台技改。

（四）端盖结构不便拆卸实施方案

主轴、破碎、整粒的双唇密封圈不易拆卸更换，原因是密封圈槽开在端盖与轴接触的内环上面，安装时利用螺丝刀尖角处，顶着密封圈通过密封圈的伸缩性挤入槽内固定，拆除时同样用螺丝刀或者用尖锐物撬出，此操作会把密封圈损坏，把轴的光洁度刮花，导致密封性下降。经研究讨论选用316不锈钢材质，利用其卓越耐腐蚀性、耐磨性、耐热性、加工性能好，将端盖一分为二加工成一个端盖座一个压盖的分体式，密封圈槽开在端盖座前端，密封圈装入槽内再用压盖盖上，用螺丝锁紧固定，改进后使用周期延长拆卸方便，由6个月延长至17个月，完成16台设备技改。

（五）密封材质选型实施方案

在生产过程中发现转动轴上的丁腈、氟橡胶材质的骨架油封不耐磨，且易掉出固定弹簧、把轴的光洁度损坏，导致密封效果不好。通过多方考察发现聚乙烯（PE）骨架油封没有固定弹簧设计，熔点大约在105℃到115℃之间符合设备工况，也具有良好的耐磨性，是一种非毒性材料，不会对食品或药品造成污染，适用于食品、制药等行业的密封。

因此选聚乙烯（PE）骨架油封做转动轴上的密封，改进后密封效果很好，轴的光洁度不会损坏，由原来平均3个月延长至6个月以上。

（六）原厂配件本地化实施方案

通过努力寻找综合评估后，找到符合资质及技术能力的本地机加工单位，按设计要求进行配件加工，代替原设备厂家供货。

五、项目实施成效

对策实施后，延长了配件的使用寿命，通过外加工减少采购成本，小组成员对实施效果进行跟踪检查,并统计实施后的成效。实施后单台设备每月配件维修费用由原来的 0.39 万降低至 0.18 万元,平均运行台数 13 台,全年共节约配件维修费用约 32.46 万元,并降低了设备断轴或者轴磨损故障,提高了设备利用率。

六、总结与启示

(一) 成果巩固

为使设备更加稳定、安全的运行,保证改进措施能够持久有效,一方制药对改进措施进行标准化,制定《设备预防性维护保养计划及实施记录表》和重要部位点检基准书,并制作配件图纸对技改和维修过程进行详细说明,进一步保证维修人员能够按照要求操作。

对改进措施进行标准化后,小组成员及时组织培训,对操作人员宣贯了设备日常维护、安装和维保过程中的关键点。小组成员在经过本次活动后,大家在问题发现、问题分析、问题解决方面均有了明显的进步。

通过本次活动,设备故障率明显降低,提高了设备运行质量,为提高产能提供了可靠的设备保障。同时,项目的实施提高了员工解决生产一线难题的业务水平,通过将相应的方法运用到工作中去,有助于及时发现和解决问题。

(二) 未来展望

随着科技的不断发展和市场需求的日益增长,设备改造已成为企业提升生产效率和竞争力的关键手段。然而,设备改造并非一蹴而就,如何巩固改造成果、确保设备的稳定运行和持续提升生产效益,是每个企业都需要面对的重大课题。以下从评估、培训、维护、升级和监控等方面出发,详细阐述如何巩固设备改造的成果。

1. 评估与反馈

数据收集与分析:收集改造前后的设备运行数据,包括但不限于生产效率、能耗、故障率等,利用统计过程控制 (SPC) 等工具,对数据进行趋势分析,识别潜在的问题和改进空间。

效果评估:根据收集的数据,对设备改造的效果进行量化评估,如计算投资回报率 (ROI) 等,对比改造前后的性能指标,评估改造是否达到了预期目标。

问题记录与跟踪:记录在设备运行过程中出现的所有问题,包括故障、性能下降等,建立问题跟踪机制,确保所有问题都能得到及时和有效的解决。

2. 人员培训与技能提升

操作员培训:对操作员进行新设备的操作规程、安全规程和日常维护流程的培训,通过理论学习和实操练习,确保操作员能够熟练掌握新设备的操作技能。

维护团队培训:对维护团队进行设备的维护知识、故障排除和预防性维护的培训,强调维护的重要性,提高维护团队对于设备的理解和维护水平。

持续教育:设立持续教育计划,鼓励员工不断学习新技术,参加行业研讨会和技术培训班。与设备供应商合作,获取最新的技术支持和维护信息。

3. 维护与保养

制定维护计划:根据设备制造商的推荐和设备的运行历史,制定详细的维护计划,包括日常点检、定期维护和大修周期，确保计划涵盖了所有关键部件和系统。

执行预防性维护：按照维护计划，定期对设备进行检查和维护，包括润滑、紧固件检查、磨损部件的更换等，使用先进的检测设备，如振动分析仪、红外热像仪等以早期发现潜在问题。

故障响应与修复：建立快速响应机制，一旦发生故障，能够迅速定位并派遣维修团队，对常见故障建立快速修复指南，减少停机时间。

4. 备件管理

建立完善的备件库存管理系统，确保关键备件的及时供应，对使用频率高的备件进行预测性采购，避免因缺货导致的长时间停机。

5. 安装监测设备

在关键设备上安装传感器，实时监测设备的运行参数，如温度、压力、振动等，使用数据采集系统（DAS）收集监测数据，为性能分析提供依据。

6. 数据分析与报告

对收集到的数据进行定期分析，查找性能下降的原因，如不平衡、磨损或故障前兆，生成详细的性能报告，为管理层提供决策支持，为工程师提供改进方向。

7. 性能改进措施

根据数据分析的结果，实施必要的性能改进措施，如重新平衡、调整工艺参数、更换磨损部件等，对复杂的性能问题组织跨部门的专业团队进行攻关。

8. 持续改进文化

培养一种持续改进的文化，鼓励员工提出创新的想法和改进建议，对有效的改进措施给予认可和奖励，以激励更多的创新行为。

通过实施上述巩固方案，企业可以确保设备改造的成果得到有效的巩固，不仅可以提高设备的稳定性和可靠性，还可以进一步提升生产效率和产品质量。同时，这也有助于企业建立起持续改进的机制，为未来的发展奠定坚实的基础。

改进物流运作模式　助力离岛免税邮寄业务提速降本

张高硕　贾　琪　徐吉恒　孙思成*

一、引言

随着全球经济一体化的加速发展，作为我国唯一的热带岛屿省份，海南省承担着建设国际旅游消费中心的重任。伴随着海南自由贸易港政策的深入推进，离岛免税政策无疑成为吸引游客、促进消费、拉动地方经济发展的重要抓手。尤其是2020年海南离岛免税新政的推出，对带动海南旅游与相关产业链上下游的经济活动起到了至关重要的作用。政策实施后，公开数据显示海南免税店销售额逐年递增，免税品类不断扩展，消费群体愈发庞大，效果显著。海南离岛免税业经历快速增长同时，急需面向现代物流运营和信息技术，通过系统地探究离岛免税邮寄送达业务的降本增效策略（徐东明，2021），以持续巩固免税企业运营高质量发展。

离岛免税邮寄送达业务作为连接免税商品销售与顾客体验的重要一环，其运营效率直接影响顾客满意度和重复购买意愿。离岛免税邮寄业务的运营与普通邮寄业务存在一定差异，其在海关政策及监管等层面具备独特性。当前，随着国内在线购物平台竞争加剧，客户需求日益多样化，离岛免税邮寄业务在运营管理、成本控制、服务水平提升等方面面临挑战，急需通过创新性的降本增效措施来提升整体服务效率和顾客满意度。探讨离岛免税邮寄业务的降本增效策略，对于完善海南免税业态构建新发展格局、提升免税企业综合竞争力具有重要意义。

本文以海南自贸港特有的离岛免税政策环境为背景，通过免税企业调研、数据分析及流程再造等方法，对现行离岛免税邮寄业务的运作流程进行深入研究，针对存在的问题提出相应的降本增效解决方案，并结合先进的物流技术、信息技术和供应链管理知识，为离岛免税邮寄业务带来创新的发展思路和可持续的策略选择。

二、案例背景

（一）离岛免税邮寄政策

根据政策规定，离岛旅客在离岛免税商店或网上销售窗口购买免税品时，除在机场、

---

* 作者简介：张高硕，中服（三亚）免税品有限公司总经理助理兼物流部总经理；贾琪，中服（三亚）免税品有限公司物流部副总经理；徐吉恒，中服（三亚）免税品有限公司物流部经理；孙思成，中服（三亚）免税品有限公司物流部高级主管。

火车站、码头指定区域提货外，可选择邮寄送达方式提货。选择邮寄送达的旅客需确保收件人、支付人和购买人本人一致，且收件地址在海南省外。离岛免税商店会在核实旅客符合邮寄要求并已实际离岛后，一次性寄递所购免税品。邮寄费用通常由免税品销售方承担，快递会在消费者本人离岛后的 72 小时内发货，其中旅客离岛行程信息会通过第三方平台进行校验，校验成功后方可具备邮寄条件；受海关监管要求，若旅客离岛信息核验未通过，则不允许进行免税品邮寄。离岛免税商店在寄递免税品时，需向海关实时传输符合规定的免税品交易和购物人员信息、人证信息核验一致、寄递运单、签收信息等电子数据，并对数据真实性承担相应责任，确保离岛免税邮寄送达业务的规范运行和有效监管。

（二）案例公司简介

中服（三亚）免税品有限公司（以下简称"国药中服三亚店"）是中国出国人员服务有限公司的全资子公司，于 2020 年 8 月成立，位于三亚市区，经营面积近 3.3 万平方米。经营商品涵盖国际知名品牌的香水化妆品、珠宝首饰、箱包皮具、服装服饰、手表钟表、酒类、3C 数码、运动户外、大健康等 45 类免税商品近 500 个品牌。

国药中服三亚店自成立以来，在开展离岛免税邮寄业务中稳步发展，在供应链体系建设中逐渐形成以提高作业效率、降低业务成本为目标的经营策略，并不断地提高自身服务质量，为广大消费者提供优质的服务环境，促进提升购物消费体验感。

（三）项目实施背景

国药中服三亚店在海南自贸港政策的大力支持下，积极开展离岛免税邮寄业务，但在实际经营过程中，面临诸多迫切需要解决的问题。首先是服务效率低下问题，合作的快递公司 A 在处理免税邮寄业务时，由于免税品订单量较大，导致货物处理缓慢，客户信息更新不及时，反馈机制僵化，从而影响顾客满意度和企业信誉；其次是成本控制欠缺，由于缺乏有效的成本控制机制，在包裹配送环节较为浪费资源。同时，快递服务商在邮寄业务的安全管理上存在缺失，货物在运输过程中由于包装不当、搬运不当等原因经常出现破损或丢失，给公司造成额外损失和客户投诉。为提升寄递业务的整体运营水平和服务质量，进一步压缩费用成本，国药中服三亚店对现有问题进行深度剖析，提出切实可行的降本增效策略。

三、案例项目实施目标与思路

（一）对离岛免税邮寄业务的理解

离岛免税邮寄业务作为海南自贸港政策的先行领域，贯彻了海南建设国际旅游消费中心的宏伟蓝图，同时对海南本地经济的拉动和国际旅游市场的吸引力具有重要意义。为确保离岛免税邮寄业务的高效发展，降低企业自身运营成本同时提升服务效率，构建一个精准、高效的降本增效策略至关重要（祁莺和王宝德等，2021）。同时也需要从海关监管、政策支持、物流衔接等多个维度准确把握海南自贸港的离岛免税业务的独特性，同时也需要深入分析离岛免税邮寄业务的特点，诸如其运营流程、客户需求、服务标准，以及所面临的市场竞争和成本控制问题，构建一个全面、高效的运营管理体系。

本项目在遵循合规经营原则的基础之上，通过对离岛免税政策细节的深入剖析以及对邮寄业务流程的精细化管理，提出一套既符合法规又能够降低运营成本、提高消费者满意度的管理策略。结合实际运营数据分析，通过有效的资源配置和运营优化，推动企业在免税品邮寄成本管控上取得实实在在的成效。

（二）免税邮寄业务成本、效率分析

在海南离岛免税飞速发展的今天，免税品邮寄送达业务面临着机遇与挑战。首先，由于政策优势，国药中服三亚店可以利用海南自贸港的地位开展免税商品销售，因寄递单量不断攀升，对物流配送能力形成挑战，配送时效影响着客户体验感；其次，海南作为一个岛屿省份，运输至其他省份距离较远，离岛免税作为海南自贸港建设中的重点项目，业务发展中需保持高水平服务，对物流运输时效具有高要求、高标准，导致寄递费用成本较高。

免税邮寄业务流程为：旅客下单完成后自离岛之日起，平均每个订单需要花费24小时进行离岛行程信息验证，在第三方航信平台核验完成确认已离岛后包裹交接至快递公司，经快递公司打包后进入配送环节。通过梳理分析各环节时间消耗和资源配置情况发现，因离岛行程信息核验环节出示结果时间与包裹交接快递公司时间未能有效配置，导致部分包裹多存放24小时，使整体时效延长，降低了业务效率。

综上所述，离岛免税品业务在海南省自贸港建设的高位政策下，要保持高质量、高时效的服务，给予旅客最佳的购物体验感，在快递服务商寄递环节中需选择运输时效较快的特快专递方式，使得寄递费用成本不断上升。

（三）案例项目实施思路

在海南离岛免税业高质量发展进程中，免税品邮寄业务的降本增效已成为经营企业实现长期可持续发展的关键战略之一。要提升免税品邮寄业务的整体效率并降低成本，需从物流运作模式入手，实施一系列综合措施。首先，对现有固态的邮寄模式优化升级，引入多个快递服务商灵活、多元化并进，采取科学的配比订单量以提高快递服务商服务质量水平。在物流信息系统方面，加强数据分析能力，通过对历史数据和实时信息的精准挖掘与分析，优化快递订单配比服务商路径选择。其次，借鉴其他离岛免税业的邮寄运营模式，搭建完善的邮寄业务模式体系，实现免税品邮寄订单高效完成，提升客户体验。最后，改进配送网络设计，加深与第三方快递企业合作，整合优化配送资源，此举将有助于减少单件邮寄成本，降低业务整体费用。其中，高端品牌商品的精致包装和快速直达服务，将进一步提升消费者满意度和忠诚度，为公司带来更多的回头客。这些举措的实施，不仅能降低免税品邮寄业务的直接成本，还能通过提升服务质量和效率，增强客户黏性，为企业带来长期的经济效益。

2022年11月21日国药中服三亚店总经理办公会审议通过《免税品邮寄业务快递企业招标方案》，明确以降本增效为目的推动邮寄业务进一步优化调整，完成项目采购准备阶段各项流程审批工作，正式推动启动项目。项目团队由项目经理、数据分析员、协调专员、合规员组成。其中项目经理负责该项目的整体统筹管理，确保项目按时、按预算完成；数据分析员负责收集和分析项目需求及业务数据情况，确保项目输出报告满足需求；协调专员协助负责协助项目经理完成日常管理及协调第三方机构服务商等工作；合规员负

责监督项目进行中的各项工作流程的合规性。

（四）案例项目实施目标

通过对现有的离岛免税邮寄服务流程进行深入分析，对关键环节成本进行全面梳理，找出潜在的成本节约空间和服务效率、服务质量提升潜力。立足于降本增效出发点重新采购服务商，通过公开招标的采购方式，选择两家快递企业承接业务，促使业务向多元化、合理配置优势资源方向发展，更加符合科学发展理念，从而达到降本增效目的。由此确定2023年项目经济效益目标为降低快递运输费用28万元。

四、项目实施过程

随着海南离岛免税政策的实施，邮寄配送业务面临前所未有的发展机遇。国药中服三亚店把握政策红利，对免税品邮寄业务流程进行深入优化，推出一系列降本增效的具体措施。

（一）降本措施

海南离岛免税作为自贸港建设中的一块金字招牌，在服务配套上提供高质量、高标准服务，对快递包裹均采取空运优先的寄递方式，对于部分无法空运的商品采取特快专递陆运的方式，此快递承运方式为快递业内最高标准的服务，同时伴随着高价格的快递费，使得国药中服三亚店在离岛免税邮寄业务的快递成本居高不下。经快递公司不同运输模式价格资费对比，特快陆运价格较空运价格更低。为降低快递费用成本，采取了将空运为主转换至以陆运为主的寄递模式，业务资费标准下降约14%。

2021—2022年国药中服三亚店均采用快递公司A承接商品邮寄业务，单一的服务商体系在推动业务高质量发展过程中缺乏可靠支撑。2023年通过公开招标采购方式引入费用价格更具优势的第二家快递公司B，开启服务商竞争性服务模式，并建立服务商评估机制，定期对服务商服务质量、运输时效、客服反馈等评估。多元化的选择促使服务商在业务开展过程中可发挥其最大优势资源力量，在服务端提供更有力支持。

（二）精细化管理措施

1. 流程优化

通过信息系统优化，对已完成离岛验证的订单自动筛选，优先打包，提高拣货效率，严控发货时效；并根据货品类型、材质、大小制定打包规则，合理使用填充物，即保障邮寄途中货品安全，又控制耗材使用量，实现降低成本的目的。

2. 业务时效提升

在深入分析业务流程，通过对信息系统的升级改造，提升业务操作处理能力，在打包环节实现效率提升，预计将时效缩短0.5天。此外，针对揽收环节，与快递公司协同合作，将每日揽收频次由一次增加至两次，分别在10：30和16：00进行。这些流程的调整，不仅提高了物流周转速度，而且显著缩短了订单处理的时效，预计每天可减少1天的等待时间。这种高频次的揽收模式，基于对客户需求的把握，旨在提升物流响应速度和服务质量。

通过上述流程优化措施，整体压缩物流时效1—1.5天，有效弥补了空运转陆运的配送时效不足问题。通过提升供应链的整体运作效率，在保持时效性前提下满足了业务发展需求，保障消费者购物体验感。

（三）提升客户满意度

1. 透明化物流追踪

开发信息系统功能，确保顾客能够通过物流信息系统查询物流轨迹，实时掌握配送各环节的时效，这种透明化的服务增强了顾客的信任感和满意度。

2. 品牌形象提升

定制带有企业 Logo 的外包装纸箱和打包袋，不仅提升了公司的品牌知名度，同时也突出了企业形象。

3. 上门派送服务

提供高效的上门派送服务，确保快递包裹能够安全、准时地派送到客户手中。面交快递的服务方式，提高了包裹派送的上门时效，也增强了客户服务体验，从而显著提升了客户满意度。

4. 严控质量问题

通过建立服务商考核机制，对服务商服务水平进行综合评比，促进服务商提升服务质量。2023 年快递破损率降至 0.07%，相较于 2022 年的 0.45% 降低了 85%；2023 年理赔时效平均为 7 日，相比 2022 年的 15 日，处理速度加快了 53%。

通过持续优化服务流程、提高服务质量，公司能够不断满足客户期望，从而保证高质量发展态势。

五、项目实施成效

经统计，2023 年平均订单费用较 2022 年下降约 35%。由于 2023 年国内旅游环境向好，海南离岛免税业务量较 2022 年大幅度上涨，在 2023 年邮寄订单量基础上计算，2023 年完成降本费用达 157 万元，取得了阶段性显著成效。本项目围绕降本增效目标，通过一系列创新举措实现免税邮寄业务整体优化，不仅大幅降低了费用成本，提升了内部管理质量，提高了客户满意度，也提升了企业经营管理的效益效率，有利于企业高质量发展。

随着海南自贸港政策的深入实施和离岛免税新政出台，免税邮寄业务在提升旅游服务水平和促进地方经济增长方面发挥着日益重要的作用。本项目结合离岛免税业务实际运作情况和同类业务发展经验，在梳理和对比普通邮寄服务业务模式的基础上，通过企业运营情况和数据分析，定量评估免税邮寄业务成本的敏感度，研究探讨离岛免税邮寄业务的降本增效策略，设计出适应海南自贸港特色的离岛免税邮寄业务流程，实现业务量的增长与运营成本的双重优化。为确保研究成果的针对性和实用价值，通过对比分析法和流程再造法两个主要研究手段，聚焦解决国药中服三亚店在离岛免税邮寄业务中的效益与资源的合理配置问题，从而有效降低离岛免税业务的整体成本，提高服务效率及服务质量，提升离岛免税业务在国际旅游消费市场中的竞争力。

六、总结与启示

离岛免税邮寄业务作为海南免税企业经营中的重要组成部分，如何降低成本、提高效率成为企业进步发展的重要环节。本项目通过对离岛免税邮寄业务降本增效策略的深入分析，得出以下总结与启示。

对于业务第三方服务商采取多元化策略，保障业务在互补增益态势中不断发展进步，规避单一供应商业务积极性不足问题，确保公司享受高质量标准的服务。

针对作业流程中的低效环节，通过调整业务开展模式和流程线路可以有效缩短处理时间，提升业务整体时效性。在此过程中，加大精细化业务管理力度，促进业务质量提升，每个业务环节数据监测和反馈机制将成为提升运营透明度和可追溯性的关键。

持续探索和实践是推动离岛免税邮寄业务健康发展的关键。加强与其他免税业务的交流与合作，借鉴其成功经验，并在此基础上探索符合海南特色的免税品邮寄业务降本增效新模式，为海南打造成为国际高端旅游消费中心贡献力量。随着技术的深入和管理优化的不断推进，有望形成一体化、智能化的离岛免税邮寄新模式。

主要参考文献

［1］祁莺，王宝德，陈瑞华. 邮政寄递业务降本增效研究［J］. 邮政研究，2021（37）：18-23.

［2］徐东明. 邮政企业寄递业务降本增效问题研究［J］. 大众投资指南，2021（2）：179-180.

构建标准化流程　助力挖潜降本
——优化不合格品销毁管理

王祥臣　张　倪　曹　静　许志文　陈爱华*

一、引言

根据集团总体工作目标及要求，以国药集团、国药中生提质增效总体工作部署为指导，中国生物上海生物制品研究所有限责任公司（以下简称"上海公司"）牢固树立精细化管理意识，充分研究和识别业务流程中的成本可控点，发现在处理不合格品的报损过程中，在保证合规的前提下，存在流程和成本双优化可控点。

根据上海公司质量体系文件，"不合格品"定义为：因各类原因造成的不符合质量标准或存在缺陷，由质量保证部判定的为不合格品的成品，包括在库到效期、污损及其他因素被判定为不合格的成品、因批签发鉴定后判定为不合格的成品；出库退回的破损、滞销成品；因质量、严重副反应因素召回的成品。目前，上海公司不合格品报损多为在库到效期和出库退回的破损、滞销成品。

优化不合格品销毁管理的项目目的在于优化业务流程，通过处理不合格品报损过程中的业务流程的深入分析和研究，识别出流程中的低效操作，优化整个报损流程，提高工作效率，降低不合格品报损过程中的成本支出。通过本项目的实施，进一步巩固和深化上海公司全体员工的精细化管理意识，推动公司管理水平的提升。

该项目的意义在于：一是提升公司的竞争力，通过优化报损流程和降低成本，本项目有助于提高上海公司的运营效率；二是推动管理领域创新，为公司未来的管理改革和升级提供有益的探索和参考；三是通过精细化管理和成本控制，有助于上海公司实现资源的合理配置和高效利用，促进可持续发展；四是减少资源浪费和环境污染，体现上海公司作为国有企业对社会和环境的责任担当。

二、案例背景

近年来，随着四价流感病毒裂解疫苗销售量的上升，跨年不可销的特性使得销售退回

---

* 作者简介：王祥臣，上海生物制品研究所有限责任公司财务总监，总法律顾问，首席合规官；张倪，上海生物制品研究所有限责任公司储运部物流管理员；曹静，上海生物制品研究所有限责任公司财务部经理助理；许志文，上海生物制品研究所有限责任公司储运部副经理；陈爱华，上海生物制品研究所有限责任公司财务部经理。

产品数量大幅增长，退货及销毁成本不断增加，传统管理模式不再适用。上海公司储运部主要负责不合格品销毁报损工作，前述现象对储运部销毁工作产生较大压力，因此储运部开始思考销毁模式优化并积极展开调研工作。调研发现，传统的销毁模式存在以下问题。

一是流程规律性。因为销毁产品的数量较多，销毁工作量溢出，导致退货审批时长与实际销毁动作之间存在显著时间差。这种现象与经济学中的"牛鞭效应"颇为相似，即后续审批的销毁产品因时间差的累积，等待销毁的时间愈发延长，处理时长变异放大。这不仅使销毁流程的规律性受到严重破坏，更可能导致销毁工作的恶性循环。

二是处理规范性。当销毁流程的规律性受到破坏时，不合格品的报损处理便难以形成良性循环。这种情况下，待销毁不合格品库存积压现象日益严重，库存成本不断攀升，公司投入的资金和人力也随之增加。

三是设备局限性。设备的局限性亦成为制约销毁工作的瓶颈。蒸锅灭菌方式不仅能耗巨大，与节能减排的时代要求背道而驰，而且公司缺乏专门的危废灭菌场所，导致灭菌蒸锅的排期紧张且效率低下。即便不考虑排期问题，以当前最大的灭菌效率计算，仍难以满足日常销毁需求。

根据调研，储运部初步判断旧模式已经无法完成现有不合格品的销毁体量，需要探索新的工作思路，寻找新的工作方法来破解困局。针对以上问题，储运部借助年度提质增效工作开展契机，与财务部、质保部、安环部等相关业务部门深入沟通，重新规划方案，整合部门资源，力求降低成本，积极探索全流程全链条新的销毁模式。

通过对退货到销毁全流程中可能发生的成本因素进行分析，关键成本包含退货产生的运输成本和销毁过程中产生的人工、材料、能源、危废处置成本。其中，运输成本可以通过利用送货返程干线运输车的剩余载量，将退回的制品通过精细化的调度高效带回公司来节约运输成本，且该成本可量化；销毁过程中的材料成本和能耗成本可以通过简化原有的销毁流程节约，且也可量化。人工成本虽然不能起到直接减少和节约的目的，但可大大提高人员的使用效率。危废处置成本新老模式下均需发生。

经过多部门的讨论与商量，一致认为新模式能够取得较为理想的效果，满足合规要求的同时实现降本增效。

三、项目实施目标与思路

（一）项目团队构成及职责

自项目立项以来，储运部针对优化不合格品销毁管理成立了专项管理小组，小组负责人的职责是纲领性指导和全局性统筹，小组成员的职责包括全局性统筹、质量把控、车辆调度安排、不合格品销毁过程中的具体实施、信息跟踪和定期管理。

（二）量化效益目标

项目团队通过调研分析得出的问题，转变工作思路，重新梳理不合格品销毁的管理模式，简化了不合格品销毁的流程，根据对一年销毁的不合格品总量的评估，预估一年可优化成本 23.7 万元。

（三）行动方案

1. 退货车辆调度

通过精细化的车辆调度，有效整合干线车辆资源，充分利用干线运输车的剩余载量，将大批量集中退回的制品高效带回公司。此举不仅显著提高了车辆利用率，有效降低了运输成本，同时也为公司实现了资源的最优化配置。

2. 不合格品销毁标准化流程

为确保待销毁产品的处理流程规范有序，制定了针对目前不合格品报损情况的标准化销毁流程。首先，从不合格品库中取出产品后，实行区域管控，通过物理隔离手段确保销毁流程的严密性。其次，将待销毁制品以整箱形式装入特制的黑色加厚垃圾袋中，每袋标准装载三箱，零头产品则单独装袋并精确计重。完成装袋后，捆扎封口每袋均贴上危废贴纸，以标明其特殊性质。再次，所有待销毁产品统一运送至安环部门，由专门交接人员盘点签收，确保无误。最后，危废处置车辆完成装车工作后进行销毁，整个销毁流程在质保部的全程监管下进行，确保每一环节都符合规范，不留隐患。

新模式相较于传统模式，其显著变革在于摒弃了蒸锅灭菌环节，此举旨在降低成本并确保流程合规性。旧模式中将外箱及外包装拆除后进行毁型，将药剂瓶及灭菌注射用水进行120度/40分钟高温灭菌操作，无生物危害性。新模式是将产品外箱及零盒外观及监管码进行技术毁型（用记号笔在关键位置进行涂画），确保无法扫码及无再次利用的可能性，同时用危废袋和标识进行包装，当天送至危废处理专业机构，进行1,300度高温焚烧，该过程为全链条一站式处理。上海公司确认流程后，协同药监部门对整个流程进行审计和评估，得到药监部门认可，用制度管理确保不合格品安全高效的处理。同时，储运部还加强人员监管力度，提高对第三方监管标准，并定期实施审计与检查，确保以严密监管替代灭菌环节，严防不合格品流入市场，杜绝生物危害风险。自新模式运行以来，未发生任何质量相关事件，充分证明该模式在保障合规性方面的有效性。上海公司储运部将持续强化监管措施，确保新模式的顺利运行与持续优化。

（四）新旧模式对比

1. 退货车辆调度

与旧模式相较，新模式显著提升了退回制品信息透明度，优化了车辆资源利用。储运部积极开发返程货源，有效降低了车辆返程空载率。同时，由于不再计算退回制品返程运输费用，运输成本亦有所降低。此举不仅提升了工作效率，也节约了部分运输成本，彰显了新模式的优势与成效。

2. 不合格品销毁标准化流程

（1）从程序设计的维度：新模式的推出显著简化了销毁流程。具体而言，新模式摒弃了原先必需的蒸锅灭菌步骤，这一关键环节的省略不仅简化了操作步骤，还提高了工作效率。同时，拆包作为灭菌的前期准备工作也因此而简化。储运部门经过多次尝试与实验，积极与危废处理部门沟通，并在安环与质保部门的多次沟通与调整下，成功取消了原先蛇皮袋加垃圾袋的组合方式。此外，部门还积极寻找并采购既符合环保和销毁规范，又能节约经济成本的加厚垃圾袋，进一步提升了工作效率。因此，从程序设计层面分析，新模式在确保合规性的基础上，流程更加简洁，操作更加便捷。

（2）从执行纪律的维度：新模式显著缩短了从线上审批到实际销毁的时间差。这一改进使得执行过程更加快捷高效，有效避免了上一批待销毁库存尚未处理完毕、下一批待销毁产品便接踵而至的情况。这不仅提高了工作效率，也减少了因等待处理而导致的资源浪费。

（3）从管理难度的维度：旧模式的销毁流程相对较长、涉及环节众多、管理难度较大，新模式则通过简化流程降低了管理难度。此外，新模式还有助于缓解库容压力，降低对库房管理的要求。同时，由于不合格品在库的管理难度也随之降低，仓库管理员的管理幅度和要求也相应减少，使得整体管理更加高效便捷。

（五）效益核算方法

1. 退货车辆调度

因不再计算退回制品返程的运输费用，故按照原本干线运输的结算方式，常温车市价为6元/公里计算，设退货车辆调度产生的经济效益为w_t，退货车辆调度能节约的经济效益为：

$$w_t = \sum (各省销售退回制品载回公里数 \times 6 \times 载回次数)$$

2. 不合格品销毁标准化流程

关于不合格品销毁标准化流程的成本优化分析，其核心可控点之一在于蒸锅灭菌环节的调整。原流程中包含蒸锅灭菌步骤，涉及电力、蒸汽、水力及压缩空气等多方面的综合能耗。在合规的前提下，取消蒸锅灭菌，实现成本的有效节约。根据新华蒸锅厂房给的估值进行能耗测算，每小时的蒸锅能耗成本为25.58元。

设不合格品销毁标准化流程中取消蒸锅灭菌所产生的经济效益为w_{x1}，则：

$$w_{x1} = 25.58 \times (各制品的销毁量 \div 蒸锅的单位工作量)$$

第二个成本可控点为垃圾袋的更改。原始模式下使用的是先套用一层蛇皮袋，再套用一层垃圾袋。一个蛇皮袋的成本为5.69元，一个垃圾袋的成本为3.5元。新模式仅使用一层加厚的垃圾袋，该成本为6.5元/个。

设不合格品销毁标准化流程中装袋环节中所产生的经济效益为w_{x2}，则：

$$w_{x2} = (5.69 + 3.5 - 6.5) \times 销毁制品的装包量$$
$$= 2.69 \times 销毁制品的装包量$$

故综合上述，设不合格品销毁标准化流程共计实现的经济效益为w_x，则：

$$w_x = w_{x1} + w_{x2}$$
$$= 25.58 \times (各制品的销毁量 \div 蒸锅的单位工作量) + 2.69 \times 销毁制品的装包量$$

四、项目实施过程

项目立项之后，严格按照行动方案进行执行，并启用了过程管理，实施定期定项跟踪项目进展。每季度统计分析项目进展情况，对已产生的经济效益进行测算。项目成员定期对项目的各项费用进行监管和核算，对项目实现的经济效益做到账上有数，心里有底，逐步把握关键里程碑的节点。全程对标质量管理体系，确保全程销毁流程满足质量标准。在项目执行过程中，定期进行风险评估，识别潜在的风险因素，制定相应的风险应对措施。如四价流感病毒裂解疫苗集中退货时，对不合格品库的库容压力产生了较大的影响，储运部及时与安环部门进行沟通，召开临时会议，双方协商提出解决方案。

针对特别项目的销毁，进行现场跟踪管理。如疫苗的销毁，制定了详细的全程计划和方案，包括时间、成本、资源等方面的安排，销毁团队提前演习，顺利完成后按照计划开展工作，实时监控销毁的进度和资源的使用情况，确保项目按计划执行。

在实际操作中，专项小组根据项目的具体情况和需求，灵活运用，并根据项目的进展情况进行适当的调整和优化。通过不断完善和提升组织保障和过程管理的水平，上海公司储运部与财务部、安全环保管理部充分沟通，相互监督，确保项目的成功实施和高效完成。

五、项目实施成效

（一）经济效益测算

1. 退货车辆调度

通过干线运输大批量退回制品，主要涉及广东、四川、河南、浙江、江苏、山东、陕西、安徽、江西、贵州、广西 11 个省份。以非冷藏车运输费用 6 元/公里计算，2023 年全年利用干线带回退回制品的次数为 14 次，2023 年全年退回制品运输费用节约金额达 85,230 元。

2. 不合格品销毁标准化流程

根据 2023 年所有品类疫苗销毁数量的样本数据，对新旧两种销毁模式的成本进行对比与分析。旧模式下，由于包含蒸锅灭菌环节在内的多项高能耗操作，全年销毁成本高达 248,380 元。而在新模式下，通过对流程的优化调整，特别是取消蒸锅灭菌环节，显著降低了能源消耗和运行成本，全年销毁成本仅为 65,429 元。新模式下的经济成本较旧模式降低了 74.16%，这一数字充分展现了流程优化在成本控制方面的显著成效。

根据实际情况下，不同制品灭菌蒸锅的工作效率，按照最大劳动力计算一天开三次蒸锅进行灭菌计算，每次蒸锅运行时间约为 2 小时，故全天蒸锅的灭菌费用为 153.48 元，全年的所有制品实际需要 813 天。蒸锅总成本为 124,682 元。

新模式下，由于疫苗销毁的特殊性，取消装袋销毁，实行整托缠绕销毁模式，故与旧模式对比，疫苗销毁节约了 3,919 个垃圾袋。

通过采取新的销毁模式，上海公司显著降低了成本。销毁环节成本降低 182,951 元，降幅达到 73.66%，充分说明新模式的经济性。在新模式下，取消蒸锅灭菌环节直接节约了约 50% 的成本费用，对于成本控制起到了至关重要的作用。此外，销毁过程中垃圾袋消耗品的费用也有所减少，进一步降低了总体成本。因不合格品销毁模式的转变，危废处理的成本产生了微量增加，对本次提质增效的成果影响极小，不作计算。

综上所述，运输成本节约 85,230 元，疫苗销毁成本节约 187,776 元，合计降低成本 273,006 元。本项目的成本对比分析不仅验证了新模式的经济性，也为未来的流程优化和成本控制提供了有力的数据支持。

（二）人力效益测算

效率的提高主要体现在销毁环节，因取消蒸锅灭菌，大大提高了销毁环节的人工效率，节约了人工成本。与成本测算相同，以2023年实际的所有样本销毁数据为样本，以新增3个小时工每天工作8小时的劳动力为依据，测算新旧模式下的效率。

新的销毁模式在效率方面展现出显著的优势，效率提升高达96.68%。在旧模式下，面对大批量的销毁任务，往往需要动员整个部门的力量，甚至需要联合其他部门共同协助，才能完成繁重的销毁任务。而在新模式下，上海公司储运部仅通过增加3个小时工即可完成相同的销毁量，极大地减轻了人力负担，提高了工作效率。

特别值得注意的是，经过数据推算，全年所有制品的销毁数量所需花费的时间在813天，而全年的法定工作时间仅为250天，这意味着在旧模式下，无法在法定工作时间内完成销毁任务。然而，通过重新梳理销毁流程，新模式下人工效益得到显著提升，不仅能够在法定工作时间内完成销毁任务，而且还能够释放出更多的人力资源，用于其他更有价值的工作。

综上所述，新销毁模式在提升效率方面取得了显著成效，不仅降低了成本，还提高了工作效率，为公司带来了实实在在的经济效益。

六、总结与启示

本项目实施部门储运部努力在销毁流程中实现降本增效。在不合格品处理工作上，采取了稳健而积极的策略，在策略优化过程中共经历了5次模式的创新，在销售量及退货量双增的情况下，引入标准化管理流程，降本增效效果显著，2023年退货销毁成本降低金额为273,006元，超额完成了预期目标。同时，在人工效率方面，效率提升幅度达到了约96%，极大地提高了工作效率，降低了人力成本。

上海公司各业务部门借助提质增效专项工作平台，稳扎稳打，确保在合规的前提下不断前行，秉持着迎合市场需求、积极探索前行的精神，不断思考新的工作方法，创新工作模式，发展新质生产力，使精细化管理具象化、可操作，借助本项目的成功实施带来的宝贵经验继续从发货运输、退货运输、不合格品销毁等关键环节深入挖潜，降本增效。

上海公司在未来的提质增效专项工作中将继续加强顶层设计，严格按照"项目制、可量化、可考核"原则持续开展提质增效专项行动，强化全员的认知认同，鼓励广大员工积极在工作实践中去探索应用，树立"以利润为中心"的核心理念，不断挖掘创新的工作思路与工作方式。2024年上半年立足于公司近五年的成本费用分析，以4场不同条线的专题研讨使提报项目更契合公司目前的经营状况，提升了项目提报的质量。提质增效专项工作的开展真正的助力了公司可持续、高质量发展。

新乡市中心医院降低药品成本的提质增效实践

周震宇 刘玉霞 李 奎*

一、引言

2013年,国药集团与新乡市政府共同出资设立国药中原医院管理有限公司(以下简称"国药中原"),开启了首家央企与地方政府合作办医的新模式。国药中原下属包括新乡市中心医院、新乡市中心医院东院区、新乡市二院、新乡市妇幼院、新乡市中医院。国药中原下属的三甲医院——新乡市中心医院现有东、西两个院区,占地235亩,实际开放床位3,885张,年门诊量200万余人次,年收治病人13万余人次,年手术量4万余例。新乡市中心医院在管理过程中坚持公益性原则,不断提高医院运营管理水平。同时,医院以项目制提质增效引领精益管理,在医院高质量发展过程中取得明显成效。

二、案例背景

在传统"以药补医"的公立医院运行模式下,人民群众经常反映看病贵的问题,原因之一在于药品价格高。用药负担重越来越成为社会关注的话题,取消医院药品加成政策并没有完全解决药品费用问题。为进一步降低药品价格,政府部门一直在探索新的药品采购模式,最终形成国家药品集中带量采购模式。2018年11月,中央深改委第五次会议审议通过《国家组织药品集中采购试点方案》。药品集中带量采购是按照"国家组织、联盟采购、平台操作"的总体策略,采取带量采购、量价挂钩、以量换价的方式,与药品、耗材生产企业进行谈判,达到降低药品价格、减轻患者医药费用负担的目的。国家组织药品集中采购是对既往药品集中采购制度的重大改革,在这种模式下,由于采购量大,国家医保局具有很强的议价能力,通过与企业谈判,让人民群众以比较低廉的价格用上质量更高的药品,减轻患者负担,节约医保基金支出,提升医保基金使用效率,提高老百姓医疗保障水平。但是,如何在保证医疗效果的前提下,引导科室增加带量采购药品的使用比例,提高集采计划执行率,是医院药事部门面临的新课题。本项目在国家集采药品政策深入开展的背景下,旨在推进一系列药事管理流程的优化,确保国家带量采购政策在医院落地,并切实降低医院运行成本,从而优化医院收支结构,实现医院高质量发展。

---

* 作者简介:周震宇,新乡市中心医院总会计师;刘玉霞,新乡市中心医院药剂科主任;李奎,新乡市中心医院药剂科职员。

三、项目实施目标与思路

（一）项目预期目标

药品成本在医院总成本中一直占有较高比重，且随着医院规模扩大，业务量增长，药品成本也在攀升。在取消药品加成的背景下，药品销售不能给医院带来有效收益。同时，下游医保回款账期不稳定，上游供应商对医院付款有账期要求，多重原因累加造成医院运营资金存在较大压力，药品成本管控成为医院管理者面临的难题。按照集团提质增效专项工作要求，在国药医疗项目领导小组指导下，新乡市中心医院以项目制为抓手，拟通过实施"利用集采药品降低药品成本"项目，聚焦国家药品集采政策，降低医院药品成本，切实调整医院收入结构，提高医院精益管理水平。

通过落实国家药品集采政策，显著提高医院集采药品使用比例，降低医院药品成本，预计2022年全年可为医院减少药品成本支出2,200余万元；通过优化医院收入结构，压降医院无效收入，预期当年实现经济效益超200万元。同时，预计该项目可持续提升医院药事精益管理水平，具有一定的可复制性和推广应用价值。

（二）项目实施思路

医院领导、临床科室与职能部门共同实施，实现全级次参与；梳理药品使用全节点业务环节，寻找业务改进要点，实现全流程改进；月度复盘、季度总结，定期梳理项目进展情况，实现全过程跟踪管理。

四、项目实施过程

（一）项目推进面临的困境

1. 药品成本压降空间有限

药占比是药品收入占医疗收入的比例，医院药品业务实现零加成后，药品收入即为药品成本，药品收入成为医院的无效收入，故该项指标越低医院收入质量越高。2021年新乡市中心医院实现药占比28.49%。与新乡市区域内另外两家三级甲等医院对标，2021年新乡市所属三甲医院A医院药占比为34.28%，新乡市所属三甲医院B医院药占比为33.32%，医院药占比在区域内处于低位，医院持续优化收入结构、压降药品成本的空间有限，项目推进难度较大。

2. 病种结构及医保支付政策的不利影响

"国谈药"通常是指协议期内国家医保谈判药品，也就是医保部门与药品生产企业进行价格谈判，并被纳入医保目录报销的药品，一般协议期为两年。"国谈药"往往具有近年来新批准上市、独家生产、市场上缺少竞争等特点。国家医保局成立以来，连续六年开展医保药品目录准入谈判，累计700余种救急救命的好药、创新药进入国家医保目录，涵盖广泛的治疗领域，如肿瘤、罕见病、高血压、糖尿病等。这些药品的纳入，旨在提高患者用药的可及性，减轻患者的经济负担。但此类药品一般价格较贵，随着国谈药品越来越多的进入医院，必然会抬高医院的药占比。

门诊重症慢性病待遇享受的定点医疗机构是与医保系统有合作关系的医疗机构，能够提供慢性病相关的医疗服务，并按照医保政策进行费用结算。持有慢性病卡的患者在定点医疗机构门诊就医时，可以享受门诊医疗费用报销。报销比例和限额根据当地医保政策而定，一般会有一定起付标准，超过起付标准的部分可以按照规定比例进行报销。办理慢特病申请后，在定点医疗机构门诊就医，与所患疾病相关的检查、治疗和医用耗材等费用可以按规定报销。作为新乡市门诊重症慢性病待遇享受定点医疗机构，新乡市中心医院承担了大量的门诊慢性患者的用药保障工作，药占比也会随之升高。

3. 医务人员使用集采药品积极性不高

医务人员使用集采药品积极性不高的原因主要包括采购邀约无反馈、采购量及药价影响配送积极性、低价集采药品供应不稳定、集采价格倒挂等问题。采购邀约无反馈：医院在省药品采购平台上"下订单"后，无法得知厂家是否配货、配送企业是否配送，缺货或不予配送时也未收到反馈，导致医院被迫选择非集采药品或高价采购其他替代药品。采购量及药价影响配送积极性：集采药品中选价格涵盖药品配送费用，但对集采量小的低价中选药品，配送费用无法覆盖仓储、运输和人力等成本，导致配送企业积极性不高，无法签订三方购销协议，使约定采购量无法完成。低价集采药品供应不稳定：部分集采品种价格虽低，但无货可供，中标后部分中标厂家因原材料价格上涨等提高生产成本，销售即亏损，不得不减少生产，出现断货。集采价格倒挂：部分药品通过集采价格反而更高，非集采药品价格低于集采药品价格的情况屡见不鲜，导致医院更愿意采购价格低的非集采药品。因为价格下降幅度太大致使部分患者对集采药品质量产生疑虑，另有部分患者和医生对进口原研药品抱有"执念"，也会影响医院对集采药品的使用。因此医生在选择药品时对集采药品使用的积极性不高，有时更偏向于价格较高的非集采药品。

4. 缺乏信息化手段的刚性约束

一直以来，我国高质量药品市场一直被国外原研药占领，在临床医生和广大患者眼中，普遍认为我国的仿制药疗效和质量不如原研药，使得落实集采药品的约定用量还存在一定困难。在落实该项政策中也要注意避免采取停止原研药供应，限制医生开具原研药的处方等极端措施来完成约定的集采药品采购量。正确的做法是切实以患者为中心，将保障广大群体多样化用药需求作为前提，应用信息化的管理方式来建立集采药品监测体系，在执行政策的过程中不断优化和摸索，将重心放在提高整体实施效果上。医院领导充分重视集采工作，医生自觉加大对国家政策的理解程度，在诊疗过程中加强与患者沟通交流，让患者明确该项政策的目的，提高患者对仿制药质量的认可，使药品更换衔接更平稳，以患者为中心，保证合理安全用药的同时减轻患者经济负担。

医院原有的临床合理用药制度，基本依靠药学部人员在临床业务完成后，进行事后的手工统计与查漏补缺，工作量大且管控效果不佳。医院通过落实项目制，梳理管理中存在的问题，挖掘集采药品使用的潜力，确定项目管理重点。医院加强对医生、科室主任的政策宣传，通过多部门联动配合，医务、药事、信息、绩效等配套政策及时跟进，达到深化药品精益管理目标，完成医院药品成本压降。

（二）项目实施的具体措施

1. 加强组织领导

医院建立了强大的组织保障机制，成立了以院长为组长、总会计师靠前指挥、财务部门牵头、多部门共同参与的提质增效专项领导小组，在专项领导小组的带领下，明确项目团队，成立了集采领导工作组及办公室，以国家集中采购药品政策为契机，制定项目提升目标和改进措施。医院进行培训及考核，提高全员成本控制意识，让每位医护人员都意识到药品成本管理的意义。

2. 加强培训工作

一方面，加强院内培训、强化医生对国家药品集采政策理解，尤其是要针对医生开展相关培训，让医生打消顾虑，放心使用；另一方面，做好与患者的沟通，加深老百姓对政策的了解，树立老百姓对集采药品的信心。

3. 强化制度保障

医院制定了保证集采药品优先使用的药品遴选、药品供应等制度，开展围绕临床医师、临床药师、药品采购师、调剂药师的"四师协商"，形成多学科协作机制，综合评估集采药品同类品种可替代情况、特殊药品（如抗菌药品）的用量情况等，实现"一药一策"精准报量、综合报量，保证集采药品的遴选供应。完成集采任务且药占比达标的科室方可发起新药申请，反之则不能发起新药申请。

4. 设置目标分解任务

医院根据各临床科室的具体情况，重新制定需要达到的预期目标、药占比指标、中标药品与非中标药品比等药品监测指标，以"注射用泮托拉唑钠"为例，按照科室以往年度的使用量和使用比例，将医院整体的预期目标分解至科室，并进行集采过程监测，定期公布各科室集采药品任务完成量，以督促科室配合医院的提质增效工作。

5. 药师医师"面对面"，做好药学参谋

医院药学部在集采药品精细化管理上推动多学科联合，形成良好的集采工作氛围。为确保集采药品优先使用、合理使用，充分发挥医疗机构药师的作用，药学部指定专人管理集采工作，利用院周会、微信群、药学通讯等多种形式定期发布指标执行情况；分专业、按科室、"面对面"举行多学科集采药品专题推进会；临床药师作为"药学参谋"全面参与医嘱审核、不良反应监测、个体化用药调整等临床药物治疗过程，与临床医师共同进行药物治疗方案设计与实施；按每个科室药占比、集采药品使用情况制定个性化实施方案，推动提质增效项目的完成，不仅确保了临床用药的安全性、有效性，也有效监督并减少了"大处方""过度医疗"等现象。

6. 量体裁衣定绩效，明确奖惩措施

绩效考核与分配是工作的指挥棒和风向标。医院财务部门制定了《关于促进集采药品带量完成绩效考核管理方案》，明确激励约束机制，做好监管工作，通过建立奖惩机制，调动医生主动落实集采政策的积极性。对中选使用占比小于50%的科室，第一次通报，若连续出现上述情况，扣除科室当月绩效（奖金）的5%；考核品种到期后，统计各科室全年中选使用占比，达标者可返还全部扣罚金额，未达标者，之前所扣款项不再返还，依据考核指标达标的完成情况，进行相应的奖励或处罚，从而充分利用有限的医保资源。

7. 数字化赋能，减少"人为"不合理用药现象

精细化管理是降低医院药品成本并提高医院管理效能的重要手段，而信息化是实现精细化管理的必经之路。借助信息化手段打通集采药品使用的最后"一公里"，将医院 HIS 系统中的集采药品信息维护成绿色；医生端优先显示集采药品，同时医院配置了处方前置审核软件，在医生端输入的同品类药品中，系统优先选取集采药品，保证药物使用的合理性；药师端实现了对集采药品的线上实时数据监测，加强对医生处方的审核，做到风险早发现、早干预，确保医院提质增效项目精准见效。

五、项目成效

（一）完成预期目标，形成直接经济效益

2022 年医院实现药占比 27.38%，同比降低 1.11 个百分点，该项目在年度内完成项目结项，降低了当年医院药品采购成本 2,200 余万元，为医院带来了可观的效益。医院药品采购成本的减少直接压降了医院的经营性负债，有效压降了医院的资产负债率，优化了医院的资产负债结构，医院经营性负债减少在缓解医院资金压力的同时，也产生了一定的资金效益。

（二）医院主动作为，突破业务发展瓶颈

2022 年中心医院实现药占比同比降低 1.11 个百分点，对标新乡市区域内另外两家三级甲等医院，2022 年新乡市所属三甲医院 A 医院药占比为 34.01%，与 2021 年基本持平；新乡市所属三甲医院 B 医院药占比为 33.91%，较 2021 年增加 0.59 个百分点。中心医院成功突破药品成本压降的瓶颈，实现了公立医院的高质量发展。

（三）优化收支结构，助力科室良性发展

以医院肿瘤内科一、肿瘤内科二、头颈乳腺科二 3 个科室为例，2022 年 3 个科室的药占比分别实现了 7%、3.7% 和 10.04% 的不同程度的下降，医疗服务收入占医疗收入比例上升，医护技术劳务价值得以体现，原来扭曲的以抬高药价来补偿医疗服务的方式得到纠正。科室结余均实现了相应的提升，药占比降幅越大，科室经济效益改善越明显。

（四）降低患者均次费用，减轻医保资金负担

为切实减轻群众看病就医负担，确保医保基金可持续，增强深化医改的综合成效，控制公立医院医疗费用不合理增长十分必要。随着集采药品使用量的增加，患者就医费用明显降低，2022 年医院住院患者均次费用为 14,703 元，低于新乡市区域内同级别医院，医院公益性得到较好体现，实现医疗费用增长与经济社会发展、医保基金运行和群众承受能力相协调。患者满意度持续提高，切实维护了群众健康权益，减轻群众就医负担，同时提升了医保资金的使用效率，形成了明显的社会效益，促进医院健康发展。

（五）改善医生用药业态，降低廉洁风险

在当前全国医药领域腐败问题集中整治深入推进的背景下，做好药品集中带量采购工作，增加集采药品的使用量，能有效防止医药腐败问题滋生，有助于降低医院和医生的廉洁风险，改善医生用药业态，推动构建风清气正的行医环境。

六、项目总结

通过开展提质增效工作，新乡市中心医院采取一系列管控措施，医院集采药品使用比例显著提高，减少了医院的药品支出。2022 年全年药占比为 27.38%，较 2021 年再降低 1.11%，累计为医院节约药品成本支出约 2,000 万元。通过降低医院药品收入占比，压降医院无效收入，优化了医院收入结构，降低了医院的经营负债，缓解了医院资金压力。有效地组织保障、政策宣贯、流程再造以及信息系统优化是项目成功的重要保证。该项目为新乡市中心医院建立药事精益化管理的长效机制奠定了基础，也具备一定的可复制性和推广应用价值。通过开展提质增效项目制，医院总结启示如下。

第一，总会计师在医院提质增效过程中发挥着重要作用。在《关于加快推进三级公立医院建立总会计师制度的意见》（国卫财务发〔2017〕31 号）中明确提出：全国所有三级公立医院全面落实总会计师制度。建立总会计师制度是提高医院精益管理水平的重要举措，落实总会计师的职责、权限有助于保障总会计师发挥专业优势，助力医院实现价值创造、风险防控和医院高质量发展。一位合格的总会计师应具备组织全局、掌控成本、政策把握等相应的综合能力，医院总会计师转变管理思维，主动融入业务，为提质增效工作提供创新性和开拓性的思路和指引，以财务指导业务，深入开展业财融合，对医院全链条进行精益化管理，促进医院高质量发展。

第二，先进的管理会计思维和管理工具是实现精益管理的重要手段。每一个可复制、可推广的成本管控案例都不是偶然发生的，而是在总结先进的管理会计思想和管理工具的基础上，结合本单位实际进行的"因地制宜"。医院正是将发展过程中遇到的问题作为导向，充分利用提质增效项目制先进的管理制度，实现对业务部门精益管理的深度参与，强化业务部门精益管理的理念，将提质增效做实做细，科学合理开展项目制和绩效管理，努力提高医院的收支结余率，实现医院降本增效。

第三，高质量的信息系统是实现提质增效的重要保障。医院的业务工作中包含着复杂和多元的信息数据，加强医院精益管理必须从系统集成和数据共享的层面入手，将各个部门和各个系统的数据进行连接共享，特别是财务人员深入了解业务数据和基础数据，形成不同的数据模型，实现信息高效互联互通，促进提质增效工作的顺利开展。

第四，业务与财务协调配合是实现提质增效的重要条件。由于医疗业务的专业度和复杂度较高，医疗机构进行精益管理不能单纯依靠财务人员实施，提升集采药品的使用率，降低医院的药品成本需要基于业务并涉及多部门才能完成。医院需要以"业财融合"为出发点，形成完善的提质增效组织体系，建立财务部门与业务部门联动的常态化协同机制，进行多维度、多层次的财务分析、业务分析和专项分析，找到降本增效的空间并落地实施。

主要参考文献

[1] 陈施行，杨珊华. 国药集团提质增效工作的探索与实践［J］. 财务与会计，2022（17）：33 – 36.

[2] 刘洁兰. 公立医院药品精细化管理的成本控制分析 [J]. 财会学习, 2024 (2): 119-121.

[3] 汤娟. 公立医院药品成本管理与控制刍议 [J]. 今日财富, 2021 (12): 57-58.

[4] 李超群, 王静, 黄艳丽, 曾庆秋, 马希丹, 叶静雪, 罗晓露. 国家集中带量采购和使用试点工作执行中的"花洒效应"及管理策略 [J]. 中国处方药, 2020, 18 (7): 9-12.

[5] 许惠溢, 马椿乔, 徐峰, 郭达群, 康惠滨, 彭康. 利用药物经济学方法评价部分 4+7 集中采购药品 [J]. 海峡药学, 2020, 32 (10): 38-42, 8.

[6] 颜琰. 基于双重差分模型的国内药品价格改革政策效应评估 [J]. 中国卫生经济, 2017, 36 (11): 11-13.

[7] 郑利光, 施祖东, 杨建森, 郭志刚, 赵梦虢, 裴京萌. PDCA 循环管理法提高国家组织药品集中采购中选药品使用比例的效果评估 [J]. 中国医院用药评价与分析, 2020, 20 (7): 867-871.

[8] 魏巍, 张健. 药品集中采购模式比较分析与展望 [J]. 天津药学, 2019, 31 (3): 74-76.

[9] 郑解元, 杨嘉永, 甘丽敏, 等. 利用 BI 决策支持系统开展集采药品临床使用监测 [J]. 中国医院药学杂志, 2021, 41 (7): 750-752, 768.

[10] 廖倩文, 周黎, 周彬彬, 徐千叶, 成佳楠. 医疗失效模式和效应分析在医院国家集中采购药品管理流程中的应用. 抗感染药学, 2024, 21 (1): 72-78.

[11] 范赟婷, 龚张珺, 倪寂. 某院首批国家药品带量采购实施效果评价与分析 [J]. 中国药业, 2021, (5): 1006-4931.

[12] 傅鸿鹏. 药品集中招标采购的发展和展望 [J]. 中国医疗保险, 2020 (3): 1674-3830.

[13] 胡善联. 国家组织药品集中采购的卫生经济学理论基础及完善建议 [J]. 中国卫生资源, 2021, (1): 1007-1011.

[14] 张弦, 陈红君. 带量采购政策下他汀类药物在上海某院的应用情况分析 [J]. 中国药房, 2021, (2): 1001-1004.

[15] 何江江, 唐密, 丛鹏萱, 等. 国家组织药品集中采购和使用试点对临床用药管理与使用的影响 [J]. 中国卫生资源, 2021 (1): 1007-1009.

绿色低碳理念下降低蒸汽单耗的提质增效实践

苗瑞春　刘　凡　幸华龙　薛　伟　常　华　于娜娜　胡万鹏[*]

一、引言

制药行业是我国六大污染行业之一，是典型的高能耗、高污染、高排放行业，也是环保治理、节能减排任务最重的行业。国家"十四五"节能减排综合工作方案要求以习近平新时代中国特色社会主义思想为指导，深入贯彻习近平生态文明思想，坚持稳中求进工作总基调，立足新发展阶段，完整、准确、全面贯彻新发展理念，构建新发展格局，推动高质量发展，完善实施能源消费强度和总量双控、主要污染物排放总量控制制度，组织实施节能减排重点工程，进一步健全节能减排政策机制，推动能源利用效率大幅提高、主要污染物排放总量持续减少，实现节能降碳减污协同增效、生态环境质量持续改善，确保完成"十四五"节能减排目标，为实现碳达峰、碳中和目标奠定坚实基础。在这个快速变革的时代，低碳经济成为核心，制药企业要做到调整经济结构、实施技术创新、做到可持续发展，发展低碳经济是必然选择。

二、项目背景

国药集团威奇达药业有限公司（以下简称"国药威奇达"）为中国医药集团有限公司（以下简称"国药集团"）所属上海现代制药股份有限公司（以下简称"国药现代"）的全资子公司，是一家以生物发酵、酶催化、绿色合成为基础的综合型制药企业，实现了从起始原料、关键中间体到成品药全产业链化学药产业布局，是国药现代综合性大宗原料药、中间体、辅料的生产基地，青霉素类、头孢类抗感染药物及酶抑制剂全产业链生产基地。近年来，公司以推动高质量发展为主题，以增强核心竞争力、实现可持续发展为目标，聚焦发展新质生产力，积极把握壮大战略性新兴产业的战略机遇期，加速高端、智能、绿色发展步伐，强化绿色低碳技术应用，构建低能耗、低成本的差异化竞争优势，为实现公司产业链安全稳定和现代化水平提供有力支撑。

头孢类、青霉素类以及克拉维酸系列产品是国药威奇达的三大支柱产品，头孢系列主

---

[*] 作者简介：苗瑞春，国药集团威奇达药业有限公司总经理；刘凡，国药集团威奇达药业有限公司财务总监、首席合规官（兼）；幸华龙，国药集团威奇达药业有限公司头孢事业部总经理；薛伟，国药集团威奇达药业有限公司头孢事业部副总经理；常华，国药集团威奇达药业有限公司总工程师、研究中心总经理（兼）；于娜娜，国药集团威奇达药业有限公司生产技术部经理助理（主持工作）；胡万鹏，国药集团威奇达药业有限公司财务管理中心经理助理。

要有 7-ACA、头孢曲松钠、头孢唑肟钠、头孢噻肟钠等品类。其中，头孢曲松钠为头孢系列的主打产品，公司拥有从中间体到头孢曲松钠（非无菌粉）、原料药、制剂的全产品链生产线。头孢原料二车间是以主要生产头孢曲松钠（非无菌粉）等产品为主的生产车间。化学反应多，溶媒使用量大，动力消耗高，对产品的生产成本及质量要求非常高，同时对上下游产品链的衔接及头孢产业链的发展起到举足轻重的作用。回顾近几年的生产效益，公司头孢曲松钠（非无菌粉）盈利能力较弱。在 2023 年提质增效过程中，公司以问题为导向，针对性对头孢曲松钠（非无菌粉）的工艺、设备、能源使用等方面进行全面分析，查找在生产过程中存在的价值漏洞。在分析中确认动力成本中蒸汽占比 90%，有较大改进空间。

三、项目实施目标与思路

（一）组建团队，全员全方位推进工作

国药威奇达积极贯彻落实国药集团提质增效专项工作要求，围绕生产经营任务目标，按照项目制管理原则，进一步健全提质增效工作组织保障机制，由总经理抓总、财务总监靠前指挥，财务部门牵头、各职能部门齐抓共管。国药威奇达成立了降低头孢原料二车间蒸汽单耗提质增效工作组，以动力、设备、技术等方面骨干人员为主，与生产车间共同制定了设备、流程、工艺等一系列优化方案，按照"项目制、可量化、可考核"原则，深入剖析头孢曲松钠（非无菌粉）生产过程存在的价值漏洞，组织提质增效专项活动有序开展。

（二）项目实施目标

节能减排是实现我国经济可持续发展的必然选择，作为耗能大户的医药化工行业，对这个问题尤为重视。节能降耗就是采取技术上可行、经济上合理的措施，来提高能源的利用效率，最大限度地减少能耗，降低碳排放，降低产品成本，实现经济效益与环境效益，提升企业竞争力。降低头孢原料二车间蒸汽单耗项目实施目标就是降低蒸汽单耗，提升产品盈利能力，项目实施后预计全年产生经济效益 630 万元。

（三）项目实施思路

目前，医药化工企业主要节能措施如下。

1. 采用新工艺和新设备

先进的生产工艺和节能设备是化工企业节能降耗的重要手段。采用先进的工艺使工艺总用能最佳化，包括采用节能型流程、优化过程参数，提高装置操作弹性，改进反应操作条件，降低能量消耗。采用高效分馏塔、换热器、冷凝器、泵、压缩机、加热炉等传质、换热、旋转等节能设备，提高单体设备生产能力，从源头上实现节能降耗。通过技术创新，开发新型反应技术和节能降耗技术，不仅可以显著降低物耗、能耗，降低反应系统的温度、压力，减少环境风险，提升企业经济效益，而且也是绿色发展的必由之路。

2. 降低动力能耗

动力能耗主要包括电力和蒸汽消耗，是化工企业能耗的主要部分。降低动力消耗可以采用电动机变频调速技术。基于目前多数化工企业装置负荷率较低的现状，采用变频调速

技术无疑是节能的有效途径。优化供热系统，合理地实行装置间的联合，在较大范围内进行冷、热物流的优化匹配，实现能量利用的最优化。使用先进节能型的技术设备，如采用永磁电机、超高效异步电动机等，同样可节约能源，降低企业生产成本。

3. 能量综合利用

化工企业使用的能源种类多，品位高低不等，工艺过程兼有吸热和放热，把生产中大量使用的燃料、蒸汽、电力、机械能和生产过程中产生的可燃性气体、反应热及多种余能有效地组合起来，实现系统能量的高效利用。化工企业消耗的80%左右总热能最终是以低位热能放出，因此低位热能的有效利用是提高化工能源利用率的关键。

企业在生产过程中，能源传递和转化过程伴随着能源的损耗，如蒸汽的损耗、热水的损耗等。这些能源如果进行再利用，会使企业能耗降低。如企业高温冷却水含有一定的热能，可以进行余热回收利用，用作办公取暖或者居民采暖，利用余热低温发电等。

化工企业生产过程中产生大量的有机废气、废液、废渣等工业"三废"。目前这些有机废弃物可通过危废焚烧锅炉进行焚烧处置，生产蒸汽，蒸汽又可回用于企业生产，实现了能源的回收利用，实现了环境保护和能源节约双重效果。

四、项目实施过程

（一）现状及问题描述

1. 分析现状

蒸汽在医药化工企业中扮演着不可或缺的角色，其作用涵盖了加热、蒸馏和提纯、清洗消毒等多个领域。蒸汽的优势在于高效、环保、可持续以及安全稳定，其使用范围非常广泛。在实际应用中，蒸汽广泛用于化学反应、清洗消毒、物料处理和能源回收等方面。国药威奇达应用精益思想对车间蒸汽的使用情况进行详细剖析，该车间主要使用蒸汽用于回收岗位蒸馏提纯以及升温反应加热过程。蒸汽在产品动力成本中占比最大，因此降低蒸汽使用量，可进一步降低产品成本。

通过对车间的蒸汽用点进行梳理，共有以下3处：回收岗位使用蒸汽对蒸馏塔升温，对岗位所产生的溶媒母液进行回收、分离、提纯；生产岗位部分工序中反应过程升温，需要使用蒸汽对热水罐进行升温；送风空调需要将蒸汽通入加热器产生热风，对生产岗位持续送风且维持岗位温度。经过项目组细致分析研究，以上蒸汽用点均存在优化空间。

2. 查找问题

经过对车间各处蒸汽使用点的分析，针对车间蒸汽使用情况共计找出以下3项问题。

（1）蒸汽使用量大。在头孢曲松钠（非无菌粉）生产中共使用5种溶媒，溶媒种类多且混合使用，在回收过程中，由于蒸馏共沸作用导致中间相多，回收时间长，回收溶媒质量不稳定。这个过程使用蒸汽量为345吨/天，车间总蒸汽用量占总厂区的30%，其中溶媒回收工序占车间总蒸汽用量的94%。

（2）显热利用率低。溶媒回收过程中塔釜通入蒸汽后会产生等量的蒸汽凝水，此部分蒸汽凝水排放时温度在94℃—98℃之间。除此之外，部分塔釜在蒸馏结束后，需要进行塔釜排残，排出的釜残液多数为含有微量溶媒的水相，该部分釜残液温度在95℃左右。当前生产过程中，产生的蒸汽凝水与釜残液温度较高，此部分物料的显热未经有效利用就进入到后续工序中，造成热量浪费。

（3）回收生产批间差异大。溶媒回收过程中，共需使用13套蒸馏塔进行溶媒回收，各塔釜之间关联性较强，容易造成溶媒质量波动，且各塔釜升温、排污等非工艺时间长。操作方式多数为人工手动操作，操作烦琐，工作量大，导致回收溶媒质量批间差异大。

（二）改善措施

针对上述问题，项目组从工艺优化、设备更新等方面制定以下整改措施。

1. 生产工艺改进

改变回收岗位物料蒸馏进料方式，将部分回收精馏塔进料方式进行调整，由常规的液相进料改变为气相直接进料，将前步工序塔顶溶媒气体直接引入精馏塔塔釜进料，减少升温时间，降低精馏塔蒸汽用量。非工艺时间缩短，母液处理量提高。

调整回收过程母液处理流程，采用先粗蒸再萃取分离的处理方式。母液经过粗蒸后，塔顶采出的溶媒气体中含盐量大幅度降低，可减轻后续分离机的工作压力，同时降低塔釜进料中无机盐残存量，提高回收过程中间组分的产物质量，取消了连续塔的使用，提高了精馏塔蒸馏效率，提升了溶媒质量。

2. 显热利用

项目组经过对车间母液回收全过程进行梳理、分析后发现，多处具有高显热的组分（多数为塔釜蒸馏后的釜底废水）未经利用就输送到下游车间，不能很好的实现回收利用，这无疑是一种浪费资源和增加成本的行为。

经过对回收岗位、生产岗位的蒸汽使用情况分析，梳理出9处可使用蒸汽凝水、釜残液显热升温，各预热物料经过蒸汽凝水、釜残液等高显热物料换热升温后，平均温度提升20℃—25℃，共计节约蒸汽约21吨/天。

3. 设备自动化升级

当前回收工序自动化程度低、溶媒组分复杂，人工操作干预多，生产过程批间差异大。针对此种情况，通过自动化改造，增加自控仪器仪表280余台，配合视觉监控系统使用，减少人工操作，稳定工艺控制，降低蒸汽损耗，提高溶媒质量，二氯甲烷、丙酮等回收溶媒纯度提升1.5%。自动化实施后优化人员9人，提升了生产效率及人员劳效。

五、项目实施成效

（一）有形收益

降低头孢原料二车间蒸汽单耗提质增效项目实施后，车间蒸汽用量较实施前每日节约68吨，从2023年3月开始实施，蒸汽单耗由0.13降低至0.11，产品单位成本降低5.30元/千克，9个月节约蒸汽产生收益456.88万元，碳排放减少2,013吨。同时头孢曲松钠（非无菌粉）毛利率明显提升，进一步提高产品的盈利能力和抗风险能力。预估未来节约蒸汽24,480吨/年，碳排放减少2,493吨/年，收益约为630万元/年。该项目取得了良好的经济效益和环境效益，实现了能源、经济、环境等多方面的协调发展。

（二）无形收益

经过项目的实施，车间生产自动化、智能化水平得到提升，生产工艺控制稳定，员工劳动强度降低，为人员优化奠定基础，进一步提升车间产品效益。同时，小组成员的团队意识、创新意识、节能意识等方面均得到提升，项目实施经验可类比推广至公司其他产品生产过程。在项目实施过程中，成员的思想意识发生了转变，由关注产品质量、收率逐步转变为在保证质量的同时，全面关注全要素生产率的提升，更好促进公司持续健康发展。

六、总结与启示

一是节能减耗能够节约能源。大量的能源消耗带来较为严重的环境污染，通过节能减耗项目能降低污染物排放，改善生存环境，促进环境与经济均衡发展，为实现碳达峰、碳中和目标奠定坚实基础。作为医药化工企业，节能降耗对于企业发展至关重要。企业生产的目的是为了获得最大的利润，而节能降耗能够减少企业生产中的能源耗用，从而降低生产成本，增加企业利润。增加的利润继续投入生产中，又能够为企业创造更多的利润，全面提升经济效益。

二是严格落实项目制提质增效与技术创新、节能降耗的发展举措相结合。根据公司战略规划，从设备更新、工艺优化等多方面入手，依据生产实际工况，选用高效、新型节能型设备，从根本上控制能源的使用、消耗。此外深入研究当前能源动力的使用情况，做到合理使用、高效利用，降低消耗、减少损失和污染物排放，有效合理地利用能源，避免能源浪费。加快智能、绿色、循环发展步伐，构建低能耗、低成本的绿色发展能力，为公司可持续、高质量发展奠定基础。

三是加强提质增效宣传力度，坚持培育提质增效文化。将提质增效与精益管理有机结合起来，营造人人参与的氛围和企业文化，从每一名员工自身做起，不断增强能源忧患意识、节约意识和环保意识，树立"点点滴滴降成本，分分秒秒增效益"的节能意识，推动企业高质量、可持续发展。未来国药威奇达将继续发挥引领、示范作用，以新时代生态文明建设重要思想为指导，积极响应国家"碳达峰、碳中和"战略部署和国药集团、国药现代提质增效要求，全面提升公司核心竞争力。

主要参考文献

[1] 杨珊华，陈施行. 项目制提质增效的逻辑与国药实践［J］. 新理财（政府理财），2024（1）：24-29.

[2] 陈施行，杨珊华. 国药集团提质增效工作的探索与实践［J］. 财务与会计，2022（17）：33-36.

[3] 顾新华. 制药厂房余热回收节能设计技术方案分析［J］. 中国设备工程，2023（S01）：85-87.

[4] 张帅，梁志国. 制药企业中的能耗分析与节能策略［J］. 流程工业，2023（2）：40-42.

［5］张瑞丰，乔玲敏，吴晓龙，周荣超，口妍君．某生物制药厂蒸汽冷凝水节能改造与效益分析［J］．烟台大学学报（自然科学与工程版），2020，33（1）：77－83．

［6］涂艳，文渊．优化生产工艺，提高产品收率——精益管理工具在提质增效中的应用与实践［J］．新理财（政府理财），2024（1）：35－39．

［7］黄艳，郭虹，黄超，等．国药致君产品全价值链提质增效实践［J］．财务与会计，2024（2）：20－22．

高浓度脱酯水相（青霉素废酸水）处理绿色低碳转型实践

苗瑞春　刘　凡　田　虎　胡　选　常　华　于娜娜　胡万鹏[*]

一、引言

中国医药集团有限公司《碳达峰碳中和行动工作方案》提出，要实现统筹产业结构调整、污染治理、生态保护，协同推进降碳、减污、扩绿、增长，推进生态优先、节约集约、绿色低碳发展，落实碳排放总量和强度"双控"制度，构建废弃物循环利用体系，努力在医药健康领域碳达峰碳中和中发挥示范引领作用。加快绿色转型，助力碳达峰碳中和是贯彻落实新发展理念、实现高质量发展的关键环节。国药威奇达以科技创新为引领，加大绿色低碳技术研究，不断培育壮大绿色生产力，实现对产业链关键环节绿色、循环技术应用，进一步构建低能耗、低成本的发展模式。

二、项目背景

国药集团威奇达药业有限公司（以下简称"国药威奇达"）为中国医药集团有限公司（以下简称"国药集团"）所属上海现代制药股份有限公司（以下简称"国药现代"）的全资子公司，是一家以生物发酵、酶催化、绿色合成为基础的综合型制药企业，实现了从起始原料、关键中间体到成品药全产业链化学药产业布局，是国药现代综合性大宗原料药、中间体、辅料的生产基地，青霉素类、头孢类抗感染药物及酶抑制剂全产业链生产基地。近年来，公司以推动高质量发展为主题，以增强核心竞争力、实现可持续发展为目标，聚焦发展新质生产力，积极把握壮大战略性新兴产业的战略机遇期，加速高端、智能、绿色发展步伐，强化绿色低碳技术应用，构建低能耗、低成本的差异化竞争优势，为实现公司产业链安全稳定和现代化水平提供有力支撑。

自 2023 年以来，国药威奇达不断强化国际化高端化发展战略，国际市场出口收入不

---

[*] 作者简介：苗瑞春，国药集团威奇达药业有限公司总经理；刘凡，国药集团威奇达药业有限公司财务总监、首席合规官（兼）；田虎，国药集团威奇达药业有限公司青霉素事业部 301 车间主任；胡选，国药集团威奇达药业有限公司青霉素事业部 301 车间主任助理；常华，国药集团威奇达药业有限公司总工程师、研究中心总经理（兼）；于娜娜，国药集团威奇达药业有限公司生产技术部经理助理（主持工作）；胡万鹏，国药集团威奇达药业有限公司财务管理中心经理助理。

断攀升，欧美高端市场开拓已初具成效。由于欧盟出台一系列支持欧洲工业的行动，持续部署净零政策和净零技术，这将不断提高产品生产成本，加剧全球市场竞争，对我国产品绿色发展产生重大影响。在与欧洲客户合作时，已要求公司 6-APA、阿莫西林 2030 年固体废弃物产生量比 2024 年减少 10%，并承诺 2050 年达到零碳排放。克拉维酸钾、青霉素、头孢产业链供应链的安全稳定及智能、绿色水平直接影响到企业高端化、国际化发展战略，这对推动企业未来可持续发展至关重要。

三、项目实施目标与思路

（一）组建团队，全员全方位推进工作

国药威奇达积极贯彻落实国药集团提质增效专项工作要求，围绕生产经营任务目标，按照"项目制、可量化、可考核"的原则，进一步健全提质增效工作组织保障机制，由总经理抓总、财务总监靠前指挥，财务部门牵头、各职能部门齐抓共管。公司下设提质增效专项工作推进组，深入剖析生产经营管理的重点、难点和痛点，研究项目提升目标、具体行动方案和改进措施，逐层分解任务、逐级落实责任。

国药威奇达成立脱酯水相好氧生化处理项目团队，从理论研究、方案制定、小试实验、中试放大到试生产，有序开展相关的优化提升，达到了降低脱酯水相处理成本，实现了资源循环的发展目标。

（二）项目实施目标

国药威奇达积极贯彻落实提质增效的发展战略，以节能环保理念为指导，融合精益管理、进行改善行动。从源头、过程、措施上降低高浓度脱酯水相处理成本，降低碳排放，以实现提质增效，从而使企业获得较强的竞争优势。项目实施后预计今后每年可实现经济效益 840 万元。

（三）项目实施思路及计划

围绕制药废水的特点及处理方法，梳理企业污水处理现状，剖析存在的问题。

1. 制药废水特点及处理方法

项目实施前，了解制药废水的特点。根据药品生产工艺的不同，药物可分为发酵类、中药类、化学合成类、生物工程类、提取类和混装制剂类。药物的生产过程又包含过滤、合成、发酵、离子交换、冷却和精制等步骤，不同药物的生产过程差别较大，涉及物理、化学和生物等多种工艺的组合。由于药品的性质、生产工艺和生产过程不同，制药企业生产过程中排放的废水往往具有成分复杂、污染物浓度高、可生化降解性差、有臭味、色度高、悬浮物多和含盐量高等特点。

在制药废水的处理方法中，由于制药废水难降解的特点以及排放量的增加，国内外研究人员对降解制药废水展开了大量研究，取得了积极成效，推动着制药废水处理技术不断进步。根据已有的研究和实践，处理方法可以大致分为生物处理、常规物理化学处理和高级氧化处理。

（1）生物处理。生物处理一种低成本和环境友好的处理方式，以细菌为主体的包括原生动物和后生动物等的微生物在适宜条件下，通过自身的生长繁殖活动参与吸附、摄取和

利用有机污染物，实现对废水中污染物的降解。废水的生物处理技术根据微生物的存在形式分为活性污泥法和生物膜处理法，其中活性污泥法中微生物以絮凝体形式存在，这种絮凝体易于沉降和分离，是生物性污泥，即活性污泥。活性污泥法是将经过预处理的废水和从二次沉淀池回流的污泥进入曝气池，在曝气池中（活性污泥反应器）以推流式的方式实现有机污染物的降解，废水流出曝气池后进入沉淀池进行泥水分离，处理后的水排放，污泥一部分继续回流，另一部分排出。在达到适宜的运行条件后，活性污泥工艺系统可以实现脱除氮磷污染物和降解有机污染物等。

（2）物理化学处理。制药废水处理过程中常用的物理化学方法包括混凝、气浮和一系列的膜分离方法等。混凝是指水中的悬浮物和胶体具有保持分散悬浮的稳定性，通过投加混凝剂使其失去稳定性，从而可以聚集，即为混凝。随后，失去稳定性的悬浮物和胶体在重力的作用下沉降，从水中分离出来；气浮是通过某些设备在气浮池中产生大量的微小气泡，气泡附着在制药废水中密度与水接近的悬浮固体和液体颗粒上，形成了密度比水小的气浮体，随后在浮力作用下上浮，在水面形成的浮渣被刮渣设备排出。膜分离是指在压力差、电势差或浓度差为推动力作用下，利用膜的选择透过性将废水中的组分进行分离。

（3）高级氧化处理。高级氧化技术又称做深度氧化技术，以产生具有强氧化能力的自由基（多为羟基自由基·OH）为特点，在高温高压、电、声、光辐照、催化剂等反应条件下，使大分子难降解有机物氧化成低毒或无毒的小分子物质。根据产生自由基的方式和反应条件的不同，可将其分为光化学氧化、催化湿式氧化、声化学氧化、臭氧氧化、电化学氧化、Fenton 氧化等。

2. 现状及问题分析

国药威奇达青霉素系列主要有 6 – APA、阿莫西林、氨苄西林等核心产品，青霉素日均产生 2,000 立方米的脱酯水相，目前采用传统的"蒸发浓缩+喷浆造粒"工艺，生产过程中存在成本高昂、生产效率低下及环保风险高等问题。青霉素系列产品生产过程中产生的脱酯水相具有高 COD（20,000—25,000 毫克/升）、高硫酸根（7,000—12,000 毫克/升）、高总氮（1,700—2,000 毫克/升）、高盐分（18,000—22,000 毫克/升）等特点，使用传统工艺存在以下问题。

（1）处理过程需要消耗大量动力能源，导致处置成本高昂，且 MVR 蒸发浓缩系统已接近设备使用寿命，设备的维护与保养费用较高。

（2）脱酯水相在储存和浓缩液干燥处理的过程中产生的废气，对人员作业环境、厂区周边环境造成一定影响。喷浆造粒系统产生的尾气进入锅炉焚烧影响锅炉生产效率，产生的固废交由第三方处置，在处置过程存在一定的环保风险。

（3）需要人工频繁调整系统的各项运行参数，人员劳动强度大。

四、项目实施过程

（一）实施计划

在提质增效实施过程中，始终将精益生产理念贯穿其中，通过精益管理思想的应用，不仅优化脱酯水相水处理工艺流程，有效降低生产成本，还降低人员劳动强度，有效改善现场环境,减少污染源,降低环保风险。整个项目的推进过程共分为以下三个阶段。

第一阶段是项目设计及研究。项目团队对脱酯水相成分进行分析,从源头上控制硫酸根浓度,并对处理工艺路线考察研讨,确定总体的工艺设计路线和研究方向,开展相关实验,确定脱酯水相的生化性及处理工艺路线。

第二阶段是项目启动及改造。项目团队进行脱酯水相生化处理工艺的联动试车,将独立小试的工艺环节进行联动实验,为下一步大生产奠定基础。

第三阶段是项目运行评估。项目团队对现有设备设施优化升级改造,车间进行产业化推广,脱酯水相处理量持续提升,实现高浓度脱酯水相好氧生化处理,评估项目运行产生的收益。

(二)实验研究

源头治理:青霉素发酵过程中硫酸根浓度过高会使发酵液的渗透压升高,对微量元素的摄取与有机物的吸收有阻碍作用,抑制菌体正常代谢;相反浓度过低则可能导致青霉素的合成速率降低。项目组对发酵培养基的基础料投料量硫酸盐(Na_2SO_4)加量开展梯度实验,通过对比发酵放罐效价与透光率,分析发酵周期接近的批次不同投量效价的相互差异,进而确定影响结果。最终将发酵培养配方中硫酸盐年用量减少近2,000吨,减幅达60%,脱酯水相中硫酸根的浓度降低50%,提升了脱酯水相的可生化性。

小试实验:通过化验检测脱酯水相生化指标,生化性指标B/C从≤0.2提升至0.55,表明该水具有良好的可生化性,可以通过好氧曝气进行降解。小试实验模拟生化系统运行情况,严格控制实验参数,将脱酯水相与低浓度水水量按照1∶20的比例混合后连续曝气,实验结果显示:出水COD在200—250毫克/升,氨氮在3—5毫克/升,验证了脱酯水相具有生物降解特性,为下一步中试工艺路线提供数据支持。

中试实验:为了进一步验证小试实验结论,项目团队组织开展了脱酯水相30—35立方米/天的中试放大实验,经多方评估确定在硫酸根大幅降低和生化性好转后能够进行工业化应用。

(三)工业化推广

项目团队经过8个月的试生产调试,上百次的工艺参数调整,在确保不增加投资、出水指标合格的前提下,实现好氧生化系统日处理脱酯水相最大350立方米。项目实施过程中,团队深入剖析运行调试过程中的重点、难点,研究项目提升目标、确定行动方案、制定改进措施:

1. 溶氧问题:脱酯水相进入好氧系统后,COD及氨氮负荷增加,溶氧由2—3毫克/升降低至1—1.5毫克/升。通过将离心鼓风机更新为磁悬浮风机,好氧系统溶氧提升至4—5毫克/升;同时风机运行数量由7台降低至4台,现场噪声大幅下降,保障了员工的职业健康。将微孔曝气带更新为旋流式曝气器,降低因曝气带脱落、堵塞,导致好氧池停止进水、更换曝气带的问题,设备维护更加便捷,降低劳动强度。

2. 温度问题:好氧系统曝气量的增加导致系统温度升高至40℃,超出生产工艺要求(35℃—38℃)。通过新增缠绕式换热器,对好氧系统进行降温,将系统水温控制在36℃左右。

3. 污泥问题：好氧系统 COD 负荷增加，导致系统需外排的生化污泥增多。通过更新高效卧螺离心机，将污泥含水率由 88%—90% 降低至 82%—85%，实现污泥减量化，降低污泥处置费用。

通过彻底解决以上三个问题，为生化系统大量进脱酯水相创造良好的工艺条件。

五、项目实施成效

公司结合克拉维酸脱酯水相生化处理的理念，开发出了青霉素脱酯水相好氧生化处理工艺技术，进一步降低了脱酯水相的处理成本，实现了绿色低碳和提质增效。在后续的处理过程中，通过科学的计算生化系统承受能力，逐步提升脱酯水相处理量，使生化系统负荷稳步提高。2023 年项目取得较好的经济收益和社会效益。

（一）有形收益

现阶段脱酯水相好氧生化处理工艺运行已趋于稳定，脱酯水相处理量提升至 350 立方米/天。2023 年全年，好氧生化系统处理脱酯水相共计 91,884 立方米，共节省处理费用达 550 万元，预计从 2024 年开始每年可节约 840 万元。

（二）无形收益

1. 脱酯水相进入好氧生化处理，一是减少了 MVR 蒸发系统处理脱酯水相总量，减轻了异味的扩散；二是缩短了喷浆造粒系统的生产时间，减少了热风炉尾气产生量，降低了热风炉烟气对锅炉系统生产效率的影响。

2. 2023 年共减少 MVR 蒸发器蒸汽用量 3,675 吨，折合减少碳排放 374.85 吨。

3. 随着 MVR 蒸发器处理脱酯水相水量的减少，MVR 风机运行更加稳定，同时维护费用大幅降低，进一步提升了设备 TPM 管理水平。

六、总结与启示

一是强化技术研发与提质增效专项工作协同创新，有效控制生产成本，提高经营管理效率。以先进的厌氧生化处理技术为支撑，秉持"环保优先、绿色发展"理念，不断探索和实践更为先进的环保技术和管理策略，推动制药行业绿色低碳技术应用。进一步谋划绿色能源转化项目，采用"厌氧+好氧+沼气脱硫+沼气锅炉"的工艺流程，加快智能、绿色、循环发展步伐，实现脱酯水相生化处理，有机物充分降解，转化为更加清洁的绿色能源，构建低能耗、低成本的绿色发展能力，为公司可持续、高质量发展奠定基础。

二是严格落实项目制管理，通过成功实施降低高浓度脱酯水相处理成本提质增效项目，进一步夯实了项目制管理基础。针对生产管理、工艺创新等环节中的堵点和难点，开展自立项目进行提质增效，成立专门的提质增效项目组，设定提质增效目标和期限，项目组进行组织实施，按期进行过程监管并进行结项管理，遵循"目标可量化、落实有抓手、结果可考核"的原则，有力保障了提质增效专项工作的持续开展。

三是加强提质增效宣传力度，打造精益管理文化。提质增效与精益管理有机结合，将精益思想传播到生产经营的每个角落，培养全体员工自发的精益行为习惯，营造人人参与的氛围和企业文化，充分利用标杆项目，实现项目推广和成果分享。提质增效关系到员工与企业的整体利益，努力探寻和完善提质增效管理文化体系，突出提质增效全员性、全方位、持续化、体系化的特征，激励员工在各自岗位复制、挖掘提质增效金点子，不断传播精益精神，树立"改善无止境"的精益理念，持续探索精益改善之路，推动企业高质量发展。

主要参考文献

[1] 曾冬冬，吴付威，张飞. 蒸馏法处理废酸水工艺的优化 [J]. 化工管理，2019 (18): 202.

[2] 路畅，尤拥宾，程红. 糖精生产中含铜废酸水处理技术研究 [J]. 河南科技，2020 (16): 146-148.

[3] 张为，刘锋刚，罗进，等. 制药废水处理工程实例研究 [J]. 给水排水，2023，49 (2): 85-89.

[4] 李志雷，刘宝富，陈秀娟. MBR-高低压反渗透工艺处理制药废水实践 [J]. 给水排水，2023，49 (3): 65-69.

[5] 陈艳红. 化学合成制药废水处理难点及对策 [J]. 清洗世界，2024，40 (1): 52-54.

[6] 郑丽辉. 制药生产废水处理工程设计及实践 [J]. 中国环保产业，2023 (5): 43-46.

[7] 杨珊华，陈施行. 项目制提质增效的逻辑与国药实践 [J]. 新理财（政府理财），2024 (1): 24-29.

国药威奇达青霉素 105 车间智能化升级提质增效实践

苗瑞春　刘　凡　刘建军　杨海宏　常　华　胡万鹏　张世星*

一、引言

近年来，随着以互联网、大数据、人工智能为代表的新一代信息技术与传统行业的加速融合，新一轮科技革命和产业变革正在兴起，人工智能技术的推广应用，推动着公司的数字化和智能化变革。国药集团威奇达药业有限公司（以下简称"国药威奇达"）根据中国医药集团有限公司提质增效工作部署，以项目制提质增效为抓手，通过应用人工智能技术，实现自动化控制、生产线无人操控和智能生产，有效发挥出智能制造的效果和作用，为企业经营实现精准、高效、提质、增效目标提供了强有力的技术保障，实现了产业链现代化、智能化发展，同时促进经营效益的增长和发展质量的有效提升，为公司高质量发展赋能助力。

二、项目背景

2021 年，工业和信息化部等八部门联合对外发布《"十四五"智能制造发展规划》，明确提出智能制造是制造强国建设的主攻方向，其发展程度直接关乎我国制造业质量水平。发展智能制造对于巩固实体经济根基、建设现代产业体系、实现新型工业化具有重要作用。当前，我国已转向高质量发展阶段，正处于转变发展方式、优化经济结构、转换增长动力的攻关期，但制造业供给与市场需求适配性不高、产业链供应链稳定面临挑战、资源环境要素约束趋紧等问题凸显。站在新一轮科技革命和产业变革与我国加快高质量发展的历史性交汇点，要坚定不移地以智能制造为主攻方向，推动产业技术变革和优化升级，推动制造业产业模式和企业形态根本性转变，以"鼎新"带动"革故"，提高质量、效率效益，减少资源能源消耗，畅通产业链供应链，助力碳达峰碳中和，促进我国制造业迈向全球价值链中高端。

国药威奇达作为国药集团化学制药抗感染板块体量最大的工业企业，根据"十四五"

---

* 作者简介：苗瑞春，国药集团威奇达药业有限公司总经理；刘凡，国药集团威奇达药业有限公司财务总监、首席合规官（兼）；刘建军，国药集团威奇达药业有限公司青霉素事业部 105 车间主任助理；杨海宏，国药集团威奇达药业有限公司青霉素事业部的 105 车间维修工；常华，国药集团威奇达药业有限公司总工程师、研究中心总经理（兼）；胡万鹏，国药集团威奇达药业有限公司财务管理中心经理助理；张世星，国药集团威奇达药业有限公司生产技术部技术改进管理专员。

规划中提出的"统筹规划、分步推进、全面应用、互联共享"原则,有序开展公司智能化、数字化提升工作,通过构建"车间+工厂+供应链"智能制造系统,开展多场景、全链条、多层次应用推广,促进数字化和工业化深度融合,加快数字强企、智慧强企的步伐,推进公司向新型工业化转型发展。

青霉素105车间是国药威奇达生产青霉素中间体的综合性车间,主要产品有6-APA(6-氨基青霉烷酸)、青霉素G钾工业盐等;作为公司核心产品之一,6-APA年产量达9,000吨,出口量居全球前三位,2023年收入占公司总收入25.60%。该产品的高效率自动化全线运行,对公司智能制造转型发展起到决定性的作用。

三、项目实施目标与思路

(一)组建团队,全员全方位推进工作

国药威奇达积极贯彻落实国药集团提质增效专项工作要求,按照"项目制、可量化、可考核"原则,成立了智能制造转型实践项目提质增效团队,由公司领导班子担任成员,组员覆盖信息、生产、车间、设备等部门,全面组织提质增效专项活动的有序开展,提高公司生产运营规范化、标准化、精细化管理水平。

(二)项目实施目标

项目通过实现6-APA生产线智能制造转型,实现"提升管理、智能制造、稳步增效"的目标,预计每年可产生超2,000万元的直接经济效益。

(三)项目实施思路

制药生产大部分属于多批次、小批量的间歇生产,产品更新换代快,需要不断研发新配方,生产流程和设备通用性强,对数据的完整性和可追溯性要求高,因此也带来一些难点:排产难,订单延误、漏单经常发生,生产进度不透明,给业务和跟单带来诸多不变;原料种类多,管理难;人工操作多,质量把控难;过程复杂,数据追溯难。因此实现工厂生产过程智能化控制与规范化管理、扩大生产规模、提高产品质量、降低生产成本是化工制药行业在新时代的快速发展中需要重点考虑的问题。目前智能化控制系统在化学合成制药、企业采购、仓储管理及洁净区、净化空调系统等方面均有一定的应用。

1. 智能化控制系统在制药工艺中的应用

在药品生产过程中,需添加的原辅料用量和比例非常严谨细致;工艺过程复杂,工艺路线较长,而危险化工工艺还须配备独立的检测仪表(如温度计、压力变送器)。在化工制药发展前期,基本上由员工在现场手动调节各项参数,对工作过程影响较大。记录或调节参数一般按照周期进行,没有趋势可查。

目前,化工制药企业中的自控系统基本由PLC、DCS、FCS组成,其中DCS系统在化工制药企业应用最多,作用也很明显。DCS系统的合理运用,可以使物料计量更精确,温度、压力控制更稳定、提高产品质量、反应收率等,同时还能优化工艺生产流程、使间歇工艺变为连续工艺、提高生产效率。

2. 智能化控制系统在制药企业采购、仓储管理中的应用

企业在存放货物时大部分原材料被统一存放在固定的场所当中。而在货物的转移过程

中，每个库房的环节连接的主要是通过纸面单据完成，单据上的空格需要人工填写，再逐条对数据进行录入，工作量巨大，很容易在工作过程中出现人为失误。目前使用的方式方法是局域网，借助条形码、二维码和标签进行扫描，工作人员只需要利用扫描仪器对条形码进行扫描即可获得相应的数据和信息，这种方法会使数据更加精准，业务也更方便，减少人工操作。工作人员只需要利用手持终端设备对条形码进行扫描，就能完成物料的接收和转移。

3. 智能化控制系统在制药企业洁净区、净化空调系统中的应用

药品对于储存方式要求很高，要求储存空间干净干燥，需要净化空调系统，空调系统需要符合空气净化级别、确保级别符合参数和标准。在没有自动化控制系统时，主要采取周期性监测，但监测工作和控制工作是分离的。而自控化控制系统可以将在线检测和现场控制装置有效结合起来。通过 DCS 自控系统可以实现门禁系统控制功能，减少尘埃对洁净度的影响；能更好地控制压差，通过差压变送器和 DCS 系统，按照工艺要求对正压与负压状态进行调节控制；同时也能更好的实现温度、湿度的控制。

4. 智能化控制系统在制药设备中的运用

化工制药的工作开展，依赖于多种不同工艺设备的支持，依靠相关设备的运用，实现化工制药生产的连续运转。要实现生产自动化，也就需要实现设备的自动化控制，让设备之间相互衔接，自动运转。这就可以将 PLC 自动控制系统，运用到制药设备当中，控制设备自动运转。

四、项目实施过程

（一）现状及问题描述

6－APA 生产工艺主要分为液体提纯和精烘包装两大步骤，具体可分为提取、抽提、水解、结晶分离、干燥、包装 6 个主要工序，配套 4 个回收处理工序，多种危险原辅料（硫酸、氨水、液碱等）的配制，以及 25 台罐连续进料反应。整个生产线是公司单线产量最大、工序多、工艺操作复杂、劳动强度大、员工居多的生产线。

青霉素 105 车间智能化转型升级过程中，把提质增效作为最终目标，把精益思想作为指导原则，运用精益管理工具对 6－APA 产品的实物流、信息流和工艺流进行详细调研，绘制了工序流程图、价值流图等，识别出了四大现状问题。

（1）配制操作不精准：在高度依赖人工操作的过程中，配制操作的不精准性是普遍存在的问题。在这种情况下，配制过程几乎完全依赖于操作人员的技能和经验。由于每个操作人员的熟练程度、注意力集中程度以及其他个人因素的不同，在手动调整阀门时会表现出明显的差异。这些差异体现在调整精度和时间上，直接导致最终配制结果的波动，容易影响产品质量，甚至可能影响整个生产线的效率和产量。

（2）调整控制不及时：样品检测时间长、送样距离远，造成不能及时控制物料及动力的使用，存在能源浪费。在生产过程中，调整和控制流程的及时性是保证效率和降低成本的关键因素。样品检测时间过长，会造成一系列的连锁反应。因为检测过程缓慢，从采集样品到获得检测结果的整个周期会被不必要地拉长，导致无法快速对生产过程中出现的问

题作出反应，不能实时调整生产参数以确保产品质量和生产效率。同时，远距离运输不仅耗费时间，还可能需要额外的人力成本支出。在等待样品送达和检测结果出来的过程中，生产线可能需要继续运行，这就意味着在等待必要的反馈信息时，物料和能源的使用可能无法得到最优控制。这种低效的运转模式可能导致过量或不必要的资源消耗，造成能源浪费，增加生产成本。

（3）工序交接不流畅：在生产过程中，工序之间的顺畅交接对于保证整体效率和生产流程的连续性至关重要。如果工序交接不流畅，就会产生一系列的问题。具体来说，当工序之间的交接依赖于岗位人员面对面进行沟通和协调时，往往会导致效率低下和时间延误。由于需要人员之间直接交流，意味着每道工序的结束和下一道工序的开始都要等待人员到位和准备，如果这个时间过长，就会成为生产效率的瓶颈。人员交接还可能因为沟通不畅、信息传递不准确或者理解偏差等问题，导致生产错误或者返工，进一步影响生产进度和质量。而且，当面交接还可能导致生产线上出现拥堵，因为人员可能需要在各个工序之间来回移动，占用生产现场空间，影响其他工序的开展。

（4）人员作业不高效：在当前的生产环境中，人员作业效率高低直接关系到生产线的整体运营效能。当操作流程、巡检监控、产品取样等关键工作过度依赖人工执行时，往往会出现效率低下的问题。车间需要维持一个庞大的员工队伍来满足生产需求，不仅增加了人力成本，而且导致人均日产量低迷。员工劳动效率不高，意味着每个人每天能为企业创造的价值有限，对企业构成较大负担。

过度依赖人工操作往往会导致生产过程中的不一致性。由于每个员工的技能水平、经验和工作态度有所不同，手工操作的结果可能会有较大波动，影响产品质量和生产的可靠性。此外，手动操作通常比自动化过程更耗时，且容易受到人为错误的影响，导致生产效率降低和可能的生产延误。操作、巡检、取样等工作依赖人工，人员基数大，人均日产量低，劳效不高。

（二）制定项目规划方案

项目组针对识别出来的问题分析原因，找出问题的关键点，制定了 6-APA 生产过程需实现精准、连续、敏捷、高效四大目标，即：配比精准、工艺精准、控制精准；信息连续、交接连续、运行连续；检测敏捷、反馈敏捷、调整敏捷；人员高效、设备高效、管理高效。为实现这一目标，项目组制定了 6-APA 生产线自动化转型规划，详细制定了转型实施步骤。

第一步，完成 6-APA 生产线实现各岗位手动控制转变为自动化控制，原有 PLC 与自动化完成有效衔接，具备集中控制自动，实现数据集中监控，自动控制功能。

第二步，实现 DCS 与 PLC 深度整合，进一步提高连续流程自动化程度，对生产过程进行实时监控和智能优化实现整条生产线数字化柔性生产。

第三步，实现"智能车间"目标，优化和重组人员结构，结合大数据和人工智能等技术，实现 6-APA 生产线无人操控、智能生产。

（三）规划方案的实施

项目组将车间自动化转型规划分为液体提纯工序和精烘包装工序两部分分别设计，主要从以下几个方面实施自动化改造。

1. 实现两大生产工序自动控制

液体提纯工序自动化改造前，需要通过口述、电话等方式通知前后工序手动启停设备，实现物料的转移控制；工序间存在较大的缓冲量，工序运行时间长。通过自动化程序自动控制物料流向使生产流程衔接更顺畅，物料流向更迅捷。通过设定程序精准控制，自动根据物料存储量进行流量 pH 等过程参数及时、快速稳定控制完成动态调整和优化。通过自动化仪表设备自动完成数据跟踪和反馈调节，实现目标温度等参数的精准控制，有效节约多余动力能源。实现大部分生产流程无人化，流程交接过程不需要岗位人员频繁沟通，通过自动控制有效降低过程物料存储量。将人员选择控制转化为程序自动控制后，程序根据生产需求自动启停和分配运行设备有效降低电能使用。

自动化程序柔性调节生产进度，通过对运行体系分析，根据物料存储量等情况设定程序，自动、实时进行工艺过程参数的动态调整和精准控制；同时根据生产需求自动启停和分配运行设备将原有的分步骤、人工手动控制运行体系，转变为以 DCS 控制系统为基础，数据集中监控，自动控制的运行体系。改造后该工序缓冲量减少 50%，工序总时长缩短了 30 分钟。

精烘包装工序以人工作业为主，存在频繁的搬运、走动、弯腰、下蹲等作业姿势，导致劳动强度高和身体负荷大等。通过调整工序布局，优化作业台设计，与设备厂家共同改进设备方案，通过行业成套智能制造设备替代人工操作，实现快速、实时、准确、高效的 6-APA 产品包装生产方式。通过增加物料密闭输送系统有效减少员工投料出料过程的人员搬运和体力劳动量。通过密闭沸腾床设备替代原双锥真空干燥工艺有效提升干燥效率，节约干燥时间，对产品质量有较大的有益影响。通过增加气流混料机扩大成品批单批批量，降低 QC 成品检验次数，节约检验费用。使用自动包装设备替代成品人工分装和码垛流程，有效降低员工体力劳动工作量，避免人员操作误差，有益于降低产品异物进入风险。

2. 实现危险原辅料自动配制

自动化改造前，危险原辅料溶液配置、液体输送等均由人工操作阀门控制，存在人员工作量大、劳动强度高、配制精度差、接触到酸、碱等危化品一系列问题。

生产线通过增加在线自控仪表设备，连接 DCS 系统自动控制，硫酸、液碱、氨水、碳酸盐等危险原辅料溶液采取自动定量配制方式，实现了精准的过程控制，避免了原辅料浪费，通过精准控制实现配置过程无人化，有效减少员工接触操作酸碱等危化品的次数提高了本质安全程度。实现配置结果精准化，按照设定参数定量配制后，配置溶液浓度保持均一稳定，有利于生产控制稳定。结果准确化不在需要员工频繁取样送检和化验。温度、压力、流量、液位实现历史趋势记录曲线便于分析和实时进行过程控制优化。改造后，每班手动操作阀门的次数由 8,858 次下降至 332 次。

3. 实现检验数据在线检测

将车间在线 pH、流量、液位、压力、温度等数据实时传输至中控室进行数据集中处理和监控，通过连锁控制保正物料流程顺畅。

在线浊度检测：使用在线浊度指标替代人工手工取样判断过滤澄清度。

结晶视觉检测：使用在线摄像视镜对结晶过程进行图像采集、数据分析和自动控制，检测系统在结晶反应溶液达到结晶状态的两分钟内，准确检测出结晶状态，代替人工目视检测。

在线效价检测：利用在线视觉检测技术对过程效价指标进行模型建立和自动识别，实时分析效价数据以帮助 DCS 调整过程参数指标。

通过自动检测数据集中处理和智能在线监测应用有效减少化验室相关工作量。改造后，样品数、每日送样次数、平均送样距离等均有大幅度下降，化验岗位编制由 23 人减少至 8 人。

自动化过程中累计新增更换自控阀门 1,219 台；新增自控仪表 2,286 台；更换密闭沸腾床设备、气流混料机、包装自动化机组等主要精烘包装设备及一系列配套设备 20 余台，实现了生产过程实时监控和工序控制的连续自动化。

五、项目实施成效

（一）经济效益

2023 年，作为青霉素 105 智能化车间提质增效重要举措之一，车间旧系统整合升级改造项目取得收益 33.5 万元。青霉素 105 智能化全线运行后，6－APA 生产供应周期缩短了 13%；人均劳动效率提升 122.77%，每年持续可节约人工成本超 1,500 万元；水、电、汽等动力成本下降，每年可节约能源费用超 400 万元。从 2024 年开始，每年可产生超 2,000 万元的直接经济效益。

（二）质量效益

6－APA 产品总杂降低 40.5%，透光度提高 0.66 个百分点，产品质量提升后，对提高品牌价值、扩大市场占用率、促进销售增长起到了积极作用。

（三）安全效益

自动化运行后，酸碱等溶液通过自控阀门和 DCS 系统实现自动输送，大幅减少人员接触危化品概率，车间本质安全得到提高，现场环境也有所改善；在薪酬福利普遍提升的情况下，员工劳动强度大幅减轻、职业伤害风险大幅降低，员工满意度不断提升，充分体现了国药威奇达作为国有企业的责任和担当。

（四）成果推广

经过该项目的实施，车间生产自动化、智能化水平得到大幅提升，公司进一步借鉴该项目经验，实施了"智能仓储"项目，与仓库智能软件信息系统统一管理、调度和优化，形成"动态储存"、无人值守的现代化立体库房，入选了国家工信部等五部委联合发布的 2023 年度智能制造优秀场景名单。

通过推动车间在质量控制、精益生产、设备管理、服务保障等方面与数字化、信息化的融合发展，生产设备智能化水平有明显提高。以 ERP 系统为中心，实现与库房 WMS 系统、采购 SRM 系统对接，满足业务、数据共享，推动信息技术与经营管理深度融合，为公司全面开展数字赋能转型发展奠定了坚实基础。

六、总结与展望

在车间现有自动化的基础上,全面推进工业化、信息化、智能化车间建设,彻底改变车间工作模式,提高车间人员工作效率,其基础是全车间生产工序的全流程自动化,关键是智能监测仪表的准确应用,核心是智能 APC 控制、数字孪生技术及 MES 管理系统的广泛使用,从智慧感知到智慧控制最后升级为智慧管理,并结合对车间控制系统整合通讯,目标是把 105 车间打造成为智慧型示范车间。

国药威奇达将持续有序开展智能化提升工作,加快智慧强企的步伐,促进数字化和工业化深度融合,进一步推进公司新型工业化转型发展。完成 7 - ACA、6 - APA、克拉维酸等主要生产线的自动化、智能化改造,使得主要产品产能进一步释放,简单、重复、重体力劳动进一步减少,岗位编制进一步优化,工作环境进一步改善。继续加大开发人力资源、设备管理、采购管理系统力度;以 ERP 系统为中心,实现与库房 WMS 系统、采购 SRM 系统对接,满足业务、数据共享。推动信息技术与经营管理深度融合,建立汽车衡无人值守称重系统,进一步降低人工成本,公司供应链方面的采供、仓储、物流体系数字化管理水平将大幅提升。实施安全双重预防数字化等试点项目,增强安全生产的感知、监测、预警、处置和评估能力,为公司全面开展数字赋能发展奠定坚实基础。

主要参考文献

[1] 管同,张大庆. 我国青霉素工业初建的困境与成就 [J]. 医学与哲学,2021,42(13):67 - 72.

[2] 陈建楠,李红,陈由强,等. HPLC 快速测定红曲中的桔青霉素含量 [J]. 福建师范大学学报(自然科学版),2020,36(5):30 - 36.

[3] 岳志鹏,黄彩平,张菡,等. 二氧化钛纳米管光催化降解苹果汁中展青霉素的工艺优化 [J]. 食品工业科技,2020,41(17):212 - 218.

注射用甲泼尼龙琥珀酸钠（米乐松）精益管理实践探索

张俊波　戴　树　孙小院　张启明　成维康*

一、引言

国药集团容生制药有限公司（以下简称"国药容生"）位于河南省武陟县城，始建于1970年，前身为天津药业焦作有限公司，是国药集团上海现代制药股份有限公司全资子公司。公司自2019年开始全面推进精益管理，提质增效、降本增效工作取得了初步成效。近年来，以带量采购为突破口的医改持续深入推进，给药品生产企业带来巨大影响。公司注射用甲泼尼龙琥珀酸钠通过一致性评价并在国采中中标后，产品利润空间被严重压缩。为解决这一问题，公司决定开展注射用甲泼尼龙琥珀酸钠提质增效专项工作。

二、项目背景

国药容生是集药品研发、生产、营销、医药物流为一体的现代化综合性制药企业，是国家级高新技术企业，拥有东、西两个厂区，占地面积15.5万平方米。公司拥有国家药品批准文号183个，其中进入医保目录138个品规，基本药物65个品规。米乐松是国药容生的大品种，该产品为集疗效与安全性的糖皮质激素类药物，起效速度快，水钠潴留作用弱、对HPA轴抑制作用弱，副作用小。公司于2003年8月获得米乐松批准文号，2017年12月启动米乐松处方工艺变更与一致性评价工作，2021年4月通过仿制药质量和疗效一致性评价，同时变更处方工艺。

米乐松为糖皮质激素类药物的临床一线用药，经过公司多年的市场耕耘，2022年该产品市场占有率为35.41%（数据来源：米内网），成为国产注射用甲泼尼龙琥珀酸钠第一品牌。2021—2022年该产品收入分别占公司整体销售收入的24.86%和30.88%。

随着医改持续深入推进，国家、省际联盟、省级带量采购常态化、制度化开展。这一政策的实施给药品生产企业带来巨大影响，为保有市场份额及保障公司的可持续发展，公司积极响应国家集采政策，通过对6家竞品企业近几年的产能、成本、招标价格、市场表

---

* 作者简介：张俊波，国药集团容生制药有限公司总经理；戴树，国药集团容生制药有限公司财务总监；孙小院，国药集团容生制药有限公司生产副总监；张启明，国药集团容生制药有限公司冻干制剂车间主任；成维康，国药集团容生制药有限公司精益办公室员工。

现、竞品当地用工成本、能源成本等因素进行分析，完成了注射用甲泼尼龙琥珀酸钠的投标策略分析。最终公司在 2022 年 7 月国家集采中 40 毫克以 5.18 元/支第二顺位中标，首年报量 1,103 万支。国采中标后该产品销售价格降低了 69.97%，但生产成本在通过一致性评价后较之前增加了 35.94%。销售价格的锐减和生产成本的激增造成该产品利润空间被严重压缩。

三、项目目标与总体思路

国药容生积极贯彻落实国资委高质量发展战略，以精益成本管理为指导，按照"项目制、可量化、可考核"总要求，建立提质增效长效机制，从产品原辅包的采购、工艺、消耗、运输等方面控制产品全供应链成本，以实现降本增效、提质增效，从而提高产品在市场上的竞争力。

（一）建立米乐松提质增效小组，全方面推进工作

国药容生成立了米乐松提质增效领导小组、工作小组，由公司领导班子担任领导小组成员，组员涵盖研发、生产、采购、财务、质量、设备、仓储等部门，由上至下确保全员、全过程、全方位开展米乐松降本增效、提质增效工作。

（二）定目标、建立考核激励机制，推动项目顺利开展

项目小组通过对产品全供应链价值流进行分析得出：通过变更原辅料及包材、提高生产批量降低生产成本；通过优化生产工艺、缩短生产周期提高产量；通过提高设备自动化水平、减少人工投入等为公司带来新的利润增长点。经测算，预计可取得年收益约 900 万元。

目标制定完成后，工作小组以"项目制、可量化、可考核"为总要求对目标进行层层分解并实行目标量化管理，结合精益管理大课题的形式，设置优秀项目进行激励，同时将项目目标纳入部门绩效考核管理体系中，全面促进米乐松提质增效项目的达成。

（三）以降本增效、提质增效为导向，解决难点痛点

一致性评价工艺后工艺发生改变，低产能、高成本成了该产品的主要难点痛点。为解决这一问题，国药容生从采购、关键工序、成本、销售等多方面入手，实施一系列改善，成功实现了米乐松开源节流、降本增效、提质增效工作。

四、项目实施举措

通过组建多支跨部门攻关团队，运用价值流程图、头脑风暴法等精益管理工具，从原辅包采购阶段到产品交付的全供应链条，以及精益采购成本管理、精益生产成本管理多方面对米乐松全生命周期中存在的问题进行系统性梳理，并对改善进行系统规划及推进，确保达成目标。

（一）绘制全供应链流程图，挖掘问题点

通过绘制米乐松全供应链流程图，组织各部门负责人对产品全寿命周期进行分析、讨论，从产品原辅包采购、工艺、生产、运输、销售等多方位着手，深挖存在的问题点并成立课题进行改善。

（二）开展项目过程管控，注重风险管理

在各项目开始实施前，各项目组运用PDCA循环制定项目推进计划表并对任务目标进行分解，采用项目管理方法进行动态管理，明确各任务时间节点，通过周次、月次推进会跟进项目，建立变更机制、激励表彰机制，有效保障项目顺利进行。同时建立风险预警机制，合理运用风险管控工具，避免风险事件对项目整体计划造成影响。

（三）制定改善方案，项目稳步推进

1. 降低注射用甲泼尼龙琥珀酸钠采购成本

由采购供应部、质量保证部、技术研发部等部门成立降低采购成本攻关小组，通过市场调研、原辅包供应商筛选及审计，新增原料及包材供应商，引入供应商竞争机制，降低采购成本1,000余万元（以2022年产量计算），同时也消除了无替代供应商、供应链单一的局面，降低了国际局势等因素对稳定生产的影响。

2. 降低注射用甲泼尼龙琥珀酸钠生产成本

由冻干粉针剂车间为主导，设备科、公用系统车间配合，对整个生产环节进行全面分析并将目标分解至各工序。通过改善药液管道坡度、调整进瓶转盘水平度减少灌装机停机次数；通过更换陶瓷泵管道硅胶管、制定加塞高度、制定《灌装岗位标准作业指导书》等提高产品收率；通过制作灭菌时的专用架减少滤芯异常损耗；通过寻求新的供应商、减少无菌衣灭菌后破损、制定隔离手套使用方法等降低五金消耗；通过修订车间相关管理制度、合理调配风机运行模式降低生产用电；通过引进全自动包装机联动机组和灯检机，提高设备自动化水平，降低人工成本。

3. 降低外包材成本和运输成本

2023年3月，为降低外包材成本，公司将20毫克、40毫克米乐松包装所使用的纸盒、纸箱规格由大盒、大箱改成小盒、小箱，新包装将药支直接入盒，减去了塑托成本。改变包装规格年预计节约24.6万元。改变纸箱规格后，装车件数也发生了改变。以9.4米长的货车将药品运送至南京为例：在物流运输费1万元不变的前提下，装车件数由1,500件/车增加到2300件/车，每车发货量增加了53.33%；每件运输费由6.67元降至4.35元，运输费用降低了34.78%。提高了运输效率，降低了物流成本。

4. 工艺优化

米乐松过评后，冻干工艺平均冻干周期32小时，时间较长。通过对冻干工艺小试、分析、论证，将冻干周期固定为30小时，预计年可节约用电8.9万元。在进行价值流分析时发现环境灭菌需停产1天，对车间产能影响较大，通过回顾检测数据进行可行性分析，将环境灭菌周期由每周1次变为两周1次，每月生产天数增加2天；同时增加排产量，调整后月产量提高了24.4%，保证了市场供应。一致性评价胶塞干燥工艺时间长、能耗高。通过变更胶塞干燥工艺，干燥时间每天减少4小时，空调机组提前2小时由满负荷运行状态转为值班状态，年节约用电8.4万元。为增加产品市场竞争力，2022年4月产品有效期由12个月变更为18个月，2022年11月又延长至24个月。

5. 拓市场保增量

集采前公司该产品市场占比高达30%左右，仅低于原研甲强龙。集采后5家中选，公

司仅分得20%左右的市场，市场份额大幅下滑。经过全面市场分析，公司制定了一系列销售对策：（1）针对标内市场（集采中选地区），公司强化学术推广、市场分析、市场服务力度，及时分析流向；（2）督促代理商提升市场覆盖率，保障标内市场销量增长；（3）针对标外市场（集采非中选地区），一方面以高空间抢夺标内市场份额，另一方面引导代理商大力布局民营医疗机构及三终端（诊所）市场，同时大力布局独家规格20毫克市场，重点突击儿科领域，以空间优势抢夺非中标区域等级医院市场份额；（4）持续强化国际化市场开拓力度，保障阿尔及利亚市场稳定的基础上，大力布局米乐松海外市场注册及销售。

五、实施成效

通过一系列提质增效措施的出台，经公司全体员工努力，2022年米乐松产量同比提高46.28%，成本同比降低20%，销量同比提高24.71%。经统计，2022年度已产生超950万元的直接经济效益，社会效益与品牌效益明显，且具有可持续性。

当前，企业面临的市场形势依然错综复杂，有利条件和不利因素并存。在严控费、降药价政策背景下，公司米乐松始终坚持"降本增效、提质增效、创收增效"的发展理念，坚定不移的坚持成本领先战略，在日趋激烈的市场竞争中占有一席之地，培育了企业的核心竞争力。下一步公司将在成本低减方面继续深入，持续完成原料成本低减、批量变更、变更滤芯厂家、设备自动化等工作；同时进一步优化产品工艺，利用数据进行分析、评估，提高产品质量，持续推进产品质量的升级，为下一轮集采竞标提供强有力的保证，推动公司高质量发展。

主要参考文献

［1］王迎春，王雷，姜彤. 基于精益供应链供应商产品质量可追溯管理研究［J］. 组合机床与自动化加工技术，2018（10）：147-150.

［2］雍伟哲. 中华医学会肾脏病学分会发布《糖皮质激素治疗肾脏疾病专家共识》第一版［J］. 中华医学信息导报，2009，24（1）：5.

［3］王越，文小桐，段凤然，刘雨欣，毛宗福. 集采政策对制药企业在公立医疗机构药品销售的影响——以首批国家集采药品为例［J］. 中国医疗保险，2023（9）：106-112.

［4］国家组织药品联合采购办公室. 关于发布《全国药品集中采购文件（GY-YD 2022-1)》的公告国联采字〔2022〕1号［EB］. 2022-06-20.

［5］马少波. 全自动包装码垛机组的一体化高效作用［J］. 盐业与化工，2014，43（10）：43-44.

［6］金建闻，党明安，谢芝丽. 河南省药品GMP认证缺陷分析及新修订《药品管理法》实施后的建议［J］. 中国药学杂志，2021，56（2）：162-166.

稳抓关键工序　提升生产效率

周雅泉　曾昭君*

一、引言

随着配方颗粒试点结束，国家标准出台等因素给配方颗粒制药企业带来了巨大的压力。人工成本方面，随着经济发展劳动力成本逐年上升，制药业企业的人工成本压力逐渐加大，影响到企业的盈利能力。技术创新方面，制药企业在技术创新方面与国际先进水平仍存在一定差距，部分企业缺乏核心竞争力。

在应对复杂多变的经营挑战时，企业必须对内部生产管理和创新提出更高标准，而引入精益管理则是解决当前制药企业内部管理问题的有效策略。精益管理有助于企业提高生产效率、提升产品质量、增强企业竞争力、促进员工积极参与以及实现企业战略目标，助力企业在激烈的市场竞争中保持优势。

公司以打造一流企业为战略目标，要实现这样的目标，需要从技术到管理的全面创新和发展，需要探索符合企业发展的管理新模式，其中，应用精益管理工具可以实现提质增效。公司从 2019 年开始引入精益管理理念，通过快速切换、TPM、标准化作业等精益管理工具应用与实践，形成了全员精益理念和思维，实现了提质增效的目标。

（一）**快速切换的精细化管理**

快速切换的精细化管理，就是从上一个生产品种生产结束到下一个生产品种的切换，将其切换步骤分解，并通过图文并茂的方式建立浓缩器 SMED 快速切换手册，明确清场操作步骤，固化清场操作时间与标准，减少时间浪费和步骤浪费，提高浓缩清场效率。

（二）**TPM 精细化管理**

TPM 精细化管理是一种以设备为中心的全员参与的生产维护管理方法，目的是最大限度地提高设备的生产效率和可靠性，降低设备维护成本和停机时间。在 TPM 实施中，设备管理分为预防性维护、自主维护、计划性维护、故障维修和改善管理等几个阶段。预防性维护主要是通过定期的保养和检查，提前发现设备的问题，并采取措施避免设备故障。自主维护是通过员工的参与，对设备进行日常保养和维护，提高对于设备的了解和掌握能

---

* 作者简介：周雅泉，广东一方制药有限公司生产中心生产部提取车间主管；曾昭君，广东一方制药有限公司生产中心总监。

力。计划性维护是按照设备维护计划和标准作业流程，对设备进行定期的维护和检查。故障维修是针对设备出现故障时的维修和处理。改善管理是通过对设备的改进和优化，提高设备的生产效率。

（三）标准化作业的精益化管理

标准化作业的精益化管理，就是要对作业活动进行细致的精准化设计，通过对以人为主体的工序详细研究，科学合理地布置和安排作业人员、作业工具以及作业对象，使得工序结构合理，减轻劳动强度，减少工时消耗，提高产品质量和生产效率。

二、案例背景

根据广东一方制药有限公司（以下简称"一方制药"）"十四五"规划，公司明确了持续开展提质增效工作的战略重要性。由公司财务中心牵头组织，以项目制方式深入开展提质增效工作，创造了显著的经济效益，提升了经营效率和管理水平，推动了公司经营指标达成及持续高质量发展。

一方制药隶属于国药集团中国中药控股有限公司，1992年由广东省中医药工程技术研究院创办，是国家"中药饮片剂型改革生产基地"和国家"中药配方颗粒试点生产企业"，一方制药依托研究院和广东省第二中医院的强大科研和临床支持，研究生产了700余味产品，建立了中药配方颗粒特征图谱质量控制标准，开展了中药谱效学研究、等量性与等效性研究等科研工作。作为中配配方颗粒生产的先驱与领导者，为打造研产一体的一流企业，公司守正创新，积极探索中药配方颗粒低耗、高效、高质、高智的生产模式，从而推动中药配方颗粒向高质量发展。

公司创办30年来始终在传承中寻求创新，在发展中追求突破，尤其在国家公布中药配方颗粒执行国家标准后，更是率先承担起国家标准研究的重大任务。为了能够深入执行国家标准，确保中药配方颗粒的安全性、有效性、均一性、稳定性，减少因设备差异导致的产品质量波动，提取车间自2022年起逐步引进热泵双效浓缩器的生产设备。该设备的优势是较普通双效浓缩器效率更高、节约蒸汽40%左右、温度低适合热敏性物料稳定性高，尤其配合高真空的喷雾强制式冷凝器、强制循环泵和三管程设计的情况下防垢能力很强，具有长期高效率生产的能力等特点。通过优化升级浓缩设备降低蒸汽能耗、提升浓缩生产效率，从而实现提质增效。

三、项目实施目标与思路

（一）项目选定

中药配方颗粒生产流程包括中药材炮制加工、提取、浓缩、喷雾干燥、混合制粒、包装六大工序。其中，浓缩工段是除去药液中大部分水份，以便后续干燥、制剂，具有低温蒸发水分、保护药物成分、工序能耗最多的特点，也是提取—浓缩—喷雾干燥生产工序链的生产瓶颈工序。针对提升浓缩生产效率项目，公司于2023年1月组织生产、设备部门成立提质增效项攻关小组。

（二）问题与现状

1. 对生产数据统计，得出产线平衡率约89.40%，平衡损失率10.60%，而产线平衡

<95%说明存在一定改善空间。

2. 浓缩设备的年平均效率约为 1,500 升/小时，最高达 1,679.0 升/小时，最低仅为 1,199.0 升/小时，两者相差接近 30%，同时浓缩器理论效率最高可达 2,500 升/小时，可见浓缩生产效率还有较大提升空间。

确定浓缩工序为提取物生产过程中的瓶颈工序后，为提升产线平衡率、缩短生产周期、提升产品交付及时率，车间成立改善小组进行提质增效专项改善。小组成员均为自生产中心、设备动力部经验丰富的老员工，对车间设备结构、生产工艺等十分熟悉。

（三）目标设定

以确保产品质量为基础，利用排列图对设备浓缩器升温耗时长、浓缩器真空度低的异常情况进行统计，利用精益工具 SMED 对清场流程进行分析，通过 TPM 自主保全基准书来降低设备的异常发生频次，缩减故障用时、通过设备的升级及设备改造的手段等方法，将浓缩器的生产效率由原来 1,500 升/小时提升至 1,800 升/小时的提质增效的改善目标。浓缩生产效率基准数据来自 2022 年生产日报表（浓缩生产效率＝浓缩生产量/设备运行时间），公司药液浓缩温度一般在 60—70 摄氏度，因此目标具有一定理论依据，同时历史浓缩效率最高曾达到过 1,800.0 升/小时，说明目标可行。

小组设定项目经济效益目标为 55.7 万元，经济效益目标计算方式为：［生产量/（改善目标 − 改善基准）× 设备功率 × 电费单价］+［（实际蒸发量/去年平均效率 − 实际蒸发量/今年平均效率 + 清场次数 ×（去年平均清场工时 − 今年平均清场工时）× 单位人工成本］+［（实际蒸发量/去年平均效率 − 实际蒸发量/今年平均效率）× 单位加工蒸汽量 × 换汽率 × 气价］。

（四）要点因素剖析

利用"5Why 法"和"5M1E"6 个方面的要点因素进行根因分析，认为攻克以下关键要因，对目标达成具有较大意义。

四、项目实施过程

（一）清洁流程不完善的提升方案

对浓缩设备的清洁流程进行梳理，并根据清场流程识别清洁过程中的多余动作，利用 ECRS 原则进行取消、合并、重排、简化。重新进行优化清洁流程和改进清洗工具，并通过图文并茂的方式建立浓缩器 SMED 快速切换手册，明确清场操作步骤，固化清场操作时间与标准，减少时间浪费和步骤浪费，提高浓缩清场效率。

（二）现有真空泵功率低改进措施

车间使用真空泵功率 5.5 千瓦，是一台真空泵同时为两台浓缩器提供负压，导致每台浓缩器的真空度仅有 −0.7 兆帕左右，而且真空度不稳定，导致浓缩效率难以上升。因此，通过对真空泵设备进行改造，将原来 2 条浓缩线对应 1 台真空泵通过改造优化后为 1 条浓缩线对应 1 台真空泵，确保浓缩过程真空度稳定，改造后生产真空度可稳定在 −0.95 兆帕，有利于提升浓缩器生产效率由原来 1,679.0 升/小时提升至 2,056.8 升/小时。

(三) 维护保养规程不完善提升方案

1. 推行 TPM，细化自主与专业维保内容

与设备部门联合确定，针对浓缩器设备周期性保养的关键部位，制定专业维保基准书，规定其保养的频次与标准，从而确保设备的动力电机、传动部位、电器线路等长期保持稳定状态。同时车间结合员工的技能水平制定了自主维保基准书，明确其清洁标准、日常点检内容、标准状态、打油范围等。自主维保与专业维保的制定，对提升该线的提升设备利用率和减少设备故障率奠定了设备完好的基础，确保设备长期处于健康上阵状态。

2. 把握功能性要求，细化防呆设计

对设备的运行流程进行梳理，并根据生产流程识别生产过程中的多余动作，利用 ECRS 原则进行取消、合并、重排、简化。尤其对不符合动作经济性的的多余按钮、开关、取样口等进行重新设计与规划，与此同时，细化操作程序与检测光电，利用防呆设计中的"断根原理、保险原理、自动原理、报警原理"等，使得设备运行更加自动化与智能化，结合人员在生产过程的监视操作，达到人与设备的有机结合。

(四) 浓缩设备效率差异的改进方法

通过对公司热泵浓缩器和普通双效浓缩器的生产效率、蒸汽能耗，对比发现，热泵双效浓缩的效率比普通双效浓缩器的效率提升 22.6%，蒸发量比较相近的情况下，热泵浓缩器的蒸汽用量比较少，节能效果比较明显。因此，车间将 2 台普通双效浓缩器升级改造为热泵双效浓缩器，在不影响产品的质量的前提下，热泵双效浓缩器是采用低温节能的蒸汽进行浓缩，而且在低温品种浓缩效率有不同幅度提升，产品质量得到保证，并节省蒸汽的单位能耗，到达提质增效的目的。

(五) 板式换热器结垢的改进方法

通过观察浓缩器板式换热器内的流体表面，部分区域的流体表面有明显的颜色变化，拆卸板式换热器进行检查时，发现板间存在明显的积聚物、污垢，导致冷凝水流速过慢、换热效果差，增加升温耗时，严重影响到浓缩器的生产效率。通过完善《2500L 型真空热泵双效浓缩器维护保养标准操作规程》，细化自检自纠内容，并明确板式换热的清洁频次每 2 个月清洗 1 次，能确保板式换热器的冷却换热效果好，因此浓缩器的生产效率有明显的提升。

五、项目实施成效

(一) 瓶颈优化情况

通过本次提质增效项目改善，同品种生产的数据进行对比，发现提取车间产线平衡损失率由改善前的 10.60% 降低至 4.60%，产线平衡超过 95.0%，说明浓缩工序的瓶颈问题得到有效解决。

(二) 目标达成成果

本次项目活动对策实施后，2023 年 7 月至 10 月浓缩生产效率持续提升，平均为 1,988.3 升/小时，对比 2022 年浓缩平均生产效率提升 31.7%，说明对策有效，目标达成。经核算后，本项目改善带来明显的效益，2023 年度节省运行成本约 74.0 万元。

(三) 其他成果

在本次提质增效项目改善过程中，产生了微创新共 15 项，其中测比重取样装置取得

实用新型专利一项。

六、总结与启示

（一）项目主要解决问题

本项目要因对策实施后，浓缩生产效率持续提升，车间举一反三针对提取、浓缩、喷干工序现存的影响产品交期的生产周期、切换周期等指标展开全面分析改进，大幅缩减提取物的生产与切换周期。

（二）为了确保改善成果长效维持，车间对所有改善成果进行标准化

1. 优化《浓缩岗位作业规范》，细化对浓缩器清洁过程中的要点操作。
2. 起草《SMED 快速换模手册》，明确清场操作步骤，固化清场操作时间与标准。
3. 起草《TPM 自主保全基准书》，区分自主维保与专业维保内容，消除设备异常发生源。
4. 完善《2500L 型真空热泵双效浓缩器维护保养标准操作规程》，细化自检自纠内容。
5. 推广挖掘：利用项目成果分享，激励员工在各自岗位复制、挖掘提质增效金点子，优化清场流程，从下至上建立精益体系。传播精益精神，树立"改善无止境"的精益理念。

（三）未来展望——做好提质增效的"三板斧"

1. 建立组织保障机制

公司成立"提质增效专项推进工作组"，由主要领导任组长、其他经营班子为工作组成员，再由财务部门牵头、各业务部门齐抓共管，形成上下贯通、纵横交错的网络化的提质增效管理体系。

每年年初，公司会研究制定《提质增效专项行动方案》，为各部门开展提质增效提供方向和方法指导，明确公司提质增效的重点、难点，对公司提质增效活动开展常态化过程管控。第二年年初再对各子公司的提质增效工作实施专项考核，组织召开全级次专题会议进行工作总结和经验交流，部署下一年度工作任务，形成提质增效工作的闭环管理。

在党委组织下开展"党建＋提质增效"专项行动，找准党建与生产经营工作的切入点，切实把党的政治优势、组织优势和群众工作优势转化为治理优势，推动党建与业务深度融合，形成全面动员、全员参与、全域覆盖的态势。

2. 高效严谨做好项目实施

为了确保年初立项项目顺利实施，公司由财务部牵头，分条线找准管理提升的改进方向，推动专项工作不断下沉，并在项目实施过程中给予充分指导。公司开展提质增效坚持"三现主义"，引入标准化作业、6S 与可视化管理、消除八大浪费等精益管理工具，通过人、机、料、法、环进行要因分析，持续挖掘生产经营管理过程中的价值漏洞，取得显著成效。

3. 打造精益管理文化

要把提质增效专项活动抓出成效、抓出水平，必须将提质增效和精益管理有机结合起来，必须高度重视精益管理工具的使用。同时，必须将精益管理思想传播到生产经营的每个角落，培养员工自发的精益行为习惯，形成企业的精益文化沉淀。而精益文化的建设仅仅依靠领导层的一番热情或是流程制度的制定是远远不够的，最行之有效的办法和途径就是在员工中树立榜样。这种榜样的力量不仅需要企业家、管理者以身作则，尊重科学的精

益管理,同时也需要利用标杆项目、精益优秀人才进行不断的宣传。

（四）感悟与小结

本项目改善亮点包括:一是倡导精益理念,全员参与改善;二是巧妙运用改善工具,逻辑严谨细致;三是贯彻"三现主义",深入刨根究底。不足之处在于:改善过程团队沟通协调能力欠佳;改善过程中的回顾总结不够及时;暂未形成 OPL（One Point Lesson）,员工受训接受度待加强。

为将改善成果有效推广,项目组共享《自主改善工具手册》《微创新案例集》《提质增效优秀案例汇编》等改善成果,将精益成果分享到各产业园生产部门,一起践行精益理念,协同共创生产效益。精益改善没有最好,只有更好,公司将持续营造"学精益、做精益、生产创效益"的改善氛围,为共建企业"持续改善,全员参与"的精益文化,继续踔厉奋发、勇毅前行。

优化生产工艺　提高产品收率
——精益管理工具在提质增效中的应用与实践

涂　艳　文　渊[*]

一、引言

国药集团同济堂（贵州）制药有限公司（以下简称"公司"）隶属于中国医药集团有限公司，是一家集种植、生产、科研、销售为一体的中药企业。公司将传统中药产业与现代化、智能化设备结合，建立了数字化、可视化的先进生产线，经营范围涵盖中药材种苗科研、种植、中药饮片、配方颗粒、中成药、国医馆、中医药大健康等相关领域。公司以打造一流企业为战略目标，要实现这样的目标，需要从技术到管理的全面创新和发展，探索符合企业发展的管理新模式。因此提质增效也成为公司打造一流企业的战略基石和必然选择。

2022 年，公司以提质增效专项工作为契机，设立"优化原生粉工艺、提高产品收率"提质增效项目，目的是提高原生粉的一次粉碎合格率，提升产品收率，减少工作强度。通过项目实施，全员对精益生产理念有了更深层次的理解，一线管理人员将所学的精益知识运用到实际生产中不断改善优化现场生产，也为今后的提质增效积累经验和方法。

二、案例背景

近年来，随着公司提质增效活动的深入开展，公司不断提升精益管理水平，推行适用的精益管理工具和方法，通过运用精益管理工具对原生粉工段流程进行优化。原工艺包括五个生产工序，其中干燥和细粉碎工序耗时及饮片损耗占比较大；饮片在破碎、灭菌后还需再进行干燥处理，不仅工序重复，而且生产周期较长，员工劳动强度比较大、饮片耗损量大。其主要原因是原粉碎工序生产设备内无标准筛，一次粉碎粒度达不到工艺标准，需多次粉碎过筛后才能达到产品要求，多次粉碎需操作员工进行转运投料，费时费力。若能将工艺流程优化为湿热灭菌后直接干燥，既节约干燥设备投资、减少工序劳动强度，又能在保证产品质量的前提下缩短生产周期、提高产品收率。

---

[*] 作者简介：涂艳，国药集团同济堂（贵州）制药有限公司财务副总监兼财务部经理；文渊，国药集团同济堂（贵州）制药有限公司生产部技术主管。

三、项目实施目标与思路

为了保证项目有序开展,公司成立项目推进工作小组。小组组长由厂长担任,负责对公司"提质增效"精神传达、审议车间"提质增效"推进计划并及时跟进项目进度,协调处理项目难点;副组长由车间主任担任,负责"提质增效"数据收集汇总及分析、定期召开"提质增效"会议,解决推进过程的技术难题、收集合理化建议并组织落实,定期对项目总结、评估、上报。主要成员由车间技术主管、骨干组成,负责按计划推进,及时反馈问题及难点,对工艺改进提出合理化建议并实时统计数据。

(一)提高产品收率,缩短生产周期

1. 优化工艺、减少损耗、运用精益生产工具将四个品种的收率在2021年基础上平均提升1%。

2. 以原生产周期为基础,在保证产品质量的前提下,缩短生产周期,提高产品收率,通过减少前端干燥,湿热灭菌后直接干燥,单批次生产周期从总计30小时下降30%,节约干燥成本,减少人员劳动强度。

项目经济效益以2021年原生粉实际收率为基准,经济效益目标=〔(2022年实际收率-2021年实际收率)×2022年预算饮片耗用量〕/2022年实际收率×2022年饮片采购不含税平均价,经济效益目标为(不含税)14.64万元。

(二)成功要素分析

成功要素包括:灭菌柜:取消热风循环箱,蒸汽灭菌柜单独干燥是否满足工艺水分要求?粉碎机:新增水冷式纤维粉碎机,设备性能是否符合生产要求,一次性粉碎粒度能否达到工艺标准?精益化生产工具运用是否提高设备OEE,减少污染源,改善困难部位?人员:操作人员是否对设备掌握,是否熟悉工艺关键控制点?

四、项目实施过程

(一)灭菌设备实施方案

灭菌柜干燥内室温度和夹层压力成正比,温度上升到设定值需要1小时左右,温度在干燥过程中会逐渐往上升,每次干燥上升0.3℃左右,一次干燥用时4分钟,在达温后可以保持3个小时不超过设定值。在干燥过程中,通过调节蒸汽阀门减少进汽,从而控制温度。干燥后药材水分从9.1%下降到4.3%。此外,通过新增两个拉钩、更换加热盘管密封垫,确定点检和更换周期(5S),确定各品种干燥次数、干燥温度和干燥上下限(TPM),确认灭菌柜管道阀门紧固周期(TPM)等方式进行改善。

(二)粉碎设备实施方案

水冷式纤维粉碎机是车间生产关键设备,设备复杂,死角多不易清洁,点检易出现遗漏,且切换周期长,影响生产效率,存在污染风险。通过扩大除尘箱反吹口解决粉碎机引风小、除尘布袋堵塞问题,反吹压力从3千帕提高到6千帕左右。筛粉室筛网1天破损3—4次,更换一次20—30分钟,进料口、回料口都有物料掉落。通过重新订做筛网、加长进料口、加高回料口后,进料口掉落药材明显减少,回料口无药粉外泄,生产速度提高

到 400 千克/小时，每天生产效率比原设计提升 40%。

1. 订做适宜筛网减少筛网破损次数，节约更换筛网人力成本，减少筛网购买成本，提高设备生产效率（TPM）。
2. 回料调节螺杆目视化可杜绝操作员误操作，减少设备强制劣化（5S）。
3. 增加收集框可减少污染源，减少清洁时间，提高药材利用效率（TPM）。
4. 参数标准化减少小停机损失、速度损失和性能损失，提高设备综合效率（OEE）。

（三）精益化生产实施方案

精益化生产工具运用减少了污染源，改善了以下困难部位：（1）粗粉碎室上方和下方同时增加可拆卸磁铁，可吸附物料铁屑，提升产品质量（TPM）；（2）加高物料管，防止物料溅出，减少污染源（TPM）；（3）优化除尘管位置，提高除尘效率，减轻粉尘污染（TPM）；（4）在方案实施、问题反馈、落实责任人采取管理者标准化作业方式，提高问题解决速度（管理者标准化）；（5）扩大除尘箱反吹口（5S），确定粉碎机打齿检查周期（TPM），改进投料小车（5S），冷却水从直排改为连接空调循环使用方式（5S）。

（四）人员实施方案

培养员工持续改善和不断提升精益意识是员工教育能否成功的关键，也是推行精益化的内在要求。一是从小事做起，积累改善经验，养成良好的改善习惯，逐步达到改善效果；普及改善，要求每个岗位的每位员工都要从日常工作中发现问题，通过综合分析，找出改善措施；将改善措施落实到工作中。二是对设备原理和新工艺进行差异化培训，灭菌柜和粉碎机关键参数考核，符合生产工艺水分限度和粒度要求，满足微生物限度要求。三是落实完成情况，评价考核结果。

五、项目实施成效

在提质增效实施过程中，精益生产理念起到不可或缺的作用。采取改变生产设备优化工艺流程，将原来先干燥后湿热灭菌改为现在的先湿热灭菌后干燥，在保证产品质量的前提下，缩短生产周期，提高产品收率；通过精细管理工具的应用，现场空间得到有效改善，降低生产时间，减少污染源，改善困难部位，减少生产故障，提升设备性能率。

（一）收率提高

通过对生产流程分析和评估，收集问题要素，找到生产过程中的瓶颈，制定相应改进措施。车间生产成员在项目负责人带领下对设备参数反复摸索，根据药粉特性，找到各品种最佳的干燥上下限、干燥次数、干燥夹层压力与药材水分的对应数值、粉碎机上料速度和风选频率，管控日常水分做好粒度检测、微生物系统排查，认真对每批生产数据进行统计分析，追踪处理异常情况，通过对各环节精细化管理，不断改进和提升产品收率。

（二）工段减少

原工艺第一次干燥需 2 人将药材装入烘盘加温至工艺温度，干燥足够时间后，再卸料粗粉碎，整个过程每批次大约需要两个班次，蒸汽用时每批次大约需 11 小时。工艺优化后，可节约前端干燥工序的蒸汽和人力成本。

（三）效率提高

通过对生产设备各项参数进行优化，生产速度比设计速度平均提高 25%，对生产人员来说可以提前 2 小时结束生产，现场可以节约 2 小时需要使用的冷却水、蒸汽和电。

通过以上三方面的改善提升后，该项目在 2022 年 12 月顺利结项，结项时各产品收率较 2021 年平均增长 1.29%，实现经济效益 21.75 万元。

六、总结与启示

通过精益管理 5S、TPM、标准化作业等工具运用与实践，车间顺利达成优化原生粉生产工艺、提高产品收率的既定目标，也为今后的提质增效积累了经验与方法。

一是目标明确，统一思想。本次项目实施过程中，领导非常重视，及时制定方案并向员工宣贯提质增效的理念，使大家思想统一、目标一致。

二是大胆创新并实际论证，群策群力，严格执行既定方案。本项目的工艺优化，由基层班组人员针对生产问题根据经验提出解决方法，然后通过实际生产去论证方法的可行性，最后总结出可行性方案。

三是做好阶段性总结。要及时发现不足，不断修正完善方案，才能最终实现目标。

项目虽然取得了一定的成绩，但也存在不足：首先，是以前生产中未及时收集生产基础数据，导致基础数据较薄弱；其次，是员工对精益生产工具的联合运用还不够娴熟。

为保证改善成果持续有效，项目组人员对改善成果进行巩固，修改《水冷式纤维粉碎机》等设备操作 SOP，优化操作要点、操作步骤、增加设备原理参数，使文件与操作相符，减少误操作，提高生产效率，建立标准化作业。

通过本项目得到以下启示：

1. 细节控制

做好细节管理是实现项目目标的关键。强调对每一个生产环节的精细把控，包括但不限于生产设备的维护、工作流程的优化以及产品质量控制的每一个细节。通过价值流分析与再设计，精准定位并消除无价值或低效的步骤；通过对项目推进的细节进行有效管理，从而提高生产效率，减少浪费，提升产品质量。

2. 参数优化

生产参数的优化是实现本项目目标的核心。通过对生产过程分析，找出非价值增加环节、瓶颈环节和不合理之处，进行针对性的参数改进，实现生产过程的持续优化。

3. 组织管理

一是必须组建核心团队，确保各项措施能够顺利实施；二是必须制定详细的计划，包括目标、实施步骤、时间表等；三是要将改进后的生产流程标准化，制定相应的操作规程和标准操作方法，保证改进效果的持久性和可复制性。

4. 全员参与

组织全员参与，加强对员工的培训；利用项目成果分享，激励员工在各自岗位挖掘提质增效金点子，从下至上建立精益体系。传播精益精神，树立改善无止境的精益理念，建立提质增效文化。

立足成本动因多措并举　提升四价流感疫苗原液收率

王祥臣　季　伟　曹　静　陈爱华[*]

一、引言

上海生物制品研究所有限责任公司（以下简称"中国生物上海公司"）积极响应国药集团、国药中生关于"提质增效"专项工作的整体部署，建立健全组织保障机制。成立提质增效专项工作小组，设立专项工作办公室，组织开展专项工作。结合企业生产经营实际情况以及年度经营业绩目标，通过多种方式宣贯、布置、落实，各部门深度挖掘潜力，贯彻"项目制"管理方式的同时，积极发掘优质项目，拟定实施方案及完成目标，全过程动态跟踪管理。

中国生物上海公司流感车间搬迁至奉贤产业化基地后，生产条件明显改善，同时也面临折旧、能源、维保维修等固定成本大幅增加的问题。生产科室一方面需控制生产成本，另一方面承担着和科研团队共同完成全新剂量婴幼儿四价流感疫苗的研发任务。以年度提质增效专项工作为契机，主要生产科室牵头各业务部门立项并成立项目工作小组，通过技术、成本等方面的深入分析，借助各类工具实现项目拟定目标，助力企业高质量发展。

二、案例背景

（一）公司简介

中国生物上海公司隶属于中国医药集团有限公司下属中国生物技术股份有限公司，创建于1949年，是全国最早专业从事生物制品研发、生产、销售及研究生培养的国有重要骨干企业之一，是国家传染病防控和重大疾病治疗的中坚力量，致力于提供可负担的高品质人用疫苗、治疗性抗体和基因重组药物等创新型生物制品。公司在疫苗研发、质量管理、临床研究、药品生产等方面形成了规模效应及全产业链优势。公司建有大规模现代化生物医药产业基地，建立了从项目研发到产品生产、质量控制、产品供应链管理以及产品上市后跟踪的覆盖产品全生命周期的质量管理体系，麻腮风系列疫苗、流感系列疫苗、水痘减毒活疫苗、皮内注射用卡介苗等核心产品的生产能力和水平均处于国内领先地位，多

---

[*] 作者简介：王祥臣，上海生物制品研究所有限责任公司财务总监、总法律顾问、首席合规官；季伟，上海生物制品研究所有限责任公司疫苗四室主任；曹静，上海生物制品研究所有限责任公司财务部经理助理；陈爱华，上海生物制品研究所有限责任公司财务部经理。

次荣获国家和上海市"重点新产品"、上海医药行业"名优产品"等称号。连续数年国内独家供应国家免疫规划用麻腮风联合减毒活疫苗，彰显央企担当。

（二）项目开展背景

中国生物上海公司积极响应国药集团、国药中生关于"提质增效"专项工作的整体部署，围绕中央企业负责人会议确定的"两增一控三提高"总体目标，贯彻落实国资委、国药集团"稳增长、防风险"要求，将提质增效作为提升企业精益管理水平和应对不确定性的重要抓手，增强效益增长的稳定性和可持续性。

中国生物上海公司高度重视年度提质增效专项工作，建立健全组织保障机制，成立提质增效专项工作小组，设立专项工作办公室，组织开展专项工作。由总经理抓总、财务总监分管，财务部牵头组织，各职能部门齐抓共管开展提质增效专项工作：财务部负责组织、落实"提质增效"专项工作，提升全面预算管理水平，加强成本费用控制，做好工作项目执行进度追踪管理；生产部负责组织各生产部室开展工艺提升等项目，细化物料管控、落实受控物料单耗管理，加强疫苗生产现场管控，提升生产质量；工程部协同生产保障项目设备设施正常运转，及时维修，降低废损，组织落实公司"节能减排"工作项目；研发部负责对科研课题支出的控制、加快科研成果转化，申请获取课题经费；人力资源部负责控制人工成本，通过协同管理，强化培训、统筹安排人员配置，提高人员使用效率；采购部负责控制采购成本，通过开展物料供应商遴选备选机制，确保生产所需的物料保质保量供应；党群工作部负责组织、落实专项工作全员宣贯活动。通过多种形式加大宣传，提升专项工作认知度及影响力；其他业务部门在切实做好提质增效工作落实的同时，从本部门工作实际出发，与相关部门协同合作，进一步挖掘提质、增收、降本突破口。

中国生物上海公司结合生产经营实际以及年度经营业绩目标，成立专项工作小组，全面组织开展提质增效工作，通过多种方式宣贯、布置、落实，各部门深度挖掘潜力，积极发掘优质项目，拟定实施方案及完成目标，全过程动态跟踪管理，借助公司绩效考核体系推进项目实施及目标达成。

中国生物上海公司2022年度共征集筛选11个项目立项，经中国生物提质增效专项工作小组审议，其中7项确定为中国生物立项项目。

2022年度，中国生物上海公司奉贤产业化基地流感车间完成搬迁改造，首年正式生产。四价流感生产任务由疫苗四室承担，在生产条件明显改善的同时，也面临折旧、能源、维保维修等固定成本大幅增加的问题。科室一方面要考虑如何控制生产成本，另一方面也要和科研团队共同完成全新剂量婴幼儿四价流感疫苗的研发任务，提升企业核心竞争力。

提质增效专项工作小组结合流感疫苗产品成本要素分析、生产工艺，深入挖潜，寻找降本、增效、提质的突破口。

第一步：对企业除研发投入以外的全部成本进行成本性态分析，区分出固定成本、变动成本、混合成本。对混合成本进行妥善分割，确保本量利工具使用的基本假设成立。

第二步：通过本量利分析工具，确定公司目前各产品的保本额和保本量，为后续产品的产销协调提供数据支撑。确认四价流感疫苗最终年度生产任务。

第三步：鉴于四价流感疫苗产品升级，提升企业核心竞争力的战略需求，在确保本产品具备盈利能力的同时，还需有足够的安全边际额支撑相应的研发投入。

第四步：在市场销售单价基本可确定的情况下，分别确认本产品生产固定成本、变动成本的控制目标。

第五步：在中国生物统一规范的作业成本核算方法的基础上，分析四价流感的作业动因，将成本控制目标分解至各作业。

三、项目实施目标与思路

根据提质增效专项工作"项目制"要求，工作小组组织相关业务部门就"流感单价原液收率提升"进行立项，并设立项目负责人以及项目工作组，专项负责该项目的立项、项目过程动态管控以及项目结项管理等。

结合年度重点考核任务"四价流感病毒裂解疫苗流感原液单产收率 a.aa 支疫苗/枚鸡胚"，通过工艺及数据分析，生产科室拟定提质增效项目及工作目标：通过采取各类综合措施，提高每胚产出率，将流感单价原液收率提高至 b.bb 支疫苗/枚鸡胚，降低生产成本，设定经济效益目标 198 万元。

四、项目实施过程

提质增效专项工作小组提报"流感单价原液收率提升"项目，旨在通过细化物料管控、强化人员培训、开展增加物料供应商、生产工艺提升等综合措施，提升生产工艺，降低生产成本。该项目通过公司及上级集团审议，作为 2022 年度重点项目立项。

结合四价流感生产工艺及生产实际情况，生产科室及各相关部门通力合作，采取多项措施，达到预定工作目标。

（一）多措施提升原材料日投料量，降低批间损耗

采购部通过筛选、扩展鸡胚合格供应商数量，提升鸡胚供应量和质量。生产部合理安排领料、投料的数量及周期，细化物料管控等有效措施。经综合评估，将胚蛋投料批量放大约 3.5 倍，减少了批次间损耗，收率增加约 3%—5%。

（二）加强设备维保验证，降低生产废损

生产部门协同工程部，制定详细的运维计划，除日常保障改善生产设备运行条件外，同时基于四价流感产品生产周期及工艺特性，在生产间歇期集中对生产用设施设备进行细致深入的维护保养、再确认工作，保障了设施设备运转情况良好。每胚尿囊液量从 x 毫升提升至 y 毫升，收获合格率从 93.03% 提升至 94.58%。

（三）强化培训、统筹安排人员配置，提高人员使用效率

生产部门协同人力资源部，根据各疫苗生产车间的排产计划，合理调配人员，并强化培训，规范操作，提升一线员工的专业能力，确保产品生产质量，不出现因人为操作失误导致的废损。

（四）工艺优化、毒株适配提升生产关键指标

从毒株方面看，由于流感生产使用毒株为 WHO 每年推荐株，对比 2020 年、2021 年毒株，2022 年推荐株中的 H1N1 株和 B/Y 株与 2021 年相同，发生变动的 H3N2 株与 B/V 株接种生产后适配良好，疫苗四室通过毒株制备工艺优化和生产过程关键质量控制，生产关键指标每胚血凝素数据平均增长 49.46%，较好地降低了投料批次需求。

（五）加强跨部门协作，提升管理效率

四价流感生产期间，公司生产管理部、质量保证部等积极协调合作，加强现场质监和文件体系的完善，有效确保生产现场质量；工程部 24 小时待命维修，确保设施设备运转正常，排除故障隐患；质量检定室加快检定周期，推动生产加速；公司分培、后勤、采购、储运等多部门协作支持人员、班车、物流等，为生产消除后顾之忧。公司各部门上下协作，支持流感疫苗的生产全流程管控，确保合格率 100%。

五、项目实施成效

上海公司年度四价流感生产于 2022 年 1 月 12 日启动 E 万枚胚蛋的日投料，3 月 4 日完成规模扩量变更备案，将日投料量扩增至 E 万。1 月 12 日—7 月 3 日，原液共投料 F 批次（H1N1 型 G 批、H3N2 型 H 批、B－V 型 I 批、B－Y 型 J 批），半成品和成品 K 批。产品生产期间，公司全体上下同心协力，共克时艰，保障正常生产，至 7 月 25 日完成全部批次四价流感批签发抽样，最终于 8 月底提前完成 2022 年度全部四价流感病毒疫苗产品交库，不仅完成了年度生产任务，产品质量合格率也较 2021 年度得到提升。

经分析，2022 年度疫苗四室共生产交库四价流感病毒裂解疫苗 L 万支，总计消耗胚蛋 M 万枚，流感原液单产收率为 c.cc（人份疫苗/鸡胚），完成中国生物及原定项目目标。同时，成品关键质量项目血凝素含量持续稳定，杂质残留数据持续降低，产品安全、有效、可及。按年初预计 a.aa 支疫苗/枚鸡胚对比统计，完成生产交库共需消耗 N 万枚鸡胚蛋。即实际节约超 1,000 万余枚胚蛋消耗，按胚蛋单价 1.98 元/胚计算，合计降低生产成本达 2,300 余万元，超额完成年度目标。

2022 年 11 月，公司国内首个全新剂量婴幼儿四价流感疫苗成功获批上市，可应用于 6 月龄及以上人群的流感防疫，填补了 6—35 月龄儿童流感疫苗接种的空白，提升了企业核心竞争力。后续疫苗四室拟对标预认证，通过一系列的工艺优化提升收率、降低产品风险，持续改进工艺质量，同时加快推进新剂量流感疫苗研发上市。

六、总结与启示

（一）加强项目顶层设计，科学规划、统筹落实，持续为企业增效提供动力

中国生物上海公司总结项目经验，继续发挥提质增效指引作用，树立以"利润为中心"的核心理念，通过不断挖掘创新的工作思路与工作方式做好顶层设计及整体规划，优化四价流感产品生产工艺，提升产品质量、合理分析控制产品成本、促进在研产品转产、加快信息化一体化建设，提高四价流感产品贡献率，成为企业可持续、高质量发展的重要助力。

（二）鼓励跨部门联合合作，强化项目团队建设，创新增效

对于项目主要生产团队（四价流感生产科室）做好多线作战人员调配，合理控制生产

团队规模;强化生产人员多岗位技能,适应新形势下育人用人要求;加快人才梯队搭建培养,提增生产核心团队人数。通过公司提质增效工作小组贯穿组织,推动生产辅助部门、管理部门与主要生产团队之间的联合合作,组建项目团队,多维度多角度思考项目改进方向及实施措施,创新增效。

(三) 加强全员宣贯,深入挖潜,保障项目可持续发展

中国生物上海公司将进一步加强"提质增效专项工作"整体宣贯,由工作小组、中层管理人员至基层员工,层层递进,努力营造良好氛围,持续强化全员的认知认同,鼓励广大员工积极在工作实践中探索应用。同时,对年度优秀项目进行宣传与分享,增强员工及技术骨干维护并扩大项目成果的主动性及积极性,集思广益,为项目输送新的养分,保障项目可执行性及可持续性。

中国生物上海公司将以本项目为契机,总结专项工作经验,进一步推动"提质增效"专项工作开展,加强顶层设计、全员宣贯、落实"专项工作项目化、工作项目可量化"工作原则,运用创新的工作思路和工作方法,紧抓公司未来提质增效工作可持续、可量化的关键点,助力公司持续高质量发展。

精准设置喷干工艺参数　缩短清场时长提升设备喷干效率

窦海朋　周雅泉　祝燕虹[*]

一、引言

中药配方颗粒，是由单味中药饮片按传统标准炮制后，经提取、浓缩、喷干、制剂制成的、供中医临床配方用的颗粒。广东一方制药作为国内中药配方颗粒生产龙头企业，在中药配方颗粒的研发、生产领域积累了丰富经验。通过落实中国医药集团有限公司及中国中药控股有限公司提质增效专项工作要求，设立"通过精准化设置喷干工艺参数及缩短清场时长以提升喷干效率"项目，利用精益管理相关工具着力解决设备效率低下问题。

二、案例背景

中药配方颗粒生产工序如下：药材前处理，将中药材加工成可供生产的中药饮片；提取工段，将中药饮片提取、浓缩、喷干制作成可供制剂的中药喷干粉；再通过干法制粒将中药提取物制成中药颗粒；最后是包装工序。在整个生产流程中，提取工序是关键工序且耗时最久。每生产一批提取物，提取工序平均耗时4.9天。

提取车间包含提取、浓缩、喷干（喷雾干燥）3个工段，喷雾干燥是提取物生产过程中必不可少的环节，一方制药使用的高速离心喷雾干燥机均为SODA型，共4条生产线，该型设备运行稳定，时效可观。但因其体积庞大，部件较多，生产清场及性能损失对整体产出影响较大。

经统计，该型喷雾干燥机的产线平衡率为84.9%（产线平衡率=瓶颈节拍×工段数/各工段节拍之和），平衡损失率为15.1%，而产线平衡率一旦低于95%，说明有很大改善空间。故此，喷干工序是提取物生产过程中的瓶颈工序，为提升产线平衡，提升产品交付及时率，公司成立提质增效专项小组进行改善，改善小组涵盖设备、质量、生产、工艺、财务等部门，各成员相互协助，团结一致，分工明确。

---

[*] 作者简介：窦海朋，广东一方制药有限公司生产中心生产部包装车间主管；周雅泉，广东一方制药有限公司生产中心生产部提取车间主管；祝燕虹，广东一方制药有限公司生产中心生产部经理。

三、项目实施目标与思路

通过对提取车间各工段的瓶颈分析,喷雾干燥工段对提取物产出的周期影响最为明显。改善小组对该工段的生产流程展开全面分析,探究真因,优化改善,以期达到产线平衡＞95%,设定经济效益目标为20万元。经济效益计算方式为"(本期年喷干清膏量/上期年日均生产效率－本期喷干机总出勤天数)×本期年车间日均运行成本"。

(一)喷雾干燥工段流程时间分析

以平均生产一批提取物为例进行时间分析,小组成员调查了该工段的生产流程,并对此进行详细登记与分析。通过对喷雾干燥生产流程分析可知,该批产品生产共耗时2,737分钟,但是除作业的1,870分钟是产生价值的时间之外,其余时间均未产生价值,其中清场耗时占了非价值产生时间的92.1%。因此,降低清场耗时对提升整体产出至关重要。

(二)喷雾干燥工段时效分析

提取物的整体产出＝生产时效×生产时间,为确定生产时效对整体产出的影响,改善小组对生产时效进行统计。生产时间为产生价值的时间,但是生产时效决定了价值产生的高低。通过统计生产效率,发现最高效率与最低效率之差高达30%。说明时效同样有较大提升空间,如通过改善提升生产时效,对缩短产品交期有重要意义。

(三)目标达成要因分析

结合上述两点分析可以得出,喷雾干燥岗位整体产出较低的主要症结在于清场时间长,生产时效较低导致。因此,改善小组将本次改善方向确定为提升喷干时效与降低清场耗时。对整个生产流程进行程序分析,即通过生产过程中的操作、搬运、检查、等待步骤进行精细化拆分,从而识别每一个动作中的浪费动作,以期探寻更加合理高效的操作流程。经分析确认,项目关键要因包括:

1. 人员操作技能不足。大川原高速离心喷雾干燥机是自动化程度较高的现代化喷干粉生产设备,其运作原理涉及空气动力学、能量流转、力学及环境温湿度关系等相关专业知识,对于生产现场的操作人员来说较难理解与操作。因此加大对一线员工的技能提升培训,将提升喷雾干燥机的使用效率。

2. 未精准化设备生产参数。大川原高速离心喷雾干燥机的主要参数包括雾化器转速、进风温度、出风温度、进风频率、出风频率等参数。在生产过程中,需严格按照生产工艺进行参数设置,但是目前各项具体工艺参数允许范围较大,生产过程中存在参数设置不恰当导致生产效率偏低、产品水分偏高等异常。因此研究车间喷雾干燥的参数,对于喷干生产时效的影响较大。

3. 未精准化设备清机参数。中药配方颗粒生产过程严格按照GMP相关要求进行合规生产,每个品种生产结束后必须对生产设备进行全面彻底的清洁,确保生产设备洁净见本色,不得有任何上批物料的残留。因此,高速离心喷雾干燥机的清洁对于中药配方颗粒的合规生产以及设备的有效利用至关重要。而大川原高速离心喷雾干燥机的清洁采取自动化清洁,设备根据所设参数逐一执行清洁程序,直至将设备清洁至规程要求。目前车间生产品种共计四十余种,不同品种的颜色、性状、溶化性等不尽相同,针对不同品种采用的设备清机参数为统一参数,未根据产品特性制定精准的清机参数,造成大量生产时间与清洁用水的浪费。

4. 串联式清场耗时长。通过对大川原高速离心喷雾干燥机清洁程序进行分析可知,该设备的清洗按预设程序进行清场动作,依次是喷雾干燥塔、一号风管、大旋风、二号风管等,每个清洗环节共计需进行5轮清洁,分别是饮用水、碱水、饮用水、热水、纯化水,在历经如此之多的环节后清洁工作才算完成。由此可见,喷雾干燥机采用串联式清洁操作,程序复杂且费时。

四、项目实施过程

（一）针对人员操作技能不足的改善措施

第一,建立人员技能考评机制,激发员工学习积极性。完善的考核机制是员工晋升的基本保障,更是对优秀员工辛苦成果的肯定。车间对喷雾干燥岗位的操作技能囊括至班组长评选方案,并根据喷雾干燥设备操作技能需要制定员工技能评定机制,激发员工的设备学习积极性。

第二,个性化制定培训方案。针对不同人员对设备的认知,制定个性化的技能培训方案,紧盯员工技能缺陷,精准补齐短板。由班组长及车间主管对员工展开技能补缺培训,深入浅出,查漏补缺,达到从设备原理到操作方法的全面提升。

第三,完善技能提升培训素材,丰富培训方法,充分调动受众学习热情。利用定点拍摄、要点拍摄等方法,将高速离心喷雾干燥机的常见问题处理方式拍摄成视频教材,以便学习。针对喷雾干燥机的运行原理及作用培训,改善小组还采取"传帮带"的教育方式,利用班组长及车间主管的专业知识,进行要点培训,再由班组长及高技能员工对车间同事展开"一带一"模式,加速员工技能提升,促进员工操作水平由普通向专业迈进。

第四,推行OPL一点课,促进要点问题快速解决。OPL（One Point Lesson）一般被称为单点课程,又称一点课,是一种在现场进行培训的教育方式。将班组成员由被教育者转变成教育者,使每一个员工有展示自己的机会。针对高速离心喷雾干燥机常见的异常处理方法、操作技巧等,形成OPL一点课进行共享学习,大幅提升员工的讲解与异常处理能力。

（二）针对未精准化设置工艺参数的改善措施

第一,展开生产品种特性对比分析,同时对所生产的品种展开全面测试,在保证喷干粉水分、溶化性、堆密度等质量指标的前提下,展开喷雾干燥机参数与效率关系的研究与测试,不断累积生产数据,经过大量的生产数据累积与分析,遴选出最优参数,目前已完成60%品种生产最优参数的收集。

第二,优化生产工艺,促进标准升级。在生产参数测试过程中,愈发认识到原有生产指导工艺的参数范围过大。因此,针对相关品种的指导工艺进行修订,并重新修订标准生产操作规程,做到生产过程由经验化向程序化转变,降低因人员技能不足导致的生产效率差异。

（三）针对未精准化设置清场工艺参数的改善措施

区分不同品种特性,精准化清场参数。中药配方颗粒不同品种特性不同,如溶化性、颜色、气味、流动性等，其清洁用时也不尽相同。对不同品种清场过程观察发现，根据清洁用时可以对生产品种进行易清洁、较易清洁、难清洁、极难清洁四个等级的分类，分别对应清场用时<4小时、4~5.5小时、5.6~7小时、>7小时。根据不同品种的清场用时测试，对不同清洁难度的生产品种制定精准的清洁工艺参数，并完善至SOP中，避免一套参数打天下的清洁时间浪费，大幅降低清场过程中的清洁耗时。

（四）针对串联清场造成清洁耗时浪费的改善举措

第一，把握设备原理，改造清场程序。高速离心喷雾干燥机因其设计结构所限，清洁过程为串联清场，通过系统程序对设备所有零部件展开逐一清洗。改善小组利用精益改善的并行原则对系统进行细致分析，并展开全面改造。在原有清洗系统的基础上增加一套新的清洗设备，使得高速离心喷雾干燥机在清洗喷干塔的同时可对一号风管、大旋风等设备展开同步清洗，大幅降低因串联清场导致的等待浪费。

第二，内部作业转为外部作业。按照高速离心喷雾干燥机的清洁程序，一次清洗需经过饮用水、碱水、饮用水、热水、纯化水清洁等清洁过程，因此每次清洁时需进行碱水、热水制备。为减少清洁耗时，提升设备利用率。通过流程分析，将制备碱水与准备热水的工作提前至设备正式生产结束前，实现设备生产结束后可立即展开清洁工作。不仅消除了热水与碱水的制备用时，经过设备改造，原本在浓缩工序浪费掉的冷凝热水也被得到充分利用，避免了水资源浪费。

五、项目实施成效

在项目开展过程中，各中心部室紧密协作，始终紧盯目标，严抓过程，注重实验，科学改进。项目改善的过程中始终坚信一定存在比现在更好的办法，站在更高处或其他角度审视现状，打破常规，发散思维，充分利用ECRS改善原则，最终不仅达成了项目改善目标，还提升了团队的改善经验，极大提升了团队的改善凝聚力。本项目收获主要集中在如下几点。

第一，生产效率迈向更高台阶。历经近一年的改善后，高速离心喷雾干燥机的生产效率有了大幅提升，改善措施逐步实施后，小组对2022年的喷干台均日产出进行跟踪统计，改进后喷干台均日产出由最初的3,561.75千克/天提升至3,991.7千克/天，提升率达12%，达成既定目标。

第二，缩短产品交期。对患者而言，产品的交付期限就是患者的生命线，更短的交付周期、更及时的药物服用，意味着快速遏制疾病、促进患者早日康复。对公司而言，面对日益加剧的中药配方颗粒市场竞争，质量、成本与交期是企业健康高效发展的核心竞争力。因此，只有不断探索创新，深挖改善点，消除浪费点，才能使企业稳健发展。随着本次改善的推进，高速离心喷雾干燥机的生产线平衡率由84.9%提升至97.5%。随着线平衡率的提升，公司在中药配方颗粒生产环节的反应会更加敏捷从容。

第三，经济效益方面。通过本次改进，设备利用率由14.96%提升至44.3%，大幅降低设备停滞时间，避免因设备停滞造成的设备折旧及人工的浪费，同时生产效率由3,561.75千克/天提升至3,991.7千克/天。通过经济效益预算，本项目2022年共产生经济效益约 313.2 万元。

六、总结与展望

（一）小结

提质增效、精益改善是一个只有开始没有结束的旅程，要始终不满足于现状，始终笃定还有更优解。本项目不断寻找价值漏洞，识别改善点，反复评测更优方案，持续推进精益管理，这不仅是消除痛点的改善过程，更是提升自我内在改善驱动力的育人过程。在国家大力推进提质增效的大环境下，不断提质增效是促进产业更稳健高速发展的必要举措。

为保证改善成果持续有效，改善小组对改善成果进行标准化，对《喷雾干燥机清洁标准操作规程》《喷雾干燥机标准操作规程》增加新清洁系统操作方法指引，不同品种清场时使用不同清场工艺参数，新增喷干最佳参数设定指导表，避免操作人员因技能差异造成产能损失。同时，将个人经验以 OPL 要点培训的方式，由员工讲解培训，形成经验共享的良好氛围，将部分关键要点工作形成视频微课，便于员工快速掌握关键操作点。

为确保操作流程及关键要点能够有效传承，改善小组完善了新员工培训材料，将高速离心喷雾干燥机的部件作用及运行原理制作成科普海报，便于员工快速掌握高速离心喷雾干燥机的运行逻辑，进一步深化员工对设备的理解与掌握。改善小组邀请技术部门及 IE 部门对员工进行现场实操培训，以问题为导向，培养样员工处理生产过程中常见异常的能力，提升员工对产品质量控制的敏感性。

（二）展望

随着国家对中医药发展的大力支持，中药配方颗粒国家标准的正式实施，中医药已被越来越多的患者认可。中药配方颗粒是中药现代化的重要标志，其生产工艺标准化与程序化，使得生产难度随着自动化设备的升级而变得简单高效，因此配方颗粒的生产企业也会随着市场的扩张而逐步增多。同时，伴随自动化程度的不断提高，企业生产设备功能设计不完善与人才技能水平不足的情况会愈发凸显。因此，加大生产人才的培养与储备，是确保企业高速发展的重要举措。

在未来发展中，公司将不断总结提质增效项目制经验，始终以精益为信仰，以"零故障、零库存、零不良"为导向，充分掌握质量管理工具、精益管理工具、IE 工具的应用方法，深挖根因，消除浪费。同时坚持造物必先育人的理念，时刻储备高技能人才，以此来推进产业升级，降低生产成本，加快生产交期，提高生产效益，助力企业稳健高质量发展。

主要参考文献

[1] 查国才. 离心喷雾干燥机的使用、维护与故障处理 [J]. 机电信息，2010 (29)：40-43.

[2] 赵丽霞. 喷雾干燥技术流程及应用 [J]. 内蒙古水利，2011 (3)：148-149.

项目制提质增效在冯了性药业的实践与应用
——丸剂包衣工艺升级优化

冯丽华　黎莉玲　林少丹[*]

一、引言

在全球医药行业快速发展的背景下，国药集团冯了性（佛山）药业有限公司（以下简称"冯了性药业"）面临着前所未有的发展机遇与挑战，特别是在丸剂包衣工艺方面，传统的生产方式已难以满足现代生产效率和产品质量的双重要求。为此，冯了性药业开展项目制提质增效工作，旨在通过技术创新和工艺改进优化丸剂包衣工艺，提升产品质量和生产效率，降低成本，以满足市场需求，增强企业竞争力，推动企业可持续发展。

制药行业的特殊性在于其对产品质量极高的要求、复杂的研发流程、严格的法规监管以及对于技术创新的持续需求。这些特点要求企业在确保药品安全有效的基础上，不断提高生产效率和产品质量。开展提质增效对于制药行业至关重要，通过优化生产流程、技术改进、加强质量控制和法规遵循，企业能够在激烈的市场竞争中保持领先地位，同时满足不断变化的市场需求和法规要求。

二、案例背景

作为一家承载着深厚历史底蕴的中医药企业，冯了性药业不仅传承了中国传统的医药文化，还在发展历程中不断探索创新。在科技进步浪潮和全球人口老龄化趋势的推动下，市场对高品质药品的需求呈现出持续增长态势，为冯了性药业带来前所未有的增长机遇。与机遇并存的是一系列亟待解决的挑战，包括研发成本高昂、市场竞争激烈、法规监管严格以及生产过程中的质量和成本控制问题。

提质增效是现代企业高质量发展的必然要求，旨在不断提升药品质量的同时，提高生产效率，缩短产品上市时间，降低成本，并最终提升市场竞争力。对于冯了性药业这样的传统中医药企业而言，引入和实施提质增效项目制尤为关键。

（一）项目背景

作为冯了性药业的核心传统剂型，丸剂长期以来一直受到消费者的认可和信赖。该剂

---

[*] 作者简介：冯丽华，国药集团冯了性（佛山）药业有限公司生产部部长；黎莉玲，国药集团冯了性（佛山）药业有限公司生产部技术主管；林少丹，国药集团冯了性（佛山）药业有限公司生产部生产主管。

型的药品凭借其独特的疗效和优良的品质,在中医药行业建立了稳固的地位。然而,随着全球化的深入和市场竞争的加剧,消费者对于药品质量的要求越来越高,同时对于生产效率和产品创新的期望也在不断提升。在中国医药集团有限公司及中国中药控股有限公司全面推进提质增效的战略指导下,冯了性药业针对性设立"丸剂包衣工艺升级优化"提质增效项目,旨在通过项目制管理方法,系统地提升产品质量和生产效率。

(二)现状分析

冯了性药业的丸剂包衣工艺沿用传统的三阶段工艺流程,包括干燥、包衣以及再干燥,三个阶段分别转运于不同设备中进行,这种分步进行的工艺不仅增加了工序的复杂性,而且导致生产周期延长和能源消耗增加。该包衣工艺操作方法存在的问题包括:一是存在迂回工序,丸剂包衣前进行干燥,包衣过程水分增加幅度大,需要再次干燥控制水分;二是丸剂制剂生产线瓶颈工序为干燥,需要延长工作时间缓解瓶颈压力;三是包衣丸再干燥过程对丸粒外观造成破坏,影响外观质量。

随着市场环境的变化和消费者需求的提高,传统的包衣工艺已经无法满足现代生产的要求:首先,传统的包衣工艺在生产效率和质量控制方面存在局限性,难以满足大规模生产和高标准质量的要求;其次,随着消费者对于药品外观、口感等方面要求的提升,传统的包衣工艺可能无法满足新的市场需求;最后,环保法规的日益严格也要求企业在生产过程中减少对环境的影响,亟须通过技术创新和工艺改进来提升产品质量和生产效率。

若能突破传统的包衣工艺局限,改进包衣方法实现包衣过程同时完成干燥,包衣完成后不需要转运至其他干燥设备再次干燥,就能消除迂回工艺路线,缓解产线瓶颈,极大程度降低劳动强度,从而缩短生产周期,提高生产效率,降低生产成本。

三、项目实施目标与思路

本项目由冯了性药业生产部提出,旨在响应市场对高品质药品的增长需求,同时解决现有生产流程中的效率瓶颈问题。项目提案经过公司评审委员会的可行性研究和风险评估,最终提交至公司支委会及总经理办公会审议。在综合考虑项目的技术可行性、经济效益及对企业长远发展的积极影响后,支委会及总经理办公会批准了该项目的立项。

项目团队构成及职责如下:项目负责人负责整体规划、协调和监督项目进度;技术研发组负责工艺创新和新工艺、设备的应用开发;生产实施组负责新工艺的现场操作和实施,确保生产顺畅和效率;质量保证组确保产品质量符合标准,并进行持续监控。

项目目标有三:一是提升产品质量,通过工艺升级,确保丸剂的包衣均匀、美观,提高产品的市场竞争力;二是优化生产流程,通过优化工艺流程缩短生产周期,在包衣过程同时完成干燥,提升生产效率;三是降低成本,通过工艺优化减少人工及能源消耗,降低生产成本。

项目设定了具体的量化效益目标,包括生产效率提升、成本降低等,并明确了计算过程和依据。生产效率提升方面:通过新工艺实施,预计生产效率提升30%,基于生产周期缩短和生产线运转速度提高的实际数据,假设新工艺将生产工时单位耗用从 $T1$ 小时缩短至 $T2$ 小时,生产效率提升的百分比为 $(T1-T2)/T1 \times 100\%$。成本降低方面:预计通过优化工艺流程,基于人工成本的实际节约,年度经济效益目标29万元。人工节约计算逻辑为：设旧工艺成本为 C1，新工艺成本为 C2，成本降低额度为 C1 - C2，经济效益为 (C1 - C2) ×P，其中 P 为生产量。

四、项目实施过程

为实现上述目标，项目团队从人机料法的角度对丸剂包衣工艺进行分析及改进，摸索合适的工艺参数并开展技术攻关。

（一）关键指标确认

在项目实施过程中，关键指标的确认是确保产品质量和生产效率提升的基础。"外观质量"和"水分"两个指标直接影响产品质量和消费者接受度，故项目以其作为关键的质量控制指标。

1. 外观质量

外观质量应满足以下四个要求：一是丸粒均匀性，丸粒大小应一致，形状圆整，无明显差异；二是色泽一致性，丸粒颜色应均匀一致，无色差；三是表面光滑度，丸粒表面应光滑，无裂纹、气泡或颗粒状物质；四是无粘连现象，丸粒之间应无粘连，确保产品的流动性和包装的便捷性。

2. 水分

水分是影响产品稳定性和有效性的重要因素。丸粒中的水分过高可能导致产品在储存过程中发霉、变质，或影响其崩解和释放特性。

（二）设备

1. 智能定量自动雾化加湿器实施方案

为避免再次转运干燥，包衣过程中引入水分要适当，粘合剂需均匀包裹在素丸表面，使得包衣材料能牢固地粘附在丸粒表面。因此粘合剂的分布技术成为包衣工艺的关键。传统的包衣工艺粘合剂的加入方式是手工倒入，该操作会使药丸对粘合剂的吸收不均一，造成丸粒水分不均一，部分药丸容易引入过多水分，出现丸粒粘连，丸粒表面光滑度差。为确保包衣过程的均匀性、完整性和稳定性，避免引入过量水分，项目团队对粘合剂的分布技术进行关键性优化，开发雾化加入设备，实现粘合剂溶液精确、均匀且持续地覆盖药丸表面。该设备采用先进的雾化技术，能够产生恒定的压力和细致的雾化效果，确保粘合剂溶液均匀地附着于药丸表面，进一步提升包衣工艺质量和生产效率。

为实现精确控制，设备的设计包含以下几个关键部分：一是储液罐，配备足够容量的储液罐用于存放粘合剂溶液，并确保溶液不受污染；二是计量系统，在雾化喷枪管口安装齿轮流量计，实现在线计量溶液用量，用于控制溶液的加入量，确保每次喷雾的溶液量准确一致；三是控制系统，配备自动化控制系统，当达到设定溶液用量值系统将关闭后端阀门，确保整个包衣过程稳定可控；四是雾化装置，采用高压系统、雾化喷嘴，将粘合剂雾化成细小雾滴，以便更好地附着在药丸表面；五是可移动性，给设备加装轮子使其变成可移动装置，大大提高设备的灵活性和便利性。

2. 包衣缸实施方案

包衣缸为包衣的主要设备，设备的型号、安装角度、设置温度、风速、转速等都会影响包衣效果。在设备参数不变的情况下调整进风量，使气流保持良好循环，包衣材料均匀附着在药丸表面，形成一层均匀、光滑的包衣层；同时增大风量帮助药丸表面水分蒸发，从而加快干燥过程，缩短包衣时间。

（三）物料参数确认

1. 粘合剂溶液的参数确定

粘合剂溶液加入量不一致会导致质量波动。项目团队通过系列试验成功确定粘合剂溶液的最优浓度、精确的加入技巧以及适当的加入频次。这些关键参数的优化将有助于实现丸粒表面粘合剂溶液的均匀覆盖，并有效控制水分含量，从而确保产品质量。

（1）粘合剂溶液浓度。粘合剂溶液的浓度对包衣丸的外观质量和水分含量有显著影响。通过对最佳粘合剂溶液浓度确定技术范围，确保丸粒表面均匀覆盖，避免过度湿润导致的水分问题。

（2）加入方法。方法 A 特点：加粘合剂溶液快，可能导致水分过高。外观质量：快速加入粘合剂溶液可能会导致丸粒表面不均匀，色泽不一致，影响外观质量。水分：由于加入速度快，水分蒸发时间不足，可能导致水分含量超过内控标准。改进方向：精准控制粘合剂加入量，使其均匀分布。

方法 B 特点：加粘合剂溶液慢，色差很大。外观质量：丸粒颜色分布不均匀，出现色差。水分：慢速加入粘合剂可能有助于水分的控制。改进方向：调整粘合剂的加入速度和浓度，以减少色差。同时，确保水分控制在内控标准内。

采用智能定量自动雾化加湿器进行粘合剂溶液的加入，设定系统化试验得出的最佳的加入方式及粘合剂溶液浓度。

（3）加入频次。试验表明，分两次加入粘合剂溶液能够更好地控制丸粒的水分和外观质量。第一次加入初步覆盖丸粒表面，第二次加入调整和完善包衣层，确保每颗丸粒都达到理想的外观和质量标准。

2. 包衣材料的参数确定

在加入包衣材料定量的情况下，包衣材料的加入次数和加入时机是包衣工艺的关键因素之一。试验表明，在粘合剂均匀加入后一次性加入包衣材料，不断搅拌使包衣材料均匀粘着在药丸表面，这样形成的包衣丸均匀、完整、光亮度好。

（四）工艺优化作业标准及人员培训

1. 工艺优化的作业标准

通过一系列试验确定不同素丸量所需的粘合剂溶液量，得出来两者的关系公式，根据关系公式设置粘合剂溶液的加入量，提高标准化程度，确保引入水份可控，实现一步包衣。另外将工艺升级优化的要点写入操作规程中，明确粘合剂溶液加入量，同时使用《生产过程记录表》记录投料量、粘合剂溶液量，以便追溯和分析。

关系公式：粘合剂溶液的加入量 = 投料量 × A% / (1 − 粘合剂溶液浓度)

2. 人员培训

（1）设备原理培训：深入讲解包衣缸及智能定量自动雾化加湿器的操作机制及工作原理，确保操作人员遵循作业标准。

（2）新工艺培训：详细讲解工艺操作要点及操作步骤，包括粘合剂溶液的加入方式、关系公式的应用、包衣材料的参数等。

（3）实践操作指导：在专业人员的带领下，进行设备的操作、维护保养及故障排除等实际操作训练，确保操作人员标准作业。

（4）经验分享：鼓励操作人员进行讨论和经验分享，促进知识共享及互相学习。

五、项目实施成效

在冯了性药业开展的"丸剂包衣工艺研究"项目中，成效分析是衡量项目成败的核心要素。通过细致的成效评估，项目达成以下成果：

（一）生产效率提升

通过改进包衣工艺，从三阶段的工艺流程（干燥、包衣、再干燥）改进为二阶段（干燥、包衣），取消了丸剂包衣后从包衣锅再转运至干燥设备的搬运过程，减少了包衣后再干燥的步骤，使丸剂的包衣工艺步骤更加流畅，显著缩短了生产周期，提高了生产线的运转效率。

（二）持续改进

新工艺的应用使包衣丸的外观质量得到显著提升，减少因重复转运及操作导致的丸粒裂纹、色泽不均等问题，提高了产品质量。在新工艺中，持续改进的重点在于不断优化包衣过程中的各项参数，如粘合剂的加入方式、包衣材料加入方式等，以实现更高的产品质量和生产效率，提高产品的市场竞争力。

（三）消除浪费

旧的包衣工艺步骤，需要把干燥后的一批素丸分次投入包衣锅中进行包衣操作；包衣完成后，将每一锅包衣丸转移至容器中；等整个批次产品都完成包衣后，再一起投放至下一工序再干燥，而在每次转运过程中都需要人工搬运完成。因此，对于旧工艺，价值流分析显示物料和信息流中存在不必要的浪费，如等待时间、过多搬运等，这些都影响了生产效率。新工艺优化了价值流，减少了不必要的物料搬运和等待时间，从而提高整体生产效率。

（四）劳动强度减少

优化后的工艺流程减轻了操作人员的劳动强度，减少了对人工操作的依赖，也降低了因操作不当导致的产品质量波动风险。

（五）成本控制

新工艺的实施有助于更好地控制生产成本，包括原材料成本、能源成本和人工成本。通过包衣前有效控制水分、后端控制粘合剂的水分引入以及包衣过程同步干燥，有效降低了能源消耗和生产成本。人工工时耗用方面，以丸剂干燥及包衣工序环节统计，工时耗用减少45%，拳头产品2023年年产量150吨，结项经济效益为70.74万元。

（六）工艺标准化

项目的成功实施促进了生产流程的标准化，为后续生产提供了可复制、可推广的工艺流程，有助于保持产品质量的一致性和稳定性。

（七）生产可控性增强

通过精确控制包衣过程中的关键参数，生产过程变得更加可控，有助于及时发现并解决生产中的问题,确保生产计划顺利执行。

(八) 实用新型专利

智能定量自动雾化加湿器的创新开发及应用,为本项目开展提供有效实施条件,并获实用新型专利证书一项。

六、总结与展望

通过实施"丸剂包衣工艺研究"项目,冯了性药业提升了产品质量标准,显著提高了流程效率,有效降低了生产成本。经过优化的工艺确保了产品的卓越品质,也赢得了客户的广泛信赖。展望未来,冯了性药业将以项目制为核心持续推进提质增效,针对具体环节设立专项项目;项目实施过程中注重流程优化,有效降低生产成本;明确各部门职责,加强团队协作,提高项目执行效率;通过项目评估和总结,不断改进和完善提质增效措施,为企业的高质量发展、构筑行业领导地位奠定坚实基础。

优化生产及库存管理　减少资金占用

林细芬　曾昭君*

一、引言

随着市场竞争的日益加剧，企业面临着巨大的资金压力。库存作为占用企业资金的重要部分，其管理效率直接关系到企业的资金周转率和盈利能力。生产计划作为连接市场需求与生产能力的桥梁，其优化对于控制库存至关重要。公司 2022 年物料库存量高达近 8000 吨。因此，优化生产计划、降低库存水平以减少资金占用成为企业亟待解决的问题。本文从如何优化生产计划、降低库存的角度出发，探讨如何通过科学的方法降低库存水平，减少资金占用，进而提升企业的经济效益和市场竞争力。

二、案例背景

广东一方制药有限公司（以下简称"一方制药"或"公司"）隶属于国药集团中国中药控股有限公司，1992 年由广东省中医药工程技术研究院创办，是国家"中药饮片剂型改革生产基地"和国家"中药配方颗粒试点生产企业"，研究生产了 700 余味产品，建立了中药配方颗粒特征图谱质量控制标准，开展了中药谱效学研究、等量性与等效性研究等科研工作，与研究院共同承担完成省、部级科研课题近 40 项。目前拥有佛山和顺一方、山东一方、甘肃陇西一方等十一大生产基地，100 余个常用品种的药材基地。在落实中国医药集团有限公司及中国中药控股有限公司关于提质增效专项工作的相关文件精神和要求中总结实践经验，现以"优化生产及库存管理 减少资金占用"项目为例进行分享介绍。

公司 2022 年原料药及产成品库存总量月平均量高，涉及金额较大。针对存在的问题，项目小组采取价值流映射、头脑风暴、产销平衡等精益方法进行库存分析，决定从以下三方面入手。

（一）从源头抓起，提高销售预测准确度

如果销售预测准确度提高，企业能够更精确地了解未来的市场需求，从而合理安排生产计划，确保产品按时交付并满足客户需求。这有助于企业避免过量生产或生产不足的情况，减少库存积压和浪费，同时确保销售目标的实现。

---

* 作者简介：林细芬，广东一方制药有限公司生产中心计划部计划主管；曾昭君，广东一方制药有限公司生产中心总监。

（二）强化自身能力，缩短产品交付周期

如果交付周期长，企业需要承担更多的库存成本和资金占用成本，这会增加企业的运营成本。缩短产品交付周期，不仅可以降低企业的产品库存水平，还可以提高客户满意度，增强市场竞争力。

（三）紧贴市场变化，精准把控蓄水池

库存控制是确保生产连续性、满足客户需求并降低成本的关键环节。通过合理的库存控制策略，企业可以优化生产计划，降低库存水平，提高运营效率。

三、项目实施目标与思路

针对公司库存水平情况，公司于 2023 年 1 月组织生产中心、营销中心、财务中心三个部门成立项目小组专题攻关。

针对问题现状以及问题原因要点，利用拉动生产方式以及 PDCA 循环预测管理等方法，围绕以上三个关键原因开展提质增效，设定经济效益目标为 17 万元，项目目标计算方法如下：

1. 销售预算达成率：近 3 月实销金额/近 3 月预测金额
2. 产品交付周期

采购周期：当月采购原料的批数天数累加 ÷ 原料的批数

检验周期：首次更改 NC 状态时间 – QC 接收日期

送样周期：QC 接收日期 – 生产完工时间

提取生产周期 = 提取物入库日期 – 药材/饮片领料日期

制剂生产周期 = 成品入库日期 – 提取物领料日期

3. 经济效益目标计算方式：（药材库存总量减少量×药材均价 + 半成品库存总量减少量×半成品均价 + 成品库存总量减少量×成品均价）×年度资金回报率 +（药材库存总量减少量×药材平均占库面积×单位面值仓库租金 + 半成品库存总量减少量×半成品平均占库面积×单位面值仓库租金 + 成品库存总量减少量×成品平均占库面积×单位面值仓库租金）

项目目标设定为：

1. 销售预算达成率：销售预算达成率范围设定为 75%—115%。
2. 产品交付周期：采购周期下降 31.5%；检验周期下降 30.9%；送样周期下降 26.7%；生产周期下降 25%。
3. 库存控制：药材饮片库存降低至 2,423.2 吨；半成品与成品库存降低至 5,070.9 吨。
4. 问题原因要点确认

利用"头脑风暴法"对要点因素进行原因分析，认为攻克以下关键要因，对目标达成具有重要意义。

四、项目实施过程

（一）制定销售预算达成率管理不完善的解决措施

销售预算作为生产企业的第一源头，其达成率的高低直接影响着企业的库存水平以及公司的市场竞争力。为减少库存压力、提高市场竞争力，公司制定了提高销售预算达成率的具体措施。

1. 优化滚动销售预算

结合以往销售预算数据的分析，销售预算由原来每个品种提供近6个月的平均预销量，改为每个品种提供当月的预销量，并以单月份品种预测准确率评估当月预测准确性，滚动预测准确率评估预测稳定情况。

2. 优化销售预测模型

每月进行销售预算时，先统计医药公司库存，再根据公司平均月销量、可用月份评估、销售预测扣减等因素进行数据分析，在此基础上计算出当月较为准确的销售预算。

3. 建立销售预测校正模型

通过比较分析各品种实销与预测差异，得出各品种每个包装类型的预测准确率，提高销售预测异常品种的校正速度。

4. 划分临期风险级别

通过将临期产品划分为临期高风险高价值、即将临期高价值、临期高风险低价值、即将临期低价值这四个不同的风险级别，加强品种临期风险判断，加强品种库存管理，为降低库存风险奠定良好基础。

（二）制定各区域月度销售预测管理体系不完善的解决措施

针对各区域销售预测的需求，制定《各销区销售预测目标达成推进方案》，通过协同推进方式，有效推进各区域销售工作，为提高销售预算达成率提供有效的数据。

（三）制定各原料药材采购流程不完善的解决措施

作为生产过程的第一道原料药材，药材对产品的交付周期的至关重要。若原料未及时到货，后续生产将无法进行，降低市场竞争力。针对不同采购周期，公司完善了降低各原料药材采购周期的的具体措施方案。

1. 建立健全采购计划管理流程

随着公司的快速发展，依靠个人经验进行采购计划管理已不适用。为规范采购计划管理，结合现有工作流程以及管理经验，建立《采购计划管理流程》，将工作流程文件化、操作流程标准化，更好地指引采购计划工作的执行。

2. 建立逾期未交货预警跟进机制

药材逾期未交货订单跟进流程的不完善，直接拉长了采购周期时间。通过建立《逾期未交货预警跟进机制》，每周统计各供应商逾期未交货品种，再根据规则建立订单超期预警机制，定期跟进逾期订单，提升跟催到货的效率，缩短采购周期。

（四）制定检验周期与送样周期流程不完善的解决措施

通过设定合理的检验周期，确保生产过程中的产品质量，及时发现潜在问题，并据此优化生产计划，确保生产顺利进行。合理的送样周期有助于减少因物料等待检验而产生的库存积压，有助于企业更好地管理库存，避免库存过高或过低带来风险，为此公司进行了检验周期与送样周期的流程优化。

1. 建立送样标准流程

对目前的送样流程进行现况调查，识别延时点与时间浪费点，消除延时点和浪费点，针对分析的问题对送样流程标准化，起草《送样标准流程》，并对相关岗位人员进行培训，从而全面掌握送样的流程管理，促进送样周期目标的达成。

2. 建立检验计划编排管理流程

抓取历史检验数据进行分析，对检验周期进行分档，统计各档的批次和占比，并对检测时间长的品种进行作业流程分析，识别时间浪费点，梳理瓶颈工段的检验流程，建立《检验计划编排管理流程》及《日检验计划跟进表》，完善检验管理制度。

（五）**制定生产异常处理流程不明确的解决措施**

一个高效、顺畅的异常处理流程能够迅速识别和解决生产过程中的问题，减少生产中断和延误，从而有效缩短生产周期。合理的生产周期不仅能提高生产效率，还可以降低库存成本。公司建立了完善的生产异常处理流程，并确保相关人员能够熟练掌握和应用，以提高生产效率和降低库存成本。

建立生产异常管控流程及生产中心生产异常关键管控（预防）流程清单，对每个工序常见的异常进行流程管理，确保遇到异常时能够快速响应，从而缩短生产时间加快流转。

（六）**制定各工序切换周期优化的解决措施**

优化工序切换周期有助于优化生产计划。生产计划的制定需要考虑多个因素，包括生产线的稳定性、生产效率、上下工序物料供应等。工序切换周期的缩短意味着生产线可以更加灵活地适应不同的生产需求，减少因工序切换而导致的生产中断和延误。这有助于提高生产线的稳定性和生产效率，使得生产计划更加精确和可靠。同时，减少工序切换时间还可以提高设备的利用率，使得生产计划的执行更加高效。为提高生产效率、更好执行生产计划，主要完善了以下两项措施来缩短各工序的切换周期。

1. 完善各工序流程梳理

结合生产车间的操作与法规要求，起草完善了各车间生产、切换流程图共36份。起草流程过程中对现有的线下操作流程进行梳理，发现可优化的流程并及时进行修正，完善的流程对操作步骤、操作顺序、操作要点等均有详细介绍，便于员工快速掌握相关知识，缩短各工序的切换时间。

2. 修订SMED快速切换手册

起草了图文并茂且翔实的SMED快速切换手册，手册通俗易懂，对每一步都有介绍与图片参照，便于操作员在日常生产中学习使用。

（七）**制定计划全周期管理不完善的解决措施**

首先，完善计划全周期的管理有助于实现生产计划的全面优化。全周期管理强调从产品的规划到关闭的所有阶段进行统筹和控制，确保每个阶段的工作都能按照预期实现，从而提高生产计划的稳定性和可靠性。其次，计划全周期管理有助于降低库存成本。在全周期管理下，企业可以根据市场需求预测以及生产计划的执行情况，精确地控制原材料的采购和库存水平。通过合理安排生产进度和物料供应，避免过量采购和库存积压，减少资金的占用和浪费。同时，全周期管理还可以帮助企业优化库存结构，根据产品生命周期的不同阶段调整库存策略，确保库存的及时性和有效性，为更好把控整体计划的执行与库存的合理配置，公司完善了计划全周期管理的流程。

1. 物料管理

制定《物料跟踪流程梳理及节点确定》文件，对药材进行全面跟进，把控从下单到到货每个节点，确保计划需要的优先到货、来料数量是计划所需求的。

2. 生产进度控制

建立《月计划完成率》分析表格与《日计划完成率》分析表格，实时掌握计划完成进度，对未及时完成计划或超计划生产的进行原因分析与责任界定，及时调整生产计划加快产品供应。

3. 实销与预算偏差预警管理

每周对每个配方颗粒品种进行实销与销售预算的对比，对实销与销售预算偏差较大的及时发出预警，以便迅速识别市场需求，及时调整销售预算以及生产计划，确保计划更加贴近市场需求，减少因计划不当导致的资源浪费和库存积压。

4. 建立均衡生产评价模型

结合精益生产的理念与管理，通过建立均衡生产评价模型优化计划与库存的管理。该模型通过评估生产过程中的各个环节，确保生产线的稳定、均衡运行。它可以帮助企业识别并解决生产中的瓶颈问题，优化生产流程，从而提高生产效率。同时，均衡生产还可以降低库存的波动性，使库存水平保持在一个相对稳定的范围内，从而降低库存成本。

（八）制定库存管理手段不足的解决措施

过多的库存不仅会造成在制品、成品的积压，占用过多的流动资金，降低资金回转率，还会造成空间浪费与搬运浪费等。为更好管理库存，使库存达到合理的水平，公司增强了库存的管理手段，尽可能地消除库存浪费。

1. 优化半成品与成品库存最高点与补充点

优化《半成品与成品库存最高点与补充点》文件，通过设定合理的半成品库存最高点，计划部门不仅有计划生产操作的依据，还可以确保生产线的连续供应，减少因等待物料而造成的生产中断，从而提高生产效率。同时，根据成品库存最高点及时调整生产计划，确保销售需求与产能相匹配，避免因过量生产造成的资源浪费。

通过精确控制库存补充点，可以减少库存周转时间，提高库存周转率，进一步降低库存成本。

2. 现库存合理性评价

每月对生产总品种数、日均生产品种数、生产周期等因素进行半成品理论库存天数与成品理论库存天数计算，检阅现有库存是否在合理的水平范围内，更精准地优化库存水平与管理库存。

五、项目实施成效

公司在推进精益生产、优化生产计划、降低库存的过程中，通过各部门的共同努力最终达到预定目标。本项目开展过程中，精益管理工具以及 IE 七大手法对于项目推进起到了关键性作用。随着改善项目的深入开展，改善团队的专业技能与改善意识也不断提升。通过开展项目，在不影响市场的前提下，2023 年整体库存下降 29.95%，通过减少资金占用产生资金回报约 456.47 万元。

六、总结与启示

项目开展以来，各项措施取得了显著效果，后期将持续跟进各项措施的执行情况，并定期评估和调整生产流程，确保生产计划的执行更加高效和精准，持续监控库存水平。项目开展取得成果如下。

（一）销售预算达成率提升与产品交付周期的缩短

在供应链改善的推动下，采购周期、检验周期、送样周期、生产周期时间缩短，销售预算达成率提升 43.2%；按照 ECRS 原则对各环节流程进行优化后，产品交付周期下降 24.3%，为优化计划、降低库存水平提供了大力支持。

（二）减少仓库库容压力

项目开展以来库存整体下降 29.95%，仓库库存压力得到释放。随着库存量的减少，仓库内的物资摆放将更加规范，还可以减少因库容不足而导致的物资积压和滞留问题。

（三）减少人员物料管理压力

库存水平的降低缓解了库存的管理压力，管理人员可以更加专注于其他关键性的物料管理工作，从而提高工作效率。

（四）知识显性化，文件资产固定化

为确保改善成果维持，生产中心对项目改善成果进行文件资产固定化：一是建立 2 份一级流程、10 份二级流程、21 份三级流程，建立标准 SOP，使工作标准化；二是建立 3 个评价模型，完善计划管理体系；三是优化切换流程图 36 份，便于员工快速掌握相关知识，缩短各工序的切换时间；四是起草《SMED 快速换模手册》，明确清场操作步骤，固化清场操作时间与标准。

优化物流费用率　提升企业经济效益

姜建宝　檀祝情[*]

一、引言

根据《2022年安徽省卫生健康事业发展统计公报》，截至2022年底，全国共有《药品经营许可证》持证企业64.39万家，其中，批发企业13,900家，零售连锁企业6,650家、下辖门店36万家，零售单体药店26.33万家；全省共有《药品经营许可证》持证企业23,091家，其中，批发企业数量为430家，零售连锁总部达到302家，下辖门店数量为12,869家，零售单体药店数量为9,490家；全省药店数量为22,359家，整体连锁率57.60%，高于全国平均水平。这些数据充分展示了医药商业行业的庞大规模和严峻的市场竞争环境。

在收入和利润层面，2022年全国药品流通直报企业主营业务收入20,935亿元，同比增长6.7%，增速同比放缓2.6个百分点，这一收入约占全国药品流通市场销售规模的86%，利润总额474亿元，同比增长5.3%，增速同比加快0.9个百分点。从盈利情况来看，平均毛利率7.8%，同比上升0.4个百分点；平均费用率6.8%，同比上升0.1个百分点；平均利润率1.6%，同比下降0.1个百分点；净利润率为1.5%，同比下降0.1个百分点。与2012年相比，平均利润率从1.9%下降到1.6%。这一微利化趋势反映了医药商业行业面临的挑战。尽管行业规模持续扩大，但盈利能力受到压制。随着医改政策的深入推进，药品快批业态正面临着前所未有的挑战和机遇。毛利率下降、销售增速放缓、竞争加剧是配送企业面临的一个重要课题。以往药品零售行业"高毛利"的收益特点已经渐行渐远，营销升级、创新举措、提质增效是发展的必要手段。

二、案例背景

（一）项目实施单位介绍

××控股公司，主要从事药品、医疗器械等健康产品的供应链服务，20×3年营业收入168亿元，属省内翘楚。A公司是××控股公司旗下控股子公司，成立于2016年，主要以基层医疗机构、民营厂矿医院、零售连锁企业、单体药店、商业公司等市场化客户为

---

[*] 作者简介：姜建宝，国药控股安徽有限公司财务总监、首席合规官；檀祝情，国药控股安徽华宁医药有限公司财务总监。

主要销售对象,产品涵盖了多个治疗领域,包括心血管、消化系统、呼吸系统、神经系统、免疫系统等,院内药品销售占比 5%,零售分销占比 95%。公司始终坚持以精细化管理达到高质量发展为目标,要实现这样的目标,需要探索符合企业发展的管理新模式,"提质"也成为公司高质量发展的"基石"和必然选择。

(二)项目实施背景

为全面落实集团提质增效工作要求,根据上级公司提质增效工作部署安排,结合公司自身发展情况,锚定"一利六率"的经营指标体系,把完成年度各项经营管理目标和推动公司高质量发展结合起来,依据"目标可量化、落实有抓手、结果可考核"原则,围绕提升企业核心竞争力制定公司年度提质增效工作方案。因主要业态为零售快批业态,客户数多而零散,销售客单价低、药品货值低,配送订单多而散、物流费用高,A 公司选择提质增效主题为"优化物流费用率,提升企业经济效益"。

(三)A 公司面临的问题

随着国家医药政策不断深入推进,市场环境竞争日益激烈,新零售模式对传统零售的冲击带来巨大影响,以快批业态为主业的 A 公司近几年来面临着销售增长乏力、盈利空间逐步下降、商业优势逐步弱化等困难。对医药流通企业来说,渠道商的优势不复存在,在商业谈判中逐渐呈现被动趋势,而物流配送能力和服务能力的重要性逐步凸显。

三、项目实施目标与思路

(一)制定项目推进总体方案

(二)确定提质增效的目标

A 公司经营班子召开中层以上干部人员会议,根据公司物流特点和现状,设立项目并量化目标,同时报送××控股公司立项审批通过。上年度公司物流费用率为 0.92%,目标为最低降幅 5%(即达到 0.875%),预计实现经济效益 110.7 万元。

(三)A 公司仓储物流部现状

1. 仓储结构复杂。A 公司仓储物流总面积 19,434 平方米,分布在独立的两栋楼(分别为 6 层和 3 层)共 9 个楼层,仅第一层有通道相连,楼层多导致电梯使用频次高,出库效率有待提升。

2. 仓库智能化、机械化水平低。受仓库结构的限制，虽然上线了软件系统，但无法配置相应的大型出入库设备，零货分拣效率较低，出入库基本以人工作业为主，属于劳动密集型，与现代物流相比存在不小差距。

3. 仓储人工成本高。为适应业务的增长，保证物流配送的效率和服务能力，仓储物流部人员总数93人，占公司整体员工人数的42%，业务量的上升带来现场人员增加，作业高峰期人员加班费用增加，导致物流部门的人力成本逐年上升。

4. 品规数量大货值低。库存产品数量大但货值低，库容现已接近饱和。据统计，A公司月均产品库存量约10万件，单件货值约2,000元。因基层终端业务增加，拆零比例较高，拆零量较大，订单呈现多而散状态，95%以上的品种有11.5%的整件需要拆零出库（日均拆零超500件，峰值达到1,000件）。20×3年出库货值总额22.54亿元，吞吐折合件数为220万件。

5. 公司内部部门间协调率低。仓储物流部与业务部未能很好的协同控制物流费用。例如，销售人员与物流人员各自分工按部就班，两个部门之间没有就如何促进销售、控制物流费用、降低总体销售费用等工作进行很好沟通协调。销售人员有时为满足客户需求将货物尽快交付，不管货量大小以及交货时限，一律要求物流进行快递送货或者加急送货，增加了物流费用；物流人员也可能为了降低物流费用，一定要等到货量达到一定标准时才发货，这样交付到客户的时间就被延长，导致客户投诉甚至拒收退货，给公司销售造成负面影响。

（四）确定项目具体的实施路径

确定提质增效工作目标后，A公司成立专项工作小组。由于物流费用涉及面广、专业性强，根据公司实际情况，由经营班子成员中分管仓储物流部的副总经理担任组长、财务总监担任副组长，由仓储物流部牵头、财务部协助，其他各业务部门齐抓共管，形成上下贯通、纵横交错的网络化的提质增效工作管理体系。

明确各部门分工，仓储物流部担任具体实施部门，调动一切资源达成控费目标；财务部负责定期与仓储部门通报物流费用使用情况，按季度审核项目进度，确保数据准确性，做好项目把关；采购部负责协调上游供应商确定到货时间，提高验收效率，同时协调销售部门采销紧密对接，及时分销大品种，提高库存周转率，降低仓储成本；销售部门负责协调下游客户尽早落实客户计划并尽可能集中订单，提高自有车辆满载率，减少三方物流开单频次从而节省物流费用；信息部负责储运流程优化过程中对软件系统升级开发的需求，提高人均效能。

四、项目实施过程

（一）完成提质增效目标的策略和方法

在首次项目会议上，财务部借助××控股公司全口径物流成本表，对物流费用逐个明细条目做细致分析。经充分讨论，结合A公司仓储现状和公司实际，研究决定将物流"人工成本"和"运输成本"作为降低物流费用率的主要抓手。

1. 压减物流人员

（1）梳理仓储物流部门人员、岗位、工作量，对现有岗位工作内容分类整理，形成新的岗位名称，实行定岗定编。部分人员相关岗位双任职，在合规的前提下一人多岗（如物流专员与驾驶员岗位），以应对订单量的突发状况，使所有岗位人员工作量均趋于饱和。

（2）优化人员绩效考核方案，将岗位绩效与工作量相挂钩，实行多劳多得。

（3）提前做好业务部门沟通，提升整货发货率，优化拆零工作流程，减少重复工作量。通过控制订单出库时间节点，保持整拣人数不增加。例如，上年度出库日单日清，调整为16：30以后的三方配送订单次日出库。

（4）主动推进电子票据及电子检验报告，让客户自行到平台打印，降低人力成本的同时提高配送效率，优化开票人员工作内容。

（5）根据公司终端客户多小散的特点，升级软件系统，增加部分分拣小设备，改进入库和出库分拣方式。入库环节由纸单PC机入库改为手持终端（PDA）入库，零拣环节由POS纸单拣货改为平板（PAD）拣货，系统加入合单拣货功能，降低拣货频次，减少零拣人员。整件复核环节由POS纸单复核改为手持端终（PDA）复核，提高复核效率，减少出库复核人员。针对配送环节开发相应小程序实现发票、随货同行单、检验报告单、快递面单四合一功能。

2. 压减运输费用

在安全第一的前提下，开展以下工作：

（1）优化物流网络：对物流网络进行评估和优化，确保合理的配送路线和仓储布局，减少运输距离和时间，降低物流成本。

（2）合理选择运输模式：根据货物的特性、时效要求和当日运输线路订单数量，选择最合适的运输方式，降低运输成本。例如，根据各线路出货量，选择最佳配送方式和配送车辆，降低运输费用。所有车辆在满足省内终端客户配送的前提下，富余配送力量全部用于省内商业客户配送，让自有车辆尽可能满负荷运营，减少第三方运输费用。

（3）加强运输合作与协同：与物流服务提供商建立长期合作关系，共享信息和资源，实现运输协同，减少运输成本。

（4）实行库存精细化管理：通过合理的库存管理，避免库存积压和过度备货，减少仓储成本和资金占用。优化订单—收货—验收—入库流程，缩短入库时间，加速库存周转。

（5）加快信息技术的应用：利用物流信息系统和技术，实现物流过程的可视化、自动化。通过实时跟踪和信息共享，提高物流效率和准确性。

（6）加强管理人员培训和激励：提供培训和激励机制，提高物流管理人员的专业素质和工作动力，促进物流流程的优化和效率提升。宣贯项目方案，提高全员降低成本、增加企业效益的意识。

（7）促进供应链协同管理：与供应链上下游企业建立紧密的合作关系，共同优化物流流程，提高整体供应链的效率；加强内部部门协同合作管理，如大客户部和拓展部协调集中下发客户订单，减少物流开票次数从而减少送货费用。

（8）推行绿色物流：采用环保的物流方案，使用节能车辆、减少包装材料、优化货装载等，降低能源消耗和环境污染，并尽可能获得政府的相关奖励和支持。例如，合理使用包装材料，根据拼箱打包的经验选择规格合适的纸箱，避免破损的前提下合理减少填充气泡膜的用量，降低包装材料费用。

3. 压减维修及办公费用

（1）运输车辆维修保养采取安全与费用综合考虑原则：4S 店价格偏高但原厂件齐全，日常保养和需要更换原厂部件的维修选择 4S 店；对一般维修以及一些老旧车辆维修则选择在普通修理厂维修，节约维保费用。

（2）加强物流部门办公用品领用登记，控制办公用品合理使用，避免浪费和流失，降低办公费用。

4. 积极创收，提高公司整体收益

在公司领导带领下积极寻找上下游资源，努力完成销售预算；对非集采药品、特药、疫苗和冷链品种的追溯码扫描上传，采购部门协助收取相应的人工成本费作为储运部收入，冲减物流费用。

通过以上策略和方法帮助企业降低物流成本，提高物流效率，从而实现压降物流费用率的目标。

（二）加强常态化过程管控

将提质增效大目标分解成逐个小目标，制定工作计划，定期召开会议，由仓储物流部报告项目执行进度、执行过程中遇到的问题，对偏离目标的行为、未达项目的进度及时纠偏。

（三）制定专项考核办法

设立合理的激励和奖励机制，将提质增效成果与员工个人发展和奖励相结合，激发员工的积极性和创造力，推动全员参与提质增效。年度终了，以经审计的财务决算数据为准，对项目目标达成情况进行考核，达成目标实现增效的按增效额的 20% 对项目组进行奖励。

增效额 = （上年度费用率 – ××年费用率）×××年配送货值。

（四）引进物流管理人才，增强物流费用管理意识

企业发展物流和控制物流成本必须重视物流人才的培养，只有拥有高素质的物流人才，才能够更加有效地提高服务质量，迅速提升品牌形象，赢取市场消费者赞赏，降低企业物流成本，以促进企业快速发展。因此，企业必须重视引进相关人才，对现有人员加强业务培训，提升企业销售管理中物流管理的水平，增强物流费用控制意识，更好地为企业销售服务。

（五）打造全员参与的提质增效文化

通过打造全员参与提质增效的管理文化，积极适应市场变化，优化流程提高效率，提升员工积极性和满意度，为企业带来持续的竞争力。

五、项目实施成效

通过对仓储物流部门岗位人员的优化，减少驾驶人员 1 人、分拣人员 2 人，降低物流

中心人工成本；通过优化作业流程，加强采销联动，合理选择运输方式和路线，整货出库率提高 9%，自有车辆配送率提高 13%，直接降低公司运输费用；提高公司各部门协同合作的效率，初步形成精益化管理的企业文化。

最终，A 公司总经理办公会对"物流费用压降项目"结项审核，截至 20×3 年末，A 公司在销售规模同比增长 5.2% 的基础上，物流费用率同比下降 6%，20×3 年物流费用率完成值为 0.859%，完成年初设立的项目目标，实现经济效益 137.53 万元，增量利润 103.15 万元。

六、后续工作计划

企业物流成本管理是一个复杂、具有挑战性的工作，需要企业在控制物流成本时采取系统优化的战略，既要重视企业物流成本的局部降低，更要重视其综合成本的减少。虽然本项目优化了公司物流管理，但由于仓储作业信息化水平低、人工作业仍占主导地位，随着小终端业务量增加、拆零比例提升，公司人均吞吐量、人均劳效需要进一步提升。为持续压降公司物流费用率，后续将在仓储管理方面引进自动化设备、提高公司信息化水平，在运输方面借助专业的第三方物流，覆盖省内南北偏僻地区客户群体。

主要参考文献

［1］郭云. 医药流通企业物流成本费用控制的若干思考［J］. 中国乡镇企业会计，2014（6）：135 – 136.

［2］肖锋. 企业销售管理中的物流费用控制［J］. 中外企业家，2015（3Z）：24 – 25.

"精打细算四分钱"租赁打印机提质增效实践

陈祥军 李兆瑞 董燕秋[*]

一、引言

综保区(北京)国际医药分拨中心有限公司(以下简称"国药保税"或"公司")是依据中国医药集团与北京市政府战略合作框架协议,由中国医药对外贸易有限公司(以下简称"国药外贸")与北京综合保税区开发管理有限公司合资建立。

按照中国医药集团有限公司提质增效工作部署及中国国际医药卫生有限公司提质增效工作要求,国药保税在公司领导的带领下,以项目制为纲领,推动提质增效工作落实开展,动员全体员工立足岗位,以"以小见大"的工作思路,参与提质增效专项工作,宣扬一切成本皆可控的理念,让提质增效成为一种工作习惯。

"精打细算四分钱"租赁打印机项目作为公司提质增效工作主要项目,深入探索仓储物流企业成本的精益化管理,在变动成本的控制上不断改革创新,按照"可量化、可操作、可考核"标准,设立项目并顺利落实,降低成本增加经济效益,提升公司发展质量。

二、案例背景

(一)案例公司简介

国药保税位于北京首都机场临空经济区,总建筑面积达26,000平方米,是一家符合药品经营质量管理规范(GSP)要求的医药保税分拨中心,于2014年建成并正式投入使用。2015—2016年,国药保税通过GSP认证并已开始实际承揽药品第三方物流业务。

国药保税是中国医药集团在中国北方唯一一家自行设计、自我运营、自营建设的空港型保税物流中心,拥有超过2万平方米的多类型存储区域,是北京市首批注册在综保区内的药品第三方物流企业,享受保税区内分送集报政策,是天竺综保区内获批"货物按状态分类监管"政策的试点企业,享有保税与非保相融合的创新医药仓储模式。自有进口、报关、报检、仓储、质量、验收、配送全流程供应链服务团队,近年来逐步成为世界知名制药企业在华稳定供应链服务商。

国药保税面向医药和健康产业,为供应商提供进口保税、清关、药检、商检、仓储物

---

[*] 作者简介:陈祥军,中国医药对外贸易有限公司财务总监;李兆瑞,综保区(北京)国际医药分拨中心有限公司总经理;董燕秋,综保区(北京)国际医药分拨中心有限公司财务部经理。

流等个性化、创新化、多样化供应链服务。国药保税秉承"关爱生命、呵护健康"的理念，依托北京首都国际机场临空经济区位优势，致力于打造医药国际化供应链平台公司，为医疗健康产业提供全方位的供应链管理服务。

（二）项目实施背景

仓储物流业务本身存在较高的打印需求，如各种出入库单据等；当储存运输的货物为药品时，还另有药检报告、收货报告以及客户要求的其他单据资料等需要进行打印，打印需求非常大。面对较大的打印压力，公司自有打印机在使用中出现了不少问题，对公司仓储物流业务的顺利开展产生了不利影响。

1. 国药保税自有打印机在经营过程中存在着成本高的弊端

2019年，三方仓储物流A项目入驻，药检报告的打印数量急剧增加，公司现有两台打印机更换耗材的频率也急剧提高。根据2020年1—10月公司两台打印机的使用消耗情况，在不考虑纸张成本、维修成本和沟通成本的情况下，测算出单页打印成本为0.12元，A项目业务正式运营后年打印量约140万张，打印成本约16.8万元（未含纸张成本）。

2. 国药保税自有打印机在经营过程中还存在着效率低的弊端

公司自有打印机出现故障时，故障问题无法得到及时解决，联系维修会耗费较高的时间成本和沟通成本。打印机更新换代频繁，自有打印机陈旧过时，速度和性能不能满足仓储服务的打印需求。由于公司打印量大，打印机部件老化损坏加快，故障频率高，频繁维修严重影响生产经营效率。

三、案例项目实施目标与思路

（一）案例项目相关理论分析

许多企业在对一项固定资产投资进行决策时，通常会面临购买或租赁、采用经营租赁或融资租赁的选择问题。在作出选择之前，应当综合考虑包括企业资金是否充足、标的资产的租金、维修保养情况、适用性、资产适用频率等因素，在满足生产经营需求条件下优先选择成本较低的方式。

采用购买方式是将标的资产通过买卖形式变更所有权的行为，需要付出相应购买成本，且需考虑用于购买标的资产的资金是否充足，资产使用年限长短、更新换代频率、故障维修是否方便等因素。采用租赁方式是将标的资产使用权转移的行为，需要付出相应的使用成本，需关注租赁的标的资产功能是否满足需求、租金是否经济合理、故障维修效率情况等因素。对于判断"购买"还是"租赁"的决策问题，通常采用净现值法进行比较分析，优先选择净现值更大的方式。本案例标的资产为办公用打印机设备，不存在经营现金流入，主要为经营现金流出，因此在作出"购买"还是"租赁"决策时，重点聚焦于打印机运营成本高低和便利性分析。

（二）案例项目总体思路

1. 深入分析购买和租赁两种方式的利弊

（1）成本分析。公司采用传统购置方式采购打印机的成本较高，普遍都在1万元左右，如果需要高端型号的打印机往往价格更高。而且在后期的使用过程中，如果使用频繁，会更易磨损或损坏，带来较高的维修成本；如果后期使用频率较低，那打印机较高的购置价格会增加公司的成本费用。

首先，采用租赁方式，按照实际使用量与第三方办公设备公司进行结算，成本支出能够更好地和企业的实际经营情况相匹配；其次，第三方办公设备公司还可以提供免费的安装和保养维修服务，打印机原厂的维修往往价格高昂、第三方维修质量又没有保证，此时租赁方式更具优势；最后，目前耗材市场情况复杂，以次充好现象普遍，若买到劣质耗材，将造成设备故障率增加、使用寿命缩短和打印质量差等一系列问题，单独采购办公耗材也有价格偏高的问题，除器件耗材外，第三方办公设备公司还能够提供相对可靠的复印纸张。

从长期使用来看，采用租赁设备的方式公司也不会承担设备过时落后的隐形风险。由于技术的进步和发展，性能更好更耐用的产品设备不断涌现，造成了设备使用周期缩短，更新换代加快的情况。如果公司再购买新设备，势必会付出更高的成本，而采用租赁的方式就可以将过时的风险转移至办公设备提供方。

此外，公司采用购置打印机的方式下，实物管理及实际使用部门对打印机耗费的成本没有清晰的概念，对于设备损耗运行情况也缺少有效的了解；在租赁模式下，按照实际使用量与第三方办公设备公司进行结算，能够更明确地意识到打印设备的成本耗费和使用情况，有利于实现更精细化的管理。

（2）效率分析。第三方办公设备公司在提供设备租赁服务时，也会提供相应的保养和维修服务，其保养服务为定期提供，维修服务也会在公司反馈后的规定时间内响应。在机器设备出现问题时，办公设备公司会在响应时间内上门维修，无法及时维修好的情况下也会提供备用机器以供使用。

作为使用方，打印设备能够及时正常使用、确保工作顺利开展是重中之重。采用传统的购置设备方式时，打印机缺少定期的保养服务会加快设备的老化损坏；打印机维修时间得不到保证的情况下，实际工作的进度也会受到巨大影响，而且维修时也会耗费较多的沟通时间和较高的维修成本。此时，租赁方式下第三方办公设备公司的快速的上门维修和备用设备的提供都是让工作顺利进行的有效方式。

2. 建立可行方案并落实

多部门协同推进方案建立和落实。一方面，由财务部门梳理各类成本费用明细，综合考量打印机全年打印需求，测算购买方式下打印机购置折旧、耗材费用、维修费用等综合成本，以及租赁方式下租金、耗材费用等支出，进行财务数据可行性分析；另一方面，由信息部配合提供必要的信息资源配置，保障打印机设备的顺利安装、联通和持有稳定运行；运营合规部和质量管理部负责寻找选择合适供应商，签约落实租赁事项，做好日常监控偏差，及时调整。

（三）案例项目实施目标

国药保税从 2022 年收集的 8 个提质增效项目中，经集体讨论决策，按照可量化、可操作、可考核的标准，将"精打细算四分钱"租赁打印机项目作为重点项目申报立项。立项目标是通过使用租赁打印机模式取代原有购置模式，提升药检报告打印工作效率，压缩打印成本费用支出不低于 5.6 万元。

"精打细算四分钱"租赁打印机项目可以帮助公司探索建立一条依靠仓储物流行业成本可控形成竞争优势的道路,通过转变资产管理的理念,协助公司达到资产使用最优化、服务业务最可靠的最终目的。该项目作为国药保税提质增效工作的重点项目,可以优化工作流程,降低项目成本;同时可以提高公司职工的提质增效意识,宣扬一切成本皆可控的理念,让提质增效成为一种工作习惯。

四、案例项目方案

(一)自上而下传导,推动全员参与

国药保税积极组织召开专题会议,自上而下传达集团及上级公司关于"提质增效"专项工作会议精神,按"项目制"深入开展提质增效工作。动员公司全体员工立足岗位,以"以小见大"的工作思路,鼓励员工积极参与提质增效专项工作,为企业发展出谋献策,持续推动提升公司精益管理水平。结合上级部门的细心指导,国药保税以部门为单位,结合自身工作特点,有针对性地提出提质增效工作目标和实施方案。

项目立项后,将"精打细算四分钱"租赁打印机项目作为典型,在全公司宣传推广,结合其梳理关联环节、利用成本分析、转变模式等手段优化提升经济效益的工作思路,将提升管理、开源节流、稳步增效的理念,贯穿全员、贯穿生产,让基层每一位员工积极参与到提质增效工作中。

(二)积极宣传推广,营造工作氛围

一方面,加大提质增效工作的宣传力度,以多种方式从党建及管理两条线灌输式宣传提质增效工作,员工通过制作海报、手抄报,提高提质增效意识,宣扬一切成本皆可控的理念,让提质增效成为一种工作习惯。另一方面,抓重点、抓关键,以"精打细算四分钱"租赁打印机项目为核心,突出项目特点特色,制作"精打细算四分钱,提质增效在身边"的宣传小视频,在国药国际和国药外贸的公众号、视频号发布,有效扩大推广覆盖面,营造积极的工作氛围。

(三)推进项目落地,持续跟踪反馈

1. 确定设备供应方,安装运行

通过筛选比对,确定合适的第三方办公设备租赁公司。国药保税与第三方办公设备公司签订合同,约定积极配合提供场地和必要的运行设施,由第三方办公设备公司提供打印复印设备,明确提供的设备型号、费用标准以及纸张耗材的价格标准;约定由第三方办公设备公司负责后续维护,明确售后维护的时效及保障措施。公司按照实际使用量定期与第三方办公设备公司进行结算。

2. 对比分析租赁模式和原自有模式成本差异

国药保税以 A 项目为锚点,总结了 A 项目入驻后自有打印机打印药检报告耗费的各项成本费用,听取了一线员工关于打印中出现各项问题的意见和建议,在经过咨询比较后,最终确定某第三方办公设备公司作为服务供应商,并根据合同对价对不同模式下的打印成本进行分析。

第三方办公设备公司提供打印纸和打印设备,租赁打印机模式下单页综合成本为 0.13

元，包括打印机的使用成本单页 0.09 元和纸张成本单页 0.04 元；而购置打印机模式下单页综合成本为 0.17 元，包括打印机折旧、维修和耗材产生的单页成本 0.12 元以及打印纸的采购成本单页 0.05 元。

二者相比，租赁打印机模式相较于购置打印机模式单页综合成本由 0.17 元降至 0.13 元（其中纸张单页成本降低 0.01 元，打印消耗成本降低 0.03 元），单张的打印成本节省了 0.04 元。

打印机租赁模式下第三方办公设备公司提供定期上门维修、维护服务；提供 1 台打印机备用机服务，以备应急使用；经过一线员工的实际使用，租赁模式下的打印机因为存在定期维护保养，故障率明显下降，使用过程中基本未出现过较大问题，小问题只需要简单反馈就有维护人员上门维修。相较于此前花费的大量维修费用以及维修过程中较大的沟通成本和时间成本，"精打细算四分钱"租赁打印机项目节约了打印机维护的用人成本，优化了人力资源配置，发挥了提质增效连环效能。

3. 持续跟踪反馈

国药保税高度重视"精打细算四分钱"租赁打印机项目，相关立项部门持续跟踪项目的执行情况，确保立项成果能体现出实际经济效益，以季度形式进行项目进展专题汇报，以打印量为维度进行数据统计，以仓库现场作业量进行合理性分析，最终核定季度节约成本。第一季度至第四季度分别节约成本 1.49 万元、1.47 万元、1.32 万元和 1.42 万元。

另外，对第三方办公设备租赁公司的维保和维修时效，及时与现场使用人员进行沟通与核实，保障服务响应时效，确保不影响药检报告的打印质量和效率。

五、案例项目实施成效

"精打细算四分钱"租赁打印机项目实施后，国药保税 2022 年全年药检报告打印页数为 142.34 万页，月均打印页数 11.86 万页；单页综合成本降低 0.04 元，综合打印成本减低，实现结项经济效益 5.69 万元，在降低成本费用方面效果明显；同时，打印机维修、维护时效得到保证，节约了维保过程中耗费的大量人工成本，切实提高了工作效率，保证了公司仓储物流工作的平稳顺利进行。

下一步，国药保税将继续深挖日常仓储物流业务中存在的其他可以采取类似措施的情况，通过租赁降低成本、提升效率，规避设备损坏、过时及缺少保养的风险，进一步提升精益化管理水平。

六、总结与展望

（一）项目意义

"精打细算四分钱"租赁打印机项目为公司提质增效工作提供了一个很好的样本，通过简单的以租赁代替购买，不仅降低了使用成本，而且提高了工作效率，为公司精细化管理奠定了基础。在未来日常工作中，可以继续探索是否存在类似的情景，以便通过更经济高效的方式完成既有的实际工作，推动公司高质量发展。此案例具有普遍适用性，为其他单位执行相类似管理决策时提供广泛借鉴意义。

该项目也为公司其他提质增效项目及思路提供了一个很好的样例，不需要多复杂的更改创新，聚焦于日常仓储物流工作中存在的细节问题，使用简单的方式就可以达到提质增效的效果。

（二）提质增效工作展望

提质增效是企业永恒的主题，国药保税也会继续总结经验，持续提升项目质量，充分发挥提质增效对于公司高质量发展的重要抓手作用，促进公司经营效益持续提升。主要从以下方面入手：

第一，统一思想、统一行动。以公司领导班子为核心，动员全体员工上下凝心聚力，立足自身经营实际，深入挖掘持续改善项目，让提质增效工作成为全员的意识和责任。

第二，完善激励措施。制定奖励方案，完善激励措施，对于参与项目人员进行表彰奖励，增强员工荣誉感，提高员工参与度。

第三，持续提升创新思维。重视和培育创新思维，对标行业领先的仓储技术，仓储设施和先进理念，不断学习改进，提高自身核心竞争力。

第四章　提质项目

国控星鲨提质增效价值链分析综合应用实践

钟大强*

一、引言

国药控股星鲨制药（厦门）有限公司（以下简称"国控星鲨"）作为中国医药集团有限公司（以下简称"国药集团"）的三级子公司，认真贯彻落实国务院国资委及国药集团提质增效工作安排部署，在工作实际中，按照项目制管理原则，正确处理提质增效项目与企业日常经营管理活动的关系，使提质增效工作成为企业价值挖掘和转型发展的重要手段，基于互联网模式探索了大健康线上业务发展的新路径。

二、案例背景

国控星鲨以医药制造为主业，经营范围涉及健康药品制造、营养健康产品及健康服务等领域。

近年来，国控星鲨从长期可持续发展的角度出发，考察研究相关国家在居民消费能力提升、人口结构老龄化下的健康消费市场演进，认识到大健康（营养健康）领域存在的广阔前景和结构性机会。经过反复论证，决定结合自身资源进行业务转型，进军大健康市场，并借助互联网平台重点拓展线上市场。但作为传统制药企业，面对新领域、新渠道、新模式，公司在管理上遇到了如下问题。

一是对商业模式研究不够深入。国控星鲨以化学药品制造为主业，曾数次进军保健品行业，但由于对商业模式研究不够深入，管理经验缺乏，最终未取得实质性进展。

二是管理组织体系不够敏捷。医药行业强监管下的标准化与电商灵活多变的业务运营有较大差异，公司组织反应显得不够敏捷，对市场响应速度慢。

三是信息系统互联互通不够。作为新的业务领域，电商业务直接面向消费者、个人用户端（C端），电商平台多且接口不一，系24小时在线，业务数据量大且实时变化，这与制药行业有较大区别，公司在这方面进行数据处理与核算的基础能力较为薄弱。

四是业务管控能力有待加强。与传统线下营销相比，线上销售周期长、环节多，业务管控难度增大，公司相关经验不足，手段、方法也不完善。

五是激励机制不足。大健康产品生命周期短，产品迭代快，要求企业必须快速研发上

---

* 作者简介：钟大强，国药控股星鲨制药（厦门）有限公司财务总监。

市适应市场需求的新产品,但公司激励机制不足,研发人员动力不够。

三、实施举措

在项目开展过程中,国控星鲨以问题为导向,有针对性地采取分析价值链优化模式、开展小经营单元管理、推进电商数据中台建设、完善创新激励机制等措施,通过深化业财协协同融合,积极探索大健康线上业务发展新路径。

(一)以项目制强化落地能力

1. 纳入项目制管理

国控星鲨结合工作实际情况,优化协同机制、完善项目制管理,对提质增效项目按照"两级三类"模式进行项目制分类管理,即首先突出重点将提质增效项目分为重点项目和一般项目两级,再分类施策划分为创新创收类、工艺技术革新类和"金点子"项目三类。国控星鲨通过提质增效系列活动的开展,以及制定相关制度流程等长效机制的建立,使"提质增效"工作在干部员工中得到广泛认同,并逐步成为一种习惯和文化。提质增效专项工作中形成的项目制管理方法和跨部门协作机制,成为公司解决发展中重点、难点问题的有效做法。将基于互联网平台发展大健康产品业务作为专项工作,纳入提质增效项目制管理,更好地保障项目落地。

2. 加强组织保障

为做好提质增效工作,公司成立了主要负责人抓总、财务总监靠前指挥的提质增效工作小组,小组下设办公室。依托这一保障机制,进一步强化项目的工作组织,明确各条线、各层级工作职责,形成上下联动、相互协同、全员参与、齐抓共管的工作局面。

3. 加强闭环管理

遵循"目标可量化、落实有抓手、结果可考核"的原则,按照"计划—执行—检查—考核"的程序,加强闭环管理,确保项目真实、有效、按计划推进,使项目管理更加条理化、系统化、科学化。同时以项目制管理为基础,配合专项考核激励,通过客观、公开、公正的专项考核,激发员工的动力。

(二)基于价值链分析验证模式

1. 深入开展价值链分析,优化验证商业模式。项目从行业价值链、竞争对手价值链及企业内部价值链三个维度进行系统分析、对标研究和商业模式设计,包括定义目标市场和客户需求、确定行业的主要活动、划分价值链环节、评估具体环节的价值创造能力、确定关键成功因素、分析成本和效率、竞争对手比较分析、识别供应商和合作伙伴、发展新的价值链连接点等。通过对关键要素、关键环节进行识别和选择,确定了聚焦核心需求、做"行业资源整合者"、建设消费者品牌、采取市场渗透策略等一套比较可靠的运作模式。

2. 制定稳健的经营策略。项目综合应用本量利、边际分析等管理会计工具,系统筹划业务计划和经营策略。如在构建竞争优势上,聚焦"产品研发、品牌与营销、质量控制"三项核心能力,强化综合竞争实力。在目标人群与产品研发上,采取市场渗透策略,聚焦品牌核心人群,围绕用户核心需求做深做透的同时,进行产品延伸开发,拓展需求人群,稳健扩大市场份额。在成本控制上,一方面发挥自身品牌与研发的主导优势,通过行业供应链资源整合，产业协同合作以优化成本结构，提升成本竞争力；另一方面采取目标成本等方法，从研发端开始建立成本模型，全链条进行成本测定和管控，进一步强化成本优势。通过制定各项稳健的经营策略，保障了各业务条线在经营上可行、财务上有效。

（三）实施"小经营单元"管理

常规的基础核算主要依据会计科目、责任部门、项目辅助进行，而反映业务场景的业务信息在常规核算中颗粒度不够明细。公司基于阿米巴经营理念，在大健康业务中划小经营单元（SBU）。

首先，以核心需求、核心产品为基础组建细分的业务线，结合平台渠道店铺，形成"业务线+平台店铺"的小经营单元网格，以明确其经营责任，并基于小经营单元和业态、品类和管理需要，进一步细化管理颗粒度。

其次，为小经营单元配备责任会计。财务部门在满足基本职能管理基础上，克服人手不足的困难，提升业财协作能力。让每个小经营单元都有专职或兼任责任会计跟进，进一步强化业务支持与监督职能。

最后，项目贯彻国药集团客户价值度分析理念，深化价值度分析应用，编制小经营单元多种内部管理报表、报告以客观评价其业绩和价值。

小经营单元要做好，评价与激励是关键。因此，公司在小经营单元设立之初就从产品研发、上市、销售、促销、市场投入等全链条按业务单元做好分项预算及核算，保证过程记录完整、结果核算清晰；综合业务发展情况，与主要对标对象、行业发展情况进行对标评价，以客观评价各业务单元取得的工作绩效；同时，进一步改进完善激励机制。由于核算清晰、评价客观、激励有力，有效激发了各业务团队积极进取的心态，形成"你追我赶"的良好氛围，促进了各单元业务的快速发展。

（四）推进电商数据中台建设

在数字化时代，企业数据平台是财务管理创新转型的"基础设施"与"智能设备"（杨珊华等，2022）。随着电商业务的快速发展，线上店铺数量与业务类型日益增加，公司这一"基础设施"短板以及业务发展与管理能力不平衡、不匹配的矛盾愈发突出，需要加快推进电商数据中台建设。

当前国控星鲨电商数据中台建设已开展两个阶段工作。一是"对接"，主要实现各电商平台业务数据与企业资源计划（ERP）、仓储物流管理（WMS）系统对接；二是"集成"，主要实现全部电商数据聚合及系统间集成。通过这两个阶段性工作，打通了业务环节多平台、多主体、多系统、境内外的全链条通路。

同时，随着项目推进，公司在数据管理上也取得了以下进展。一是提升了主数据治理能力，实现各系统间主数据的统一；二是实现多平台数据、业务系统的聚合，及其与物流、财务体系的对接；三是借助机器人流程自动化（RPA）、系统直连等工具和手段实现业务处理自动化，为顾客带来更好的用户服务体验；四是实现实时、丰富的业务经营数据输出。

（五）迭代创新促进业务发展

1. 改进科研激励机制，促进新品迭代研发上市

大健康领域的消费品市场产品更新周期快，需要快速迭代研发。项目在新产品上，一

方面，基于存量产品人群，采取市场渗透策略，挖掘差异化需求进行市场渗透，研发新品；另一方面，对标头部品牌，采取跟随策略，切分对手"蛋糕"，推出竞品。从上述两个方面同时发力以满足不同人群的消费需求，实现市场品牌人群拓展。同时，为迅速跟上市场热点，提高新品的研发与上市速度，公司修订发布了《进一步鼓励科技创新管理办法》，加大对科研人员的考核奖励力度，改进科研激励机制。

2. 营销创新拓展人群线，发展新流量渠道业务

项目在激发原有人群消费需求的同时，基于大数据用户画像，运用线上创新营销工具，捕捉延伸需求、拓展人群线，产品品类逐步拓展至儿童膳食营养补充剂、成人膳食营养补充剂、儿童零辅食系列、益生菌系列等类目。

同时，项目持续发力渠道建设，覆盖八大平台及跨境平台。期间，项目紧跟平台流量走向，加强线上渠道建设，渠道覆盖京东、阿里、唯品会、抖音、快手、小红书、微信及线上海外平台等八大平台，进一步丰富线上销售矩阵。

四、项目取得成效

（一）项目直接成果

一是线上业务管理能力得到加强。通过项目实施，国控星鲨在品牌宣传、成本管控、科研激励、数据管理等方面的管理能力得到加强，为公司高质量发展奠定了基础。

二是培育多项子业务产品线。通过项目实施，激励了科研及业务人员，培育了多项具有潜力的业务产品线，项目目标完成率291%，业务团队也迅速成长。

三是拓宽了产品梯队及渠道纵深。项目自实施以来，共推出境内自主品牌产品58个、孵化海外自主品牌2个，拓宽了产品梯队矩阵，其中销售过千万的爆款品种共4个。目前公司线上销售渠道已覆盖八大平台、62家店铺，其中境内52家、跨境10家。

四是消费者品牌影响力不断提升。公司基于互联网模式，探索出了大健康产品发展新路径，同时通过线上线下有机联动与贯通，发挥了"1+1>2"的协同效应，消费者品牌影响力不断提升。以海外跨境业务为例，主抓供应链资源后品类增至5个类目、342个产品品种品规（SKU）；跨境流通品、总代产品、自主品牌业务线协同发展；天猫国际店铺层级由第一层级提升至第六层级、京东国际"特配奶粉"类目人气排名第一。

（二）项目取得经验

在准备阶段：一方面运用价值链分析工具，在战略层面通过深入全面的价值链分析，谋定发展战略及竞争战略，保证选择的商业模式可行；另一方面通过纳入提质增效专项工作形成项目制管理体系，在组织层面上保证项目能顺利落地实施，并有效管理。

在实施阶段：一是通过小经营单元管理，细化管理颗粒度，明晰各业务条线经济责任，强化运营管控，保证考核激励有力；二是通过数据中台建设进行数据互通、系统集成，动态跟踪项目过程，强化业务流程管理，保证组织效率和决策支持可行可靠。

在提升阶段：通过激励科研创新、鼓励开拓进取，推进新产品开发、新流量渠道建设、新品牌人群拓展，推进公司品牌和产品的有效市场渗透。在管理机制与企业文化层面，促进组织持续健康发展内生动力的形成，确保公司转型升级成功和可持续发展。

五、启示与展望

一是要严格落实项目制管理。按照项目制对提质增效项目进行管理,有利于把项目同企业日常经营活动区分开来,有利于项目的专项管理与考核,也有利于形成跨部门协作机制,提高工作效率。要坚持按照项目制开展提质增效工作,同时正确认识和处理企业短期效益与长期效益、经营效益与管理效益、财务效益与非财务效益、经营管理与改革创新的关系(陈施行和杨珊华,2022)。

二是要善于利用管理会计工具方法促进项目发展。提质增效工作开展过程中,要善于结合项目实际利用各种成熟的管理会计工具方法。比如本项目在准备阶段,运用价值链分析工具,深入分析企业价值链的关键战略环节,确定项目整体发展战略与竞争策略,在项目实施过程中,又充分利用本量利分析、边际分析等管理会计工具方法控制项目风险。

三是依靠创新促发展。提质增效工作开展过程中,要根据项目实际,善于提出创新性的发展思路和发展方法,同时鼓励进行微创新,营造公司全员想创新、人人贡献"金点子"的良好氛围。

四是发挥项目对日常经营的促进作用。提质增效是在资源稀缺条件下,任何个人和组织都需要面对的永恒课题,也是许多单位为了提高经济效益经常开展的一项管理活动(杨珊华,2022),是企业补短板、强弱项的重要举措,也是进行价值挖掘的重要手段之一。推进提质增效工作,归根结底是为了提高企业经济效益,促进企业高质量发展,对提质增效项目进行项目制管理的同时,也要注意其与日常经营活动的紧密联系,充分发挥项目对日常经营的带动与促进作用。

展望未来,还需要在以下三个方面进一步提升:一是业财深度融合方面。目前财务提供了多维度的管理报表,但如何用好这些数据,还需对业务及财务人员加强培训,促进业务财务"双向融合"。二是数据驱动发展方面。目前公司各平台各店铺积累了大量的消费者数据,但尚未实现消费者数据识别管理,也暂未通过充分挖掘数据、进行用户画像等来发现机会,未形成基于数据引擎的内生动力来促进业务发展,需要进一步加强数据治理与数据挖掘能力。三是数据资源管理方面。发展线上业务都有成本,所形成的线上店铺、链接排位、会员粉丝等都是有未来预期收益的数据资源。2023 年 8 月财政部印发《企业数据资源相关会计处理暂行规定》,如何根据《暂行规定》的精神科学确认好、持续管理好这些经营过程中形成的数据资源,需要尽快研究实施。

主要参考文献

[1] 杨珊华. 国药集团关于建设世界一流企业财务管理体系的实践与思考 [J]. 财务与会计, 2022 (17): 15 – 18.

[2] 杨珊华,李昊,佟士玲,柳林. 国药集团精准推进财务管理制度创新的案例与启示 [J]. 中国管理会计, 2022 (4): 37 – 49.

[3] 陈施行,杨珊华. 国药集团提质增效工作的探索与实践 [J]. 财务与会计, 2022 (17): 33 – 36.

［4］迈克尔·波特. 竞争优势［M］. 陈小悦,译. 北京:华夏出版社,1997.

［5］阎达五. 价值链会计研究:回顾与展望［J］. 会计研究,2004(2):3-7.

［6］杨振. 基于价值链会计的企业成本核算的研究［D］. 兰州:兰州大学,2013.

［7］李寿文,黎文靖,谭劲松. 价值链管理与价值链会计研讨会综述［J］. 会计研究,2004(2):82-83.

基于 DRG 支付改革的医院精细化管理实践与探索

马 东 邱秋里 宋建芳 王 娟 丁晓波 朱骄锋 张丽华*

一、引言

疾病诊断相关分组（Diagnosis Related Groups，DRGs），是用于衡量医疗服务质量效率以及进行医保支付的一个重要工具，即根据年龄、疾病诊断、合并症、治疗方式、疾病严重程度及转归和资源消耗等因素，将患者分入若干诊断组进行管理的体系；而 DRG 支付（Diagnosis Related Groups Payments）是一种医疗费用支付模式，其核心思想是将临床病症和治疗资源消耗相似的病例归类到同一个诊断相关组（DRG）中，然后对每个组设定一个统一的支付标准。DRG 支付方式最早由美国医疗保险和医疗补助服务中心（Centers for Medicare & Medicaid Services，CMS）提出，旨在通过规范诊疗流程、控制医疗费用，并保障医疗服务的公正性和可持续性。在 DRG 付费模式下，医保部门根据患者的临床诊断、治疗方式、疾病严重程度、年龄、性别、住院天数、合并症与并发症等因素，将患者分入不同的 DRG 组，并确定相应的支付标准。这种支付方式的特点是预付费机制，医疗机构在患者入院时就知道该患者所在 DRG 组的支付标准，从而可以更好地规划和管理医疗资源。不同于传统的按项目付费模式，这种通过打包支付的方式简化了医疗费用的计算和管理过程，确保医疗服务质量和效率的同时控制医疗费用的不合理增长。

我国于 20 世纪 80 年代末开始研究 DRG，北京于 2008 年完成 BJ - DRG 分组器的研发工作，并于 2011 年开始模拟运行，随后又出现了 CN - DRG、C - DRG、CIS - DRG 等分组器版本在全国多地落地实施。政策导向方面，2017 年 6 月 20 日，国务院办公厅印发《关于进一步深化基本医疗保险支付方式改革的指导意见》，提出全面推行以按病种付费为主的多元复合式医保支付方式，选择部分地区开展 DRG 付费试点；2018 年，国家医疗保障局办公室印发《关于申报按疾病诊断相关分组付费国家试点的通知》，要求加快推进 DRG 付费国家试点，探索建立 DRGs 付费体系；2019 年 5 月 21 日，国家医保局等四部委发布《关于印发按疾病诊断相关分组付费国家试点城市名单的通知》，确定 30 个城市作为 DRG 付费国家试点城市，要求以探索建立 DRG 付费体系为突破口，控制医疗费用的不合理增

---

* 作者简介：马东，国药同煤总医院院长；邱秋里，国药同煤总医院总会计师；宋建芳，国药同煤总医院院长助理；王娟，国药同煤总医院病案信息科主任；丁晓波，国药同煤总医院病案信息科职员；朱骄锋，国药同煤总医院医务科科长；张丽华，国药同煤总医院医保科科长。

长,更好地保障参保人员的权益;2019年10月16日,国家医保局印发《关于印发疾病诊断相关分组(DRG)付费国家试点技术规范和分组方案的通知》,公布国家版CHS – DRG的技术和管理规范,意味着中国的DRG付费改革已经进入到全面推进的实施阶段;2020年6月18日,国家医疗保障局办公室印发《关于印发医疗保障疾病诊断相关分组(CHS – DRG)细分组方案(1.0版)的通知》,明确了各试点城市要根据实际情况应用统一的CHS – DRG分组体系制定本地的DRG细分组;2021年4月16日,为贯彻落实《中共中央国务院关于深化医疗保障制度改革的意见》,深化医保支付方式改革,提高医疗保障基金使用效率,保障参保人员基本权益,积极稳妥做好DRG付费经办工作,国家医疗保障局印发《关于印发按疾病诊断相关分组(DRG)付费医疗保障经办管理规程(试行)的通知》;2021年11月26日,为加快建立管用高效的医保支付机制,在三年试点取得初步成效基础上,加快推进DRG/DIP支付方式改革全覆盖,国家医疗保障局下发《关于印发DRG/DIP支付方式改革三年行动计划的通知》,要求从2022年到2024年,全面完成DRG/DIP付费方式改革任务,特别是要引导和协调医疗机构重点推进编码管理、信息传输、病案质控、内部运营机制建设等四个方面的协同改革,推动医保高质量发展。

伴随着新型医疗体制改革的不断发展,在激烈的市场竞争环境下,公立医院需要从发展方式、管理模式、资源配置要素三方面进行转变。为提升医院内部管理的质量和效率,DRG支付与精细化管理理念应运而生。当下,医院必须探索以DRG核心指标为基础,建立起一套科学可行的数据评价体系,通过数据评价体系将医疗成本、医疗质量数据化,在兼顾医疗安全的前提下监测指导医院科室运营,在提升医疗质量的同时更好地实现费用管理。

二、案例背景

(一)医院简介

国药同煤总医院,第二名称为"国药同煤总医院互联网医院",为国药医疗健康产业有限公司下属医疗机构,始建于1949年10月,是一所集医疗、教学、科研、预防、康复、急救等于一体的三级甲等综合医院,服务范围覆盖着云冈区及周边地区及"医联体"相关区域200余万人口,并承担着矿山医疗救护和抢险救灾等国家指令性任务。医院设平旺、恒安两个院区,占地面积16.95万平方米,建筑面积19.04万平方米;编制床位1,000张,开放床位1,280张。

(二)医保支付方式的改变

1. 由国务院办公厅《关于进一步深化基本医疗保险支付方式改革的指导意见》指出:自2017年起,进一步加强医保基金预算管理,全面推行以按病种付费为主的多元复合式医保支付方式。各地要选择一定数量的病种实施按病种付费,国家选择部分地区开展按疾病诊断相关分组(DRGs)付费试点,鼓励各地完善按人头、按床日等多种付费方式。

2. 大同市医疗保障局关于启动实施按疾病诊断相关分组(DRG)付费工作的通知,首批确定了辖区内我院在内的7家医院作为试点医院,自2020年10月起,启动按疾病诊断相关分组(DRG)模拟付费。2021年1月起,启动DRG实际付费。

(三) 医疗机构绩效评价模式的改变

根据国务院办公厅《关于加强三级公立医院绩效考核工作的意见》（国办发〔2019〕4号），三级公立医院绩效考核指标体系由医疗质量、运营效率、持续发展、满意度评价四方面的指标构成，推动三级公立医院在发展方式上由规模扩张型转向质量效益型，在管理模式上由粗放的行政化管理转向全方位的绩效管理，促进公立医院综合改革政策落地见效。山西省卫生健康委办公室《关于开展2024年度省级临床重点专科申报工作的通知》中，评估指标之服务能力、服务效率、服务安全指标均涉及DRG指标。总之，当下各项绩效评价政策对应的指标体系均含有DRG指标，且占比大。

(四) 医院运营模式的改变

2024年7月2日，国家卫生健康委财务司印发《关于2024—2025年持续开展"公立医疗机构经济管理年"活动的通知》（国卫财函〔2024〕132号），继续坚持"规范管理、提质增效、强化监管"的主题，聚焦发展和安全，持续加强以业财融合为核心的运营管理体系建设，推动公立医疗机构内部流程管理精细化、规范化和信息化，以高水平经济管理支撑保障高质量发展。

在上述三大改变的背景下，山西省早在2016年开始探索DRG道路并遴选省内病历质量最优的5家医院作为试点，国药同煤总医院为其中一家开启了探索新篇章；于2017年成立院级DRG工作小组，引入CN-DRG，签约国内知名DRG专家团队进行培训及指导，2018年至2019年探索院内绩效评价，主要应用于学科建设评价、科室医生评价、同病同治、病案质控等方面，并以呼吸内科为试点将DRG数据引入医生绩效考核；2020年正式启动DRG付费工作。

为实现医院高质量发展，推进相关专业学科建设，完善管理制度及推进DRG支付改革显得尤为重要。本项目探索基于DRG支付改革路径下实现医院精细化管理的实践方法，为医疗机构DRG管理模式的可复制、可推广积累经验。

三、项目实施目标与思路

在DRG背景下，医院必须在医疗服务提供、医保资金使用和高质量运营之间寻求平衡，从运营理念、医疗活动、数据管理、医务管理全流程进行梳理，建立相应组织机构工作机构。由于DRG不是单科的工作，而是一项系统工程，因此有必要建立一套分工合作的工作机制。临床路径是一种成熟有效的质量管理工具，但应用中面临入组病种少、文本粗糙不可操作、管理方式单一等痛点。从应用目的看，DRGs付费要求以节约医疗资源提升效益为动机；而临床路径是保证医疗质量前提下的费用控制工具，是DRGs付费的有力手段。采用"临床路径+DRG"的创新管理模式，能够有效克服单一临床路径实施的困难，同时通过同质标准化诊疗合理控制医疗费用，有效缓解DRG支付压力，在保证医院质量的前提下有效提升效益。通过项目实施，不仅要实现医保支付扭亏为盈，还要实现医疗机构绩效指标的提升。

四、项目实施过程

(一) 成立 DRG 专班

成立 DRG 工作小组,由院长任组长,副院长任副组长,病案信息科作为牵头科室,相关职能部门负责人任组员。

(二) 建立多部门协同合作机制

构建 DRG 改革体制下各科室 MDT 协同管理模式,病案管理部门负责统筹管理、病案管理、临床宣教和数据反馈;医务部门负责诊疗行为的规范和管理;医保部门负责政策解读,争取支持;财务部门负责成本测算;绩效部门负责薪酬设计;信息部门负责信息建设,引进软件;药剂部门负责处方点评,加强监控。各部门合理分工,加强协作,充分调动各临床科室参与 DRG 改革的积极性,形成管理合力,提升医院 DRG 管理能力。

(三) 加强院内培训和数据反馈

院内深入临床一线积极开展 DRG 理论知识、病案首页填写规范、DRG 支付政策、医院管理全面的培训。开展不同层次的业务学习和集中培训,不断创新学习模式,为充分利用碎片学习时间,在病案工作群开展"每日一学"。前期在没有信息系统的条件下,工作小组建立了 DRG 付费数据模型,实时掌握医院—科室—医师—病组盈余情况,并进行数据反馈,指出具体问题,与临床科室一起分析原因,制定整改措施,并定期追踪整改效果。

(四) 构建信息平台,引导合理诊疗

为助力医疗机构更快更优做好自我改革,精准发力,强化信息化和 DRG 付费管理工作,医院搭建了区域医疗集团 DRG 综合分析管理系统。

(五) 加强病案首页填写质控管理

病案首页是 DRG 工作的数据源,因此病案首页的质量事关 DRG 工作的成败。通过工作的不断深入,形成病案首页运行—终末—专题病案首页全流程质控模式,确保病案首页的无死角质控,提高病案首页质量。

(六) 医保版临床路径助力落地

通过梳理科室前十位疾病顺位及相应 DRG 病组的支付标准,遴选平均费用超过 DRG 支付标准的病种,科室讨论修订方案,删除非必须的检验、检查和用药,确定最终的路径文本报医务科审核,医务科联合相关部门进行审核,然后根据汇总意见进行临床路径的修订,对已完成修订的临床路径病种进行效果监测。与传统临床路径管理进行区别,将这种模式称为"医保版临床路径"。

五、项目实施成效

(一) 医保支付政策高效落地

大同市医保 DRG 支付政策实施以来,医院快速转变管理理念,从政策落地之时及时介入行政 MDT、数据分析等管理手段,高效运用临床路径、日间手术等模式,促使医保政策高效落地。住院患者病例数逐年增加,外埠患者比例显著增加。同时在精细化管理措施

的早期干预下,建立适合我院实际 DRG 数据分析模型,运用 DRG 分组结果模拟出全院各科室盈亏情况,结合药耗占比进行分类评价,将临床科室分为 A – D 四大类:A(盈余+药耗占比低)、B(盈余+药耗占比高)、C(亏损+药耗占比低)、D(亏损+药耗占比高)。采取"一科一策"的方式单独进行 DRG 综合评价分析。2021—2023 年病组盈余情况如表 1 所示。

表 1　　　　　　　　　2021—2023 年病组盈余情况统计表

	盈利病组数	持平病组数	亏损病组数
2021 年	275(45.8%)	13(2.2%)	312(52.0%)
2022 年	292(48.6%)	14(2.3%)	29(49.1%)
2023 年	416(67.5%)	15(2.4%)	186(30.2%)

医保 DRG 支付下的医保基金结算盈余金额呈逐年上升趋势。2022 年患者总数和外埠占比下降,2022 年 10 月中旬至 12 月中旬作为黄码医院只收治危急重症患者,外埠患者基本为 0。2021—2023 年医院患者运营和 DRG 结算盈余金额统计数据如表 2 所示。

表 2　　　　　　2021—2023 年医院患者运营和 DRG 结算盈余金额统计表

	2021 年	2022 年	2023 年
出院患者人数	49,811	46,136	58,634
外埠占比	7.25%	5.91%	11.94%
DRG 结算患者人数	31,278	30,312	41,163
DRG 结算盈余金额(万元)	1,520	3,200	5,400

通过对总医院 DRG 管理模式的复刻和推广,2023 年所属二级医院首次 DRG 付费实现扭亏。

(二)医疗服务能力增强

通过医保医务的双融合、双促进,DRG 入组病例的总权重总体呈上升趋势,DRG 组数显著提升证明医院的病组覆盖辐射范围面积增大,同时 CMI 整体有所提高,证明医院的服务能力得到增强。2021—2023 年服务能力统计数据如表 3 所示。

表 3　　　　　　　　2021—2023 年医院服务能力指标统计表

	2021 年	2022 年	2023 年
DRG 总权重	50,507.21	47,433.47	60,132.43
DRG 组数	618	622	650
CMI	1.0144	1.0183	1.0256

(三)医疗服务效率提升

自医保 DRG 支付政策有效落实后,医院出院患者的平均住院天数和平均住院费用明显下降,日间手术开展量明显提升,医院整体服务效率得到提升。2021—2023 年服务效率统计数据如表 4 所示。

表 4　2021—2023 年医院服务效率指标统计表

	2021 年	2022 年	2023 年
平均住院天数	8.62	8.78	8.24
平均住院费用	10,678.61	10,466.61	10,235.46
日间手术例数	2,166	1,616	2,271

（四）医院功能定位加强

根据表 4 可以发现，截至 2023 年医院的疑难占比及手术类占比明显得到提高，对于三甲医院来说，表明医院的功能定位更加明确、更加符合高水平医疗机构的强化方向。2021—2023 年功能定位（疑难占比和四级手术占比）统计数据如表 5 所示。

表 5　2021—2023 年手术占比统计表

	疑难占比	四级手术例数	四级手术比	微创手术例数	微创手术占比	三四级手术占比
2023 年	5.61%	1,964	11.29%	2,352	13.52%	65.20%
2022 年	5.73%	1,277	8.31%	1,625	10.58%	54.19%
2021 年	5.48%	1,439	8.86%	1,966	12.11%	55.27%

（五）信息化建设卓有成效

打造 DRG "事前—事中—事后" 全流程、全角色数据监测与管理体系，如图 1 所示。

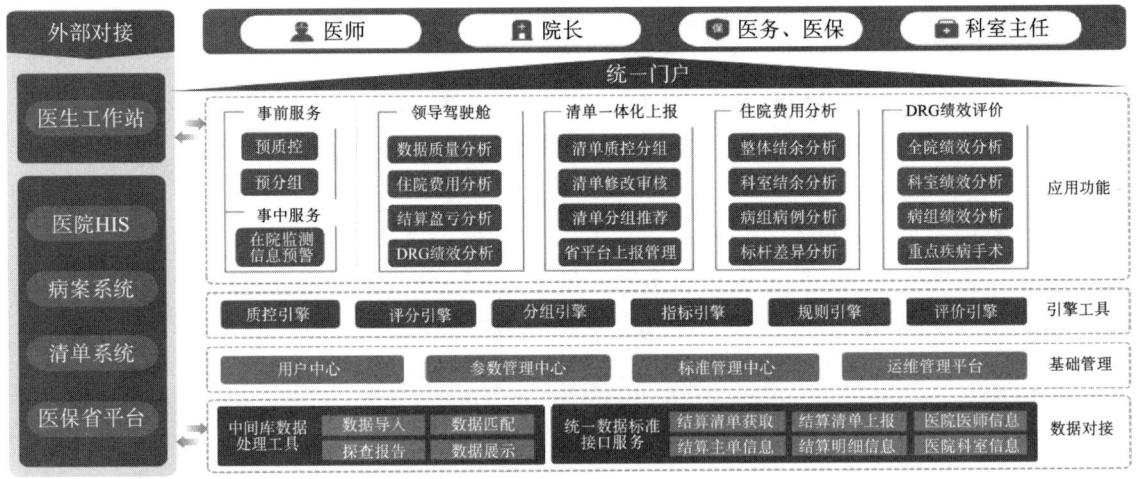

图 1　DRG 综合分析管理平台架构

（六）提质增效项目完成情况

根据集团提质增效项目制管理工作的要求，2023 年开展名为 "临床路径 + DRG 付费" 创新管理模式下医院质量与效益双提升项目，采用 "临床路径 + DRG" 的创新管理模式，按照临床路径标准流程进行临床诊疗，分析执行中的变异，对需优化的路径进行调整；同时通过同质标准化诊疗合理控制医疗费用，有效缓解 DRG 支付压力，在保证医院质量的前提下有效提升效益。该提质增效项目目标增量利润为 40 万元，实际实现增量利润 183.11 万元，目标达成率为 457.78%，取得了较好的增利成效。

六、问题和不足

（一）病历信息填写质量不够高

在引入 DRG 支付后，虽然一定程度上控制了医疗费用的不合理增长，但是这种方式也存在一定弊端，会出现医生填写病历时过分强调并发症，使得原本的小病会变成大病。

（二）影响医疗质量与安全

医疗机构受到 DRG 医保支付政策影响，医生对患者用药和检查会比较谨慎，可能会对医疗质量与安全造成一定的影响。

（三）医保运营风险存在挑战

执行医保 DRG 政策后，所有医疗机构都在争取 DRG 结算盈余，盈余率偏高往往超过 10%，不符合 DRG 盈余 5%—10% 的规律。随着医保政策的收紧和支付标准的持续下降，会给医疗机构的医保管理工作和诊疗工作带来新的挑战。

（四）限制某些专科发展

康复医学科患者住院较长，费用较高，纳入 DRG 付费后，患者治疗连续性较差；DRG 支付未考虑特殊耗材/药品/耗材/项目排除机制，患者选择受限，医疗体验受影响。

为建立高效管用的医保支付机制，国家医保局制定的三年行动计划，以聚焦抓扩面、建机制、打基础、推协同四个方面，分阶段、抓重点、阶梯式推进改革工作，加快扩面步伐，建立完善机制，注重提质增效，高质量完成支付改革各项任务。根据要求，2025 年底，DRG 支付方式覆盖所有符合条件的开展住院服务的医疗机构；利用三年左右的时间建立健全完善核心要素管理与调整机制、绩效管理与运行监测机制、多方参与的评价与争议处理机制、与改革相关的协同机制，不断推进医保支付方式改革内涵式、精细化发展。

下一步将继续落实国家、省市 DRG 付费分组及相关政策，进一步落实集团提质增效项目制管理工作和总部精益管理三年行动方案，充分发挥信息化优势，坚持用好 DRG 管理工具与平台，进一步加强医保 DRG 精细化管理，持续优化临床路径，努力实现精准医疗和价值医疗。

主要参考文献

[1] 李文华. DRG 支付改革模式下公立医院成本精细化管理实践 [J]. 西部财会，2024（2）：38-40.

[2] 李海龙，王瑶. DRG 支付下公立医院成本精细化管理研究 [J]. 财务管理研究，2023（12）：121-125.

[3] 张燕飞，章煜，陈朝伟. DRG 支付下 Z 公立医院精细化成本管理实践 [J]. 财务与会计，2023（9）：22-24.

[4] 林振威，吴风琴，程斌，等. DRG 绩效改革下医院精细化管理实践与思考 [J].

中国医院，2024，28（3）：15-18.

［5］梁春英. DRG 支付背景下 Q 医院成本精细化管理中存在的问题及解决对策［J］. 齐鲁珠坛，2023（6）：8-10.

［6］成文东. DRG 付费方式改革对医疗运营及医院精细化管理的挑战及应对［J］. 中国产经，2022（4）：120-122.

以产线创新驱动医药制造业提质增效

骆绍君　王雪莲　周裕明[*]

一、引言

党的二十大报告指出,必须坚持科技是第一生产力、创新是第一动力,不断塑造发展新动能新优势。习近平总书记还指出,发展新质生产力是推动高质量发展的内在要求和重要着力点,必须继续做好创新这篇大文章,科技创新能够催生新动能,是发展新质生产力的核心要素。国资委提出全面推进中央企业高质量发展——高水平的协同、质的有效提升、量的合理增长。

国药太极西南药业股份有限公司粉针剂车间按照集团提质增效工作部署,积极推进并完成B产品生产线技改提质增效项目,实现了"创新、提质、增效"目标,为公司的高质量发展作出了应有的贡献。

二、案例背景

(一) 公司简介

西南药业股份有限公司(以下简称"西南药业"或"公司")前身为原中央制药厂暨麻醉药品经理处,现隶属于国药集团下属重庆太极实业(集团)股份有限公司。西南药业是国家易短缺药生产基地,国家高新技术企业,西南地区最大的化学制剂生产厂家,西南地区唯一的国家麻醉药品定点生产企业,重庆市首批智能工厂。公司以"致力生命健康,专注百姓用药"为使命,产品资源丰富,拥有生产批文近500个,其中,国家基本药物目录品规近200个,国家医保目录品规近300个,国家易短缺小品种药品近100个,形成系统的常见病临床用药"百姓药品线"。

(二) 业务现状

1. 头孢2号生产线分装机存在的不足

头孢2号生产线于2013年依据《药品生产质量管理规范》(GMP)(2010版)要求进行了技术改造,生产线设备设施整体自动化程度较高,但该线1号和2号分装机均未设计充氮工位、未配置充氮设施,不能实施充氮保护。

---

[*] 作者简介:骆绍君,西南药业股份有限公司粉针剂车间主任;王雪莲,西南药业股份有限公司粉针剂车间副主任;周裕明,西南药业股份有限公司粉针剂车间工艺员。

2. B 产品化学基团稳定性差，需要通过技改来完善生产条件

B 产品化学结构中的某些化学基团稳定性差，易氧化成某些异构体，从而导致药品性状等发生改变。由此，必须要完善生产条件来保证药品化学基团的稳定性，可通过充氮保护来降低化学基团的被氧化速度，保证药品在有效期内的性状、有关物质、聚合物等指标符合质量标准要求。

3. 头孢 2 号生产线更换分装机停产改造的可行性低，只能在原机上改造

生产线上必须具备充氮工位、配置充氮设施才能实施充氮保护。在头孢 2 号生产线上实施充氮保护有两条路径：一条是更换有充氮功能的分装机；另一条是在原分装机上改造，让其具备充氮保护功能。

公司利润重点产品 A 需要常年在头孢 2 号生产线上生产才能保证销售要货，生产线停产更换分装机的这条改造路径不可采用；只留在原分装机上改造这条路径可选。因改造难度大且改后效果的不确定性，故原分装机设备生产厂拒绝在原机上改造，坚持建议进行更换；多方联系后，全国有且仅有一家设备厂愿意配合进行原机改造，但不承诺改造后的效果。

以完成 B 产品的一致性评价报批为目的，西南药业迎难而上，通过改造头孢 2 号生产线实现其充氮保护功能从"0"到"1"的突破。

三、项目实施目标与思路

西南药业成立攻关项目组，坚持"可量化、可操作、可考核"原则，以"创新、提质、增效"为突破口，启动技改项目；深入分析生产线及产品特点，以解决技术质量难题、提升设备利用率为目标，从技改可行性和药物属性两个维度出发，形成"技改、提质、增量"三个层次的渐进式技改思路。

2013 年技改后头孢 2 号生产线整体运行良好，项目组成员对设备性能了如指掌，技改对整条生产线的影响可控。大家通过开会研判、比对分析后达成一致，技改工作分两个阶段展开：第一阶段技改 1.0 版，在 1 号分装机上进行，完成 B 产品一致性评价的报批工作，获得一致性评价注册批件；第二阶段技改 2.0 版，在拿到一致性评价批件后再依据公司的规划进行后续的优化调整升级，实现提质增量目标。

技改 1.0 版：历时近一年多，近十次修正，在 1 号分装机上终于实现了充氮保护，达到了含氧量 5% 的标准。B 产品 0.75 克/1.5 克两个规格在头孢 2 号生产线 1 号分装机上注册申报成功，获得了一致性评价注册批件。

技改 2.0 版：减小瓶间含氧量差异，降低含氧量，提高产品质量和销售要货需求增加促使技改优化调整升级成为必然。

项目组不满足于含氧量 5% 刚好达标，制定更严格的内控标准即含氧量 ≤3%，同时减小瓶间含氧量差异。实现含氧量符合内控标准且稳定是技改 2.0 的追求目标之一。随着 B 产品 0.75 克/1.5 克销售要货需求量的逐渐增长，现有 1 号分装机上 4 万瓶班产量已不能满足要货需求，迫切需要对 2 号分装机技改来增加生产线的班产量，班产量增加是技改 2.0 的追求目标之二。

四、项目实施过程

（一）查找原因

1. 影响含氧量及瓶间差异的主要原因包括：氮气过滤装置无稳定的压力装置和流量控制装置；氮气灌装装置流入量少；已灌入瓶内的氮气逸出量多。

2. 影响班产量的主要原因包括：2号分装机无生产用配套20毫米西林瓶规格件及充氮设施，不能满足生产工况要求；2号分装机生产工艺未进行符合性确认工作，不满足GMP要求。

（二）项目实施

1. 改造充氮设施组合套

（1）改造氮气过滤装置，稳定氮气流入量。创新性地将普通阀门+过滤器的组合改造为流量计+调量阀+过滤器的组合。

（2）增加氮气流入量，改造灌装装置。增加氮气流入量的途径主要有两个：一是缩短充氮区域与瓶口间距离，将灌装装置与充氮区域的距离由0.8厘米缩到0.4厘米；二是扩宽充氮区域，将充氮区域覆盖范围扩大，能有效覆盖西林瓶灌装，经调试后由原设计0.8毫米扩到1.3毫米。

（3）减少氮气逸出量，调整灌装工位

配合氮气过滤装置改造后，通过增加氮气流入量保证了生产线的可实施，但还需要考虑如何减少已灌装入西林瓶内的氮气逸出量。充氮工位与压塞工位两者的间距存在已灌装入西林瓶内的氮气逸出，使得瓶间含氧量差异不稳定。将充氮工位进行合理调整，使充氮工位与压塞工位间距由35厘米缩短到3.2厘米，缩短距离91%，通过距离的减小来有效减少西林瓶内氮气的逸出，同时也稳定含氧量，使瓶内氮气量保持相对稳定，同时保证西林瓶内药品始终在氮气覆盖中完成盖塞。

通过改造氮气过滤装置、改造灌装装置、调整灌装工位，实现了氮气流入量稳定，氮气流入量增加，氮气逸出量减少。通过"1稳1增1减"组合途径来稳定含氧量，改造完成后采用不同的机速运行测试，含氧量稳定在≤3%，该组合途径可以配套用于1号和2号分装机。

2. 配套20毫升西林瓶规格件和充氮设施组合套，开展2号分装机工况改造

改造前B产品生产工艺流程为：洗瓶→1号数控螺杆分装机1、2、3、4号头下粉→轧盖→灯检→包装。改造首先是制作20毫升西林瓶分装机规格部件，包括20毫升规格大盘、20毫升进瓶三瓣、20毫升出瓶三瓣；然后导入分装机20毫升西林瓶运行程序及试运行。

试运行情况1：2号分装机三瓣运行中发生爆瓶次数较多，西林瓶表面划痕较多。

PDCA循环分析排查原因主要是进出瓶三瓣与大盘运行不同步导致爆瓶，三瓣运行中明显晃动导致西林瓶与护栏摩擦产生划痕。

针对上述问题采取如下措施：优化三瓣每瓣运动原点及曲线，使进/出瓶三瓣与大盘同步，爆瓶次数减少；减弱三瓣运行中的晃动，西林瓶表面划痕减少。设定目标为：爆瓶

次数小于 3 和划痕瓶数小于 3。

试运行情况 2：爆瓶次数和划痕瓶数虽然有所下降，但是还没有达到设定目标。

PDCA 循环分析排查原因：角度器测量发现进/出瓶三瓣拨盘与大盘连接角有 1°的差，需要调整；三瓣齿轮、传动齿轮间隙过大/错位，引起运行中的晃动，需要调整。

针对上述问题进一步采取如下措施：优化进/出瓶三瓣拨盘与大盘连接角的角度差，使进/出瓶三瓣与大盘同步；重新安装、优化调整三瓣齿轮、传动齿轮间隙，找到最佳匹配位置；解决运行中的晃动问题。

通过 3 次 PDCA 循环分析、调整、优化，2 号分装机成功地完成了 20 毫升规格件的改造、优化、调整，爆瓶次数和划痕瓶数优于设定目标。

最后是 2 号分装机配套安装充氮设施组合套来满足 B 产品生产工况要求。

2 号分装机不同运行速度下，爆瓶次数和划痕瓶数都很少，配套 20 毫升西林瓶规格件及充氮设施组合套的改造成功，满足了 B 产品生产工况要求。

改造后 B 产品生产工艺流程如下：

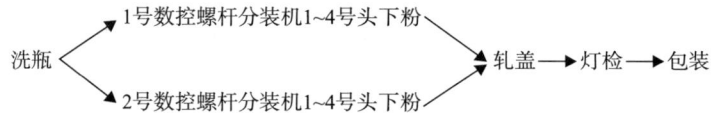

3. 2 号分装机生产工艺符合性确认，满足 GMP 要求

通过 20 毫升西林瓶规格件和充氮设施组合套的改造，满足了生产工况要求；开展的一系列生产工艺符合性确认工作，满足了 GMP 要求；实现了 1 号分装机和 2 号分装机可以同时生产 B 产品 0.75 克/1.5 克，提高了班产量。

五、项目实施成效

B 产品 0.75 克/1.5 克 从 2023 年 4 月实现了 1 和 2 号分装机同步生产，每批产品成品质量合格，放行 47 批，总产量 328.509 万瓶。班产量由活动前的 3.4645 万瓶提升到 7.0805 万瓶，增加 100.4%；含氧量控制 ≤3%，提高了产品质量，实现了生产线技改的预期目标。

头孢 2 号生产线全线满足生产充氮产品的条件；2 号分装机设备改造后达到与 1 号分装机一致的性能，班产量增加了 1 倍；通过一系列验证/确认等后续工作的补充完善，满足了 GMP 生产工艺符合性要求，提高了生产线设备利用率，降低了单位生产成本，其中，0.75 克的生产成本在每瓶原料成本上升 0.013 元的情况下，总体成本下降了 1.03 元每瓶；1.5 克的生产成本在每瓶原料成本上升 0.41 元的情况下，总体成本下降了 0.63 元每瓶；2023 年经核算，该品种两个品规在扣除了相关改造成本后，实现增量利润 167.41 万元，年初效益目标达成率为 100.88%。

六、总结与启示

车间是生产企业的基本单位，是落实高质量发展的基础。要充分认识在提升质量、提高效率、降低成本、加强管理等各项工作过程中的基础性作用，通过对项目设计和执行过程的梳理，得出如下启示和展望。

一是要在集团公司党委、公司党委的坚强领导下，在车间党支部的带领下，充分发挥党员和骨干的先锋作用，逢山开路，遇水架桥，克服重重困难，最终取得了圆满结果。

二是要勇于面对挑战，敢于尝试创新，面对全国有且只有一家设备企业愿意配合改造但不承诺效果，项目组迎难而上，坚持在设备上创新，在工艺上创新，最终完成生产线技改。

三是要充分运用工具和方法，逐一从人、机、料、环、法等多方面多维度查找问题，将发现的问题通过多次 PDCA 循环分析，逐条拿出措施或办法，一点点地摸索、试车和调校，最终将问题一一化解。

四是要合规降本，挖潜增效。遵照药品质量管理规范执行变更流程、进行设备确认与工艺验证、修订文件与记录，合规引领生产，最终实现了生产线设备利用率的提高，生产产量的增加，生产成本的降低。

国药国际资金运营提质增效项目实践

王 岩*

一、引言

中国国际医药卫生有限公司（以下简称"国药国际"）是中国医药集团有限公司（以下简称"国药集团"）的全资子公司和国际化经营发展主平台。国药国际始终坚持以改革促发展，以提质增效引领精益管理，充分发挥境内外资金一体化集中管理能力和海外平台优势，由财务资金部牵头设立资金运营提质增效项目，持续推动高质量发展。

二、项目目标与思路

国药国际以项目制为行动纲领，深入挖掘国际化经营特点，以防控汇率风险、提升资金运营效益为目标，境内外资金一体化集中管理体系为基础，跨境资金池为主要工具，资金调拨和外汇交易为主要手段，全面发挥市场分析能力和议价能力，从资金的动态管理和静态管理两个维度出发，形成"对冲风险、外汇交易、存款配置"三个层次的渐进式管控思路。

一是对冲业务单边敞口，提升汇率管控质量。发挥外币资金内部流通优势，利用跨境资金池对冲进出口业务单边风险敞口，有效应对汇率剧烈波动，稳定业务盈利水平。二是合理布置外汇交易，增加汇兑收益。跟踪分析汇率走势，抓住人民币贬值窗口期，在汇率高位分批操作结汇，获得汇兑收益。三是调整境内外存款配置，增加利息收益。捕捉美元加息周期境内外利差，境外资金调入境内，提升存款利息收益。

据此，经公司提质增效项目审核小组初审和党委会研究、总经理办公会审议，财务资金部于2022年6月就资金运营提质增效项目正式立项，立项目标是通过调配境内外美元及人民币存款、合理操作结汇交易等一系列行动，增加综合财务收益不低于1200万元。

三、项目实施举措

（一）完善境内外资金一体化集中管理体系，强化资金精益管理

国药国际秉持集中管控资金管理理念，强化总部核心职能，不断完善境内外资金一体化集中管理体系建设，强化资金精益管理，为资金运营提质增效打下坚实基础。

---

* 作者简介：王岩，中国国际医药卫生有限公司财务资金部资金管理科科长，国药国际香港有限公司财务部经理。

第一，搭建科学、完整、上下贯通且与业务经营高度适配的资金管理内控制度体系。在国药集团统一的制度体系下，国药国际结合自身实际建立适应公司业务发展的资金内控制度体系，针对重点领域特别是在国际化经营、汇率管理及线上业务等方面，设立资金集中管理办法、境外资金管理办法、贸易外汇管理办法、金融衍生业务管理办法、互联网资金账户管理办法、信贷业务管理办法等针对性强的管理制度，同时要求下属单位在国药国际制度框架下结合自身业务情况制定实施细则与操作规范，确保资金管理内控制度"无死角"。

第二，以"看得见、管得住"为基本目标开展资金管理数字化建设。为进一步提升资金管理能力，国药国际在数字化建设方面大力投入，较早开发并持续完善资金管理信息系统（后纳入集团司库系统），与财务软件、办公软件等主要信息系统实现集成互联，并通过机器人流程自动化（RPA）贯通离线账户，实现账户管理、资金结算、内部资金池、资金计划管理和统计分析等功能，对全级次企业资金进行实时动态监督和管控。

第三，重点资金领域施行"穿透式"集中统一管理。对于重点子企业、海外网点等施行资金结算权限上收政策，款项支出由国药国际资金管理科统一复核，确保资金使用安全性；针对账户、网银、授信、担保、融资、债券等重点或高风险类业务，由国药国际总经理办公会或财务资金部统一布置、统一审批、统一授权，确保业务合规、风险可控。

第四，以资金集中为手段全面促进精益管理。由于业务规模依赖密集资金驱动、资金周转效率及成本高度影响业务竞争、资金在境内外多主体高度分散等特点，分权式管理模式无法将资金规模经济效益发挥到最大化，因此国药国际较早实现了境内外全级次资金集中管理。一方面，利用资金管理信息系统，通过银企直联等形式对境内外各主体存量资金进行定额、定时归集，年平均资金归集率超过30%，结合财务公司集中通道，整体资金集中度连续数年保持在80%以上，为公司整体资金高效运转打下坚实基础。另一方面，积极跟进外汇监管便利化改革，在外汇管理局发布跨境资金池新政策后第一时间进行研究论证并发起申请，成为外汇管理局核准的北京地区首批获得跨境资金池业务资质的企业，可参与集中运营管理境内外资金，实现总部及境内外20个成员单位间本外币资金自由调配，为统筹管理公司跨境资金流动打下牢固"底座"。对于存在外汇管制等原因无法开立离岸账户、无法归集资金的境外子企业，采取"按需拨付、减少沉淀"的总体策略，辅以委派财务负责人、总部实时监控等手段，有效控制资金风险。

第五，以人为本，加强资金管理人才培养。一方面，坚持"开眼看世界"，定期组织全级次资金管理人员与银行、保险、外汇管理局、海关、软件开发商等相关单位进行沟通交流或参加专场培训，确保相关人员尽早接触最新监管政策或前沿金融产品；另一方面，以国药国际总部为基地，建立资金条线人员交流工作机制，定期安排重点下属单位资金人员在资金管理科进行实务工作，或直接将总部培养2—3年的青年骨干输送到下属单位相应岗位承担资金管理职能，发挥国药国际总部在专业水平上的优势，在人员使用上形成上下思想统一、步调一致的管理梯队，有利于实现资金一体化管理的顺畅和高效。

（二）构建外汇风险管理机制，对冲汇率风险敞口

国药国际下属各经营单位按照公司战略规划分别承担进、出口及转口等不同类型贸易业务，涉及大宗商品、跨境电商等多条产品线和多样化业务模式，各经营单位贸易规模不同，汇率敞口方向不一，资产负债币种和结构存在差异，跨主体多平台经营场景繁多，单一法人主体在现有外汇监管政策下无法完全依赖收付汇天然对冲机制规避汇率风险。财务资金部根据公司经营管理特点采取多项措施，构建切实有效的外汇风险管理机制，对冲汇率单边风险敞口。

第一，依托信息化手段建立外汇收支预测机制。采用系统集成的方式，将不同业务单元、不同子系统的合同、订单中所蕴含的外汇收付款数据实时向财务系统传输，再通过数据接口统一汇总到国药国际资金管理信息系统，在收支两端对经营层面外汇资金进行全面预测，同时结合公司外汇筹融资计划，对未来整体外汇收支时间表进行"精准刻画"。

第二，借助国药集团司库系统实现外汇头寸精细管控。在集团大力推动司库体系建设的"东风"下，利用国药国际自有资金管理信息系统实现境内外账户可视化全覆盖，结合自身资产负债规模和外汇收支节奏动态监控外汇头寸变化情况，有效量化全口径汇率风险敞口，为整体布置外汇交易方向和交易头寸提供策略依据。

第三，用好跨境资金池构建内部外汇流动通道。在跨境资金池全面投入运营后，国药国际总部根据各经营单位实际外汇头寸及敞口情况，通过资金池通道将所属出口成员单位经营所得外汇资金直接用于进口成员单位对外付汇，有效对冲进出口业务单边风险。

第四，树立风险中性思维，妥善锁定远期汇率敞口。对于资金池内部对冲后剩余的汇率敞口，通过开展远期结售汇等套期保值业务，以稳定成本为导向有节奏地进行锁定。在安排锁定远期汇率的过程中，财务资金部通过持续深入研究市场变化、强化与金融机构沟通交流、采取多元化的衍生工具等手段，获得汇率分布在即期价格波动区间内，总成本更低且稳定性更强，进一步缓解汇率波动影响，实现稳定业务盈利水平的目标。

（三）强化市场研判分析能力，合理布置外汇交易扩大经营成果

第一，深入研判外汇市场走势，设立汇率盯盘机制。由专人专岗对汇率波动情况及关键影响事件进行全天候追踪，实时掌握外汇行情动态；近距离接触市场为高质量外汇交易奠定基础，在汇率出现异常波动等突发行情下第一时间向涉外业务单元发布市场摘要及动因分析，协同业务端灵活调整采销定价方案和经营计划，形成上下贯通的高效联动作用，交易策略得以及时响应。

第二，加强外汇管理信息化建设，全面上线电子交易平台。通过与金融机构深度合作，将授权交易流程嵌入交易系统，交易指令全程线上传输，打破原有线下柜台交易限制，外汇交易处理时效从2—3小时压缩至"秒级"，精准捕捉汇率价格。

第三，发挥香港平台离岸市场差异化优势。深入挖掘香港离岸汇率差异，以国药国际香港公司为主体构建离岸贸易链条，据此开展离岸人民币（CNH）外汇交易。通过灵活选择境内外市场最优价格，有效利用离岸汇率优势提升业务端议价能力，实现境内外市场联动与业财协同有机结合。

第四，一体化集中管控共享总部资源优势。通过国药国际集中统一办理所属企业结售汇交易，与国内外大型商业银行签署外汇交易优惠协议，有效利用规模优势推动金融机构降低购汇报价或提高结汇报价，获得优于市场牌价的交易价格，进一步提升外汇交易价值

创造能力。

（四）挖掘存款利率差异，调整境内外资金配置提升利息收益

首先，深化银企合作，始终保持紧密把握市场的洞察力。财务资金部长期追踪市场利率走势，安排金融机构定期更新各项可准入存款产品报价，并对利率变化情况进行比对分析，精准把握美元加息周期下境内与境外的利率差异，在市场发生变化的最早期探测到境内外价格"缝隙"。

其次，发挥跨境资金集中运营优势，灵活调配境内外存量资金。根据市场利率变化迅速布置跨境资金调拨，利用跨境资金池将境外留存的大量美元、人民币等资金调入境内存放和使用，全面提升存款利率，始终保持以最高收益水平进行资金配置的高质量运营状态。

最后，积极与金融机构协商谈判，以"议价"促"溢价"。通过了解各金融机构吸收存款偏好，结合自身资金使用安排，建立与存款量挂钩的利率阶梯定价机制，进一步激发资金集中规模优势，实现活期存款价格对常规定期存款产品价格的"弯道超车"，在确保资金流动性的前提下，获得极具市场竞争力的存款利率。

四、项目成效及下一步工作计划

第一，通过在资金池内实施外汇引流，2022年实现进、出口成员单位间内部外汇流通规模1.6亿美元，有效降低整体层面汇率风险敞口，在市场汇率剧烈波动的情况下，业务盈利水平始终保持稳定。

第二，在确保公司整体外币资金周转需求的基础上，财务资金部抓住人民币贬值行情，于2022年6—12月在境内、境外市场分批次操作结汇1.5亿美元，成交汇率位于6.7—7.2区间，累计实现汇兑收益7,730万元。

第三，原境外美元活期存款利率、人民币存款利率综合提升超过2个百分点。在资金总盘出现下降的情况下，通过合理调配境内外存款，逆势实现全年存款利息收益提高超过1,530万元。

综上所述，通过有效对冲汇率风险敞口、合理操作外汇交易、调配境内外存款等提质增效行动，国药国际2022年创造增量财务收益9,260万元，圆满完成提质增效立项目标。

下一步，国药国际将继续扩大总部集中管理半径和纵深，挖掘集中管控价值潜力，共享国药国际总部资金管理资源、资质、专业能力和规模优势，改善下属单位在资金运营、外汇管理等方面的效能差距，提升整体资金管理水平。在集中管理方面，应在尽可能发挥集中化优势的基础上，平衡好下属单位与金融机构合作关系，避免因过度集中影响下属单位获得金融服务质量。

五、总结与启示

资金运营提质增效项目是对国药国际境内外资金一体化集中管理能力的一次检验，通过对项目设计和执行过程的梳理，得出如下启示。

（一）重点领域持续深入调查研究是开展提质增效工作的基础

根据国药集团对提质增效的定义，提质增效旨在挖掘企业创造价值过程中因信息不对称、制度不完善、管理不到位、流程不通畅等原因产生的价值漏洞和价值空间。针对价值挖掘，应立足于对重点领域持续且深入的调查研究，才能发现并准确把握机会。国药国际资金管理人员长期对利率、汇率市场进行跟踪，对异常信号进行锲而不舍的研究分析，在市场变化的起始阶段就探查到操作机会，成为引导该提质增效项目的"点火器"。

（二）抓住创新机遇体现提质增效核心动机

国药国际年初立项的63个项目并不包含资金运营提质增效项目，直到6月内外部重大变化叠加作用后，才迎来操作契机，体现了国药国际在竞争环境中依靠提质增效占得先机的能力。因此，提质增效项目应该是动态的、富有极强生命力的，在项目过程管控上应当鼓励在生产经营的任何时机制定新项目或调整原有项目方案，激发企业不断深入剖析自身情况、提升价值挖掘和价值创造动能。

（三）财务人员主动创造价值符合世界一流财务管理体系建设要求

国药国际财务资金部在落实提质增效这一重要专项工作过程中并未局限在组织者和旁观者视角止步不前，而是始终保持主动作为的担当精神和极高的敏锐度，综合应用自身对公司情况、市场情况、金融工具、信息化手段等一系列关键事项的理解，最终形成了全公司经济效益值最大的提质增效项目，通过对自身岗位价值挖掘为财务人员在世界一流财务管理体系建设中找准了位置。

（四）高质量财资运营离不开充足且适配的管理工具

国药国际始终坚持"工欲善其事，必先利其器"的管理思维，紧密追踪各项涉外业务监管政策，积极投入便利化工具建设。在跨境资金池政策发布后，财务资金部第一时间完成政策解读和资质审批，较早实现外汇资金集中统一管理，是资金运营提质增效项目圆满完成的关键。此外，国药国际海外平台资金纳入总部统一运营管理，在实施层面也为项目顺利落地提供了便利条件。

在国药集团领导下，国药国际坚持创新突破、战略破局、向实转变、向新而行，围绕"降本增效"主旨下的精益管理、卓越运营和"创新提质"主旨下的创新管理两个主方向展开探索，以"一利五率"为指引持续深入开展提质增效工作，深挖企业生产经营管理薄弱环节，苦练内功，聚焦构建核心竞争力。财务资金部将继续发挥专业技能优势，用好金融资源储备，合理应用便利化政策，以安全化、精细化、数字化、全球化且与业务经营高度适配的资金运营管理为高质量发展提供保障。

主要参考文献

［1］陈施行，杨珊华. 国药集团提质增效工作的探索与实践［J］. 财务与会计，2022（17）：33-36.

［2］杨珊华. 国药集团关于建设世界一流企业财务管理体系的实践与思考［J］. 财务与会计，2022（17）：14-18.

［3］杨珊华，李昊，佟士玲，等. 国药集团精准推进财务管理制度创新的案例与启示［J］. 中国管理会计，2022（4）：37-49.

国药东风总医院提升精细化运营管理提质增效实践

魏 润 马 亮 常朝晖 汪慧玲*

一、引言

在新医改大环境及国家对公立医院高质量发展提出更高要求的形势下，医院传统的医疗服务、药品耗材加成两大利润中心经营模式已经无法满足医院学科及经营发展需求。临床医务人员只关注服务总量和质量，对收入结构、成本管理及医疗服务效率、效益并不清晰。那么，如何将医院宏观运营与科室运营进行嫁接，是亟待解决的重要问题。

国药东风总医院自2021年开始探索并构建专科运营助理模式，拟实现医院精细化管理的转变。从组织架构、岗位职责、工作内容、人员选拔培养等方面入手，贯穿医院专科运营助理工作的全过程。通过设置运营助理，有效推进了科室运营精细化管理，有助于提升医院运营管理能力，转变医院管理理念。经过临床实践，专科运营助理的设置全面促进了院、科协同发展，有效推进了医院精细化、专业化运营管理水平。

二、案例背景

近年来，受深化医改叠加公立医院高质量发展要求等因素影响，医疗行业发展环境发生深刻变化，为贯彻国家对公立医院高质量发展新要求，落实国药医疗精益管理的指导意见，根据《国务院办公厅关于推动公立医院高质量发展的意见》（国办发〔2021〕18号）及中国医药集团有限公司关于持续深入开展2022年度提质增效工作要求，国药东风总医院（以下简称"总医院"）严格落实项目制管理，组织实施开源节流、降本增效经营改善举措，通过组建运营助理团队，加强职能及临床的沟通，实时反馈问题，跟进改正措施进程，以提升医院经营效能，达到提质增效、精益管理的目的。经过前期实践，运营助理发挥了重要作用，促进医院整体运行效能提升。

在医疗机构业务构成中，医疗服务是医院收益的最小产品单位，根植于各个运营环节，构成了医院收入的集合。医疗服务的运营思维，一是服务总量，二是收入结构。长期以来，医院在宏观运营模式下与分科运营相互脱节。科室医务人员只关注服务总量和质量，对收入结构、成本管理及医疗服务效率效益并不清晰。如何将医院宏观运营与专科运

---

* 作者简介：魏润，国药东风总医院院长；马亮，国药东风总医院运营部部长；常朝晖，国药东风总医院运营部运营管理科科长；汪慧玲，国药东风总医院运营部运营管理科干事。

营进行嫁接，培养跨学科复合型运营管理人才应对广泛业务，是亟待解决的重要问题，如改善收支结余低下、进一步优化收入结构、精细化预算管理、强化成本控制、优化绩效考核体系、利用信息化提供科学决策等，都需要挖掘培养高质量医院运营管理人才。为此总医院自 2021 年开始引入"专科运营助理"模式，树立医务人员成本管控的意识，助力科室提升运营效能。医院将每个科室都作为一个经营单元，专科运营助理就相当于医院运营管理中心的缩小版，专科运营助理岗位则具备了管理中心职能的各项基础能力来辅助各个科室主任把科室管理及发展起来，实现资源效益最大化。

三、项目实施目标与思路

2023 年由运营管理科申报"构建运营助理模式，提升有效收入比重，助力医疗净结余达成"提质增效项目。项目团队为运营部部长马亮、运营科科长常朝晖以及运营助理等。运营助理模式作为院科两级运营管理的纽带和延伸，通过促进科室运营效能带动医院的扩容增量、降本增效，实现全院提升有效收入比重的精细化管理过程。通过运营助理管理模式，提升科室经营水平，重点降低门诊药占比和住院耗占比，实现提升有效收入占比提升 0.99 个百分点目标，达成经济效益 330 万元。

结合本院实际运营特点和管理诉求，以短中长期经营目标为导向，不断完善和调整工作职能，具体工作职责如下：

1. 基本职能：协助各科做科室目标管理和运营分析，包括人次、收入、手术、病种等工作量效能、设备效能、床位效能、人员效能、病种病组构成及分析、成本管控等，助力各临床科室完成年度经营目标。

2. 专项职能（动态）：协助各科做专项管控分析，包括临床路径下的费用管控分析、DIP/DRG 医保支付、病种费用结构等对标管控分析、重要成本项管控分析等。

3. 跨部协同：联合跨职能多部门，如运营、财务、医务、护理、科教、数据中心、设备与物资部等部门，协同分析科室运营中出现的问题并制定管理对策。

4. 科室沟通：对接专科运营助理、主任，沟通和反馈科室运营状况、问题、短板、亮点、优势等，共同商讨改进措施和达成目标方案。

5. 引导执行：对与科室沟通达成一致意见的改善执行过程，定时定期督导、跟踪、反馈、评价。

工作实施如下：

1. 运营部数据管理员统计各科当期基础经营数据，总结异动情况反馈给各职能运营助理。

2. 职能运营助理根据异动情况结合已有系统深挖相关数据（如人次、药耗数量品种、具体术种情况等），得到更具体的异动因素并与临床科室运营助理进行交流沟通。

3. 运营部汇总各职能运营助理整理的科室异动分析报告。

4. 运营部整合异动原因同院方一同明确责任部门或相应临床科室，通报经营异动情况并联合院方提出改进要求并跟踪。

5. 职能运营助理发挥督导职能，督导临床科室梳理相应措施及实施；运营部督导相关职能部门梳理相应措施及实施。

6. 运营部运营助理通过对上月各科的经营异动改善情况做跟踪评价。

7. 每月初运营部召开科室运营会，向全院临床科室主任、运营助理汇报上月各科经营状况，以及重点经营异动分析，同时引导提升专科运营分析能力，促进临床科室的年度经营目标达成。

通过以上运营助理相关具体科室分析流程以及职能部门的管理调整举措跟进，促进各科室目标的完成，改善经营结构，协助医院解决科室具体问题；并以此管理闭环提升院科两级运营效率，实现项目目标。

量化计算公式如下：

全年收入×（结项经济效益/经济效益年度目标）×有效收入占比增加值×30%

四、项目实施过程

在专科运营的工作设计上，总医院设计了五个方向的切入点：一是在组织架构中设立专业化的经营团队。二是落实理念认知训练，加强经营理念和科室职能的认知了解，连接好临床和职能科室，做好专科发展的协调工作。三是狠抓科室经营基本功的训练，特别是在科室经营分析、绩效管理、成本管控、特色医疗等方面的工作训练，强化专科运营助手的经营能力建设，协同科室主任将每个科室打造成独立的经营责任单位，切实落实科室经营目标的实现。四是制定监控指标，以及评价体系，同时考虑专业差异，制定基础指标与专业特点相结合的指标体系。五是建立多维度的沟通机制与考核体系。以此为基础开展具体工作。

（一）构建组织架构

根据《关于加强公立医院运营管理的指导意见》（国卫财务发〔2020〕27号）的要求，总医院结合实际情况，由运营部牵头组建运营管理委员会，以院长为领导，由财务、医保、医务、全质办、信息等部门负责人担任委员，实行医院运营管理MDT（MDT全称为多学科诊疗模式，即多学科专家共同讨论个性化治疗方案），培养专业运营助理队伍，组织推动各项运营管理措施任务有效落实。2021年5月总医院招募组建以各临床科室医师骨干为主的临床专科运营助理团队，辅助科主任开展科室运营管理，2022年总医院再次组建职能运营助理团队，实现"临床运营助理"和"职能运营助理"专业领域互补。

（二）设立专科运营助理职责

临床专科运营助理侧重医疗优化角度做科室运营，主要关注完善和扩展科室医疗服务内容、提高医疗技术水平与科室经营管理工作，对临床专科床位的使用率及各专病诊疗组的平均住院日等着重分析，关注运营效率较低或者下降的专病诊疗组，组织科内人员进行改善。专科运营助理主要作为科室的经营"管家"，科主任的"参谋"和医院各部与专科之间的"纽带"并为科室做全面营销"代言"，围绕经营目标、收入结构、临床路径、病种成本、医保支付及学科发展等做相关工作。每月对业务量及业务结构进行分析，包括科室医疗总收入、有效收入（剔除西药、耗材收入）、医疗服务收入（剔除药品、耗材、检查、检验收入）、医疗服务收入占比、医疗成本（药品占比、耗材占比）、目标达成率、门诊业务量、住院服务量、门诊患者住院比例、住院患者地区来源等，通过与去年同期和上月数据进行对比分析临床专科及专病诊疗组在经营中存在的问题，重点分析业务量下降的专病诊疗组的相关情况。准确定位临床专科发展情况，为管理层提供决策依据。

职能运营助理侧重资源整合角度做专科运营，主要关注院科两级业务预算、经营结构、运行效率、成本控制、病种管理、学科发展等相关工作，助力临床专科进行经营管理。职能运营助理作为院级运营管理的延伸，协助各临床科室从经营、资源、成本、效能等方面做全面精细化专科运营管理工作，其工作由医务、数据中心、医保、财务、运营、市场等相关职能协同，同时职能运营助理需密切关注科室运营状况，每月向医院和科室提交经营分析报告，作为职能部门与临床科室间沟通的桥梁，协同科室助理针对需重点关注的问题及管控措施进行改进与跟踪，使医院及科室管理更趋于标准化、制度化。

（三）构建合理用药管理模式

医务、医保、药学三部门联动，临床科室负责制的药事管理指标考核机制。

1. 督导临床药品质量管理。做到事前干预、事中反馈、事后点评，提前警示、回顾分析，合理、优先使用基本药物、集采中选药品。明确药品质量和药师服务质量控制指标并指定人员担任药品质量巡查员和服务流程监督员，不断监督药品质量、持续改善服务水平。定期进行巡查并反馈质量管理实施情况。

2. 开展专项处方点评。通过开展处方点评、药学会诊及药品不良反应监测与预警，积极关注重点药物，如抗菌药物、抗肿瘤药物、中成药及中药饮片、糖皮质激素、肠内外营养、辅助治疗药物、血液制品等9个专项药物使用，保障药物治疗安全性和有效性。

3. 信息手段管理监控。制定合理用药规则库，利用医疗系统，限定疗程、限定适应症、限定科室等措施，将重要的药品质控指标实现信息化、可视化，全面实时掌握我院药事管理质控指标的完成情况和存在的风险，管控不合理用药，实现全流程监控，不合理用药考核至医师个人，为决策部门调整质控措施和策略提供准确的参考。

4. 动态监测与预警管理。动态监测异常增长药品，发现违规使用，及时预警并公示，合理用药进一步前置预警。同类排它使用目录，非主要治疗药物使用金额占比作为参考指标纳入考核体系考核。

5. 优化药品遴选机制。在保证医疗安全与医疗质量的前提下优先遴选质优价廉的药品供临床使用。出台多项配套政策促进带量采购中选的药品优先使用。药师、医师通过媒体、公众号、海报、宣传手册等渠道向患者宣传药品带量采购政策；科室主任作为合理使用带量采购中选药品的第一责任人，积极优先选用带量采购药品；医务部、药学部重点关注各科室优先选用带量采购药品情况；药事管理委员会处方点评管理小组持续监测，多措并举，切实让患者用上质优价廉的带量采购药品。

6. 药师参与DRG与DIP支付方式改革。参与临床路径的实施，优化单个疾病诊疗分组的用药方案，全面实施处方医嘱前置审核，保障合理用药。药物临床路径作为临床路径的补充和延伸，本质是一种为诊断明确的患者在治疗期间提供标准化药学服务的干预措施。基于DRGs/DIP分组规则，药师可借助药事管理学和循证药学等工具制定规范化的临床药径，减少临床不合理用药现象的发生，控制药费支出。药师可综合本院实际用药情况和 DRGs/DIP 分组规则，为单个 DRGs/DIP 分组中的患者提供最佳性价比的给药方案供临床用药参考，保障患者获得高质量治疗的前提下，降低用药成本。

7. 开展药物经济学相关研究。对不同药物治疗方案的成本-效益进行分析，新药遴选充分利用循证药学证据，开展血药浓度监测、基因检测指导用药进一步降低药物治疗成本和风险；积极开展患者用药教育，改善依从性对慢病患者年住院费用的影响。

（四）优化耗材管理办法

2022 年总医院修订出台耗材相关管理办法，对新技术新业务的开展充分评估，以支持学科发展，通过加强我院医用耗材的规范管理，进一步提高临床使用医用耗材的合理性、有效性和安全性，明确各部门管理职责：采购办负责核查耗材品种是否纳入医用器械管理，是否为省平台招标目录，比对在用品种价格，核查医保编码备案情况；物资设备科负责论证耗材品种是否既往使用过，或与同类耗材进行比对；物价科负责论证耗材品种或项目是否有收费依据；医保科负责论证耗材品种医保类别；医务部负责论证耗材品种是否为医疗必须；是否用于科室新技术、新业务或科研项目；是否具有先进性等。

耗材管理主要改善举措：一是建立医用耗材遴选制度，审核本机构科室或部门提出的新购入医用耗材、调整医用耗材品种或者供应企业等申请，制订本机构的医用耗材供应目录；二是建立医用耗材临床应用登记制度，使医用耗材信息、患者信息及诊疗相关信息互相关联，保证医用耗材前可溯源，后可追踪。对使用重点监控医用耗材的科室设立质控点，纳入医疗质量控制体系；三是提升带量采购耗材品规的使用比例，与带量品种相似的耗材进行再次降价，限用或停用与带量采购品种相同的耗材品种；四是建立耗材使用的月度跟踪管理制度，对医用耗材临床使用的安全性、有效性、经济性等进行综合评价，促进医用耗材合理使用，评价结果作为采购办动态调整采购目录的依据；五是清理整顿常规及辅助耗材，加强耗材使用监测、监管及考核力度，严格执行科室耗占比考核，对超出常规使用的医用耗材，及时进行预警、干预，梳理辅助耗材，异常增量的耗材暂停使用，对暂停使用耗材的重新议价，择优录用。

（五）梳理专科运营流程

我院以现行重点工作内容，通过以下六点，制定了具体工作环节流程，在后续工作中也将不断探索和优化。

1. 组建运营管理牵头部门，搭建适应高质量发展的公立医院运营管理体系。
2. 全面分析专科发展水平及资源效率水平，制定专科提升分类发展策略。
3. 制定专科运营目标，确定提升专项及行动方案。
4. 以综合目标为核心，落实专科发展关键举措。
5. 专业工具开发及应用。
6. 筛选关键举措，制定行动方案，纳入闭环管理。

总医院运营助理具体工作流程：一是运营科数据整理人员由观察周期内业务量初步寻找异动点问题，分发给各科职能运营助理；二是运营助理同临床科室人员沟通形成具体的异动分析报告，报告包括具体异动点、沟通人、异动数据归集、主要原因、科室意见等；三是运营科汇集问题，召开问题沟通会，明确问题责任科室及职能部门，由相关科室和部门制定改进措施并推行;四是职能运营助理实时跟进科室整改情况,利用积极参加科室例会等措施增进交流;五是整理异动跟踪报告。运营部汇总归集后反馈院方,由考核部门落实相应考核;六是召开月度运营助理沟通会,进行分享学习,总结经验,优化工作,帮助促进各科室达到年初目标。

五、项目实施成效

一是医保支付率提升。2021年医院为应对十堰市DIP医保支付改革,对全院80%的病种做成本核算工作,目的是对病种成本摸底,考量病种的DIP医保支付能力。6月医院组织运营助理开展基于临床路径(即针对某一疾病建立的标准化治疗模式与治疗程序)病种成本测算工作,制定临床路径下病种成本测算的流程,促进了临床病种费用的控制和优化,对提升2021年DIP医保支付率起到很好的效果。

二是有效收入占比提升。以我院某科一季度住院药占比指标异动为例,经过运营助理分析、反馈及跟踪,科室医师改变开具药品医嘱习惯,选择为患者开具更低价的带量药品,或以草药替代成药,该科室4月份住院药占比15.9%,环比一季度下降6个百分点。药占比得到明显改善;2022年业务收入实现了5.8%的增长,药品收入反下降1.7%,全年药占比28%,较上年下降2.3个百分点,全年整体达到了预算控制目标。可收费耗材管控效果也较为显著;经过一年多运行,2022年医疗有效收入占比同比提高0.8个百分点。

六、总结与展望

随着公立医院改革的持续深化和医院发展模式的转变,国药东风总医院在国药医疗指导下积极开展精益管理三年行动,临床科室运营助理项目为提升医院精细化管理水平提供了有力保障。在国药集团持续深入开展提质增效专项管理提升活动的指引下,总医院将继续优化专科运营助理模式,以项目目标责任制为基础加强科室运营管理,积极推动精益管理三年行动方案落实落细。根据国药医疗"集团化运营管理体系"方略,将打造"两级、三层、一体"组织机构,实现扁平化垂直化管理;通过集团化运营管控,推动全系统运营管理规范化和标准化,实现上下级管理信息的无障碍有效传递,促进资源协同与整合,助力医院科学决策和一体化管理。

主要参考文献

[1] 国务院办公厅关于推动公立医院高质量发展的意见[J]. 中华人民共和国国务院公报,2021(18):174-178.

[2] 王冬,黄德海. 非营利性医院的企业式经营:向长庚医院学管理[M]. 北京:化学工业出版社,2014.

[3] 关于加强公立医院运营管理的指导意见[J]. 中华人民共和国国家卫生健康委员会公报,2020(12):193-196.

本量利管理会计工具方法在负毛利产品提质增效中的应用与实践

周万森　张　宇　罗庆媛　曾小芮　汪　霞[*]

一、引言

作为一家以化药和麻精药品生产、销售为主业的生产企业，要想在众多竞争者中脱颖而出，除了大力开展新药研发外，加强对现有产品生产成本的管控、不断提升盈利能力是增强市场竞争力的重要手段，也是推动企业高质量发展的必由之路。针对生产销售品种品规多、产能利用不均衡、成本管控薄弱等问题，公司2022年设立负毛利产品提质增效项目，应用管理会计工具方法（比如本量利分析、敏感性分析等）进行效益分析和管理决策，取得了良好的经济效益，也有效发挥了财务的决策支持作用。

二、案例背景

（一）企业简介

西南药业股份有限公司（以下简称"西南药业"或"公司"）地处重庆市沙坪坝区，厂区总面积100万平方米，现有职工近2,000人，专业技术人员1,000人；公司2022年实现营业收入36亿元、实现利税总额8亿元。公司是中国医药100强企业，国家易短缺药生产基地，国家高新技术企业，西南地区最大的化学制剂生产厂家，西南地区唯一的国家麻醉药品定点生产企业，重庆市首批智能工厂，是国药太极旗下的核心企业。公司前身为原中央制药厂暨麻醉药品经理处（1928年建厂于南京），抗战期间迁至重庆；1958年迁往现址沙坪坝；1965年2月更名为西南制药三厂；1992年更名为西南药业股份有限公司；1993年成为中国第二家医药上市公司；2003年并入太极集团，2021年融入国药集团，开启了新的篇章，公司进入持续高质量发展快车道。

公司以"致力生命健康，专注百姓用药"为使命，产品资源丰富，拥有生产批文近500个（批文数居全国前三），其中国家基本药物目录品规近200个，国家医保目录品规近300个，国家易短缺小品种药品近100个，形成系统的常见病临床用药"百姓药品线"。

---

[*] 作者简介：周万森，西南药业股份有限公司财务总监；张宇，西南药业股份有限公司财务部部长；罗庆媛，西南药业股份有限公司财务部三级业务主管；曾小芮，西南药业股份有限公司财务部三级业务主管；汪霞，西南药业股份有限公司财务部三级业务主管。

麻精药品是公司最具竞争优势的产品,作为中国麻醉药品协会副会长单位,中国麻醉药品生产的领军企业之一,在业内享有盛誉。

(二) 管理会计应用的背景

公司自2003年初并入太极集团以来,营业收入从3.3亿多元增加至2019年最高的39.75亿元,实现了跨越式发展,但作为1958年建厂于沙坪坝的老国有企业,在经营过程中尚存在诸多问题,制约了企业持续快速健康发展。

一是生产经营品规多,管理聚焦大品种。公司2021年生产经营的品种品规300多个,营业收入过1,000万元的品种33个。因此公司管理主要聚焦在销售规模大、盈利能力强、增长潜力大的品种上;对其他规模小、市场竞争充分的基础用药投入和关注不够,形成部分负毛利产品。

二是产能利用不均衡,部分车间不饱和。公司现有6个药品生产车间,但车间产能利用不均衡,少数车间或生产线产能利用率高,而部分车间生产不饱和。受生产不饱和的影响,该部分车间生产产品所分摊的人工成本及其他固定费用较高。

三是成本上涨压力大,盈利空间受挤压。随着社会经济的发展,成本呈现上涨趋势。2021年人工成本较2020年增长9.36%;公司因无原料生产车间,部分上游原料价格大幅上涨,如某原料2021年采购单价较2020年增长59.56%;能源动力价格较2020年上涨12.76%。公司的盈利空间受到挤压,利润压力增大。

四是受招标政策影响,产品不具价格优势。公司作为化学药为主业的制药企业,除部分麻醉类药品外,绝大多数品种属充分竞争的普药品种,同时受国采、集采、联采等政策影响,产品销售价格很难提高。

五是管理会计在生产经营中运用不多,决策支持力度不够。受系统信息化、智能化水平不高以及业务财务信息不能互联互通的影响,公司未能实现传统的财务会计向管理会计转型,管理会计工具方法的运用还处于起步阶段。管理会计工具方法在生产经营实践中运用不多,未能系统性分析产品盈利水平,对企业经营决策的支持力度也很有限。

由于上述因素影响,公司2021年产生负毛利品规52个,为减少负毛利产品对公司利润的侵蚀,财务部门应用管理会计工具方法对负毛利产品产生的原因进行全面、逐一梳理,分门别类针对不同原因提请业务部门采取相应措施实现扭亏增盈。

三、项目实施目标与思路

公司将管理会计本量利分析方法应用于负毛利产品提质增效项目决策中,下面主要就该管理会计工具方法的理论依据作分析。

(一) 负毛利产品成本、费用性态分析

按照成本与业务量之间的关系,可将生产成本分解为变动成本和固定成本。固定成本总额与业务量大小没有关系,但单位固定成本随着业务量的增加而变小;变动成本总额随着业务量增加而增加,但单位变动成本在一定范围保持不变。经过性态分析,公司将生产产品所耗费的固定资产折旧以及一线生产人员、车间管理人员和车间辅助生产人员基本工资等作为固定成本,将除此之外的诸如直接材料消耗、生产及管理人员绩效、燃料动力等

作为变动成本。

根据费用发生的性态分析，将费用分为直接费用和间接费用。其中将与产品销售数量或者销售额直接相关的费用归属于直接费用，比如促销费、业务员提成、营业税金及附加等；将与销售数量或者销售金额不直接相关的费用归属于间接费用，包括间接销售费用、管理费用、研发费用和财务费用等，比如销售人员的差旅费、业务招待费，管理人员薪酬等。

通过对形成负毛利的产品成本、费用性态分析，又将负毛利分为生产负毛利和销售负毛利；生产负毛利是指单位销售价格与单位生产成本直接倒挂；销售负毛利是指单位销售价格不能覆盖单位变动成本、直接销售费用、营业税金及附加。

（二）管理会计在负毛利产品提质增效决策中的应用与实践

为减少负毛利产品对盈利能力的影响，推动企业高质量发展，西南药业成立了以党政班子成员为专班的提质增效工作领导小组，一把手负总责，供应、生产、技术及销售分管领导以及相关部门负责人作为组员，由财务部门牵头，其他相关部门配合，以此确保此项工作的顺利实施，并确定2022年度"负毛利产品提质增效"项目增效目标935万元。

财务部门应用本量利分析方法中的盈亏平衡分析和敏感性分析，从负毛利产品的销售价格、成本、销售政策等方面进行逐一梳理，认真分析负毛利产品产生的具体原因，同时探索管理会计工具方法在负毛利产品提质增效决策上的具体应用。

四、项目实施过程

（一）本量利分析

本量利分析是以成本性态和变动成本法为基础，运用数字模型和图式，对成本、利润、业务量与单价等因素之间的依存关系进行分析，发现变动的规律性，为企业进行预测、决策、计划和控制等活动提供支持的一种方法。

本量利关系主要围绕销量、销售单价、固定成本、单位变动成本这四个变动因素进行盈亏临界点及目标利润的分析。当其他三个因素不变时，利润与销量呈同向变动关系；保本点的位置与销售单价呈反向变动关系，与固定成本和单位变动成本呈同向变动关系。

> **案例1**：2021年A注射液销售单价为2.21元，销售成本3.25元，该产品2021年生产成本为3.126元，其中固定成本为1.4155元、变动成本为1.7105元，每盒营业税金及附加0.0929元；该产品2021年生产数量228万盒，销售数量183万盒，营业利润亏损138.29万元。该产品2021年销售价格直接与销售成本倒挂形成负毛利，主要原因为销售价格没有及时随着生产成本的上涨作出调整。为解决该产品经营亏损问题，公司应用本量利分析方法进行了分析并针对分析的结论开展了以下工作。

1. 公司应用本量利分析方法测定A注射液盈亏平衡点

2021年A注射液盈亏衡平点业务量 = 固定成本 ÷（单价 – 单位变动成本）= 1.4155 × 228 ÷（2.21 – 1.7105）= 646.11（万盒）

2021年A注射液边际贡献率 = 1 – 变动成本率 = 1 – 单位变动成本 ÷ 单价 = 22.6%

2021 年 A 注射液安全边际率 =（安全边际量/预计的销售量）×100% =（预计的销售量 − 保本量）÷预计的销售量×100% = −253.07%

根据上述计算测算出安全边际率为负数，通过安全边际分析程度分析，实际或预计销售量小于保本点销售量，安全边际率小于10%，安全程度属于危险状态，收入不足以覆盖成本，以至于产品销售亏损，需要增加销量或者降低相关成本。而该产品销售数量在短时期内无法从 2021 年的 183 万盒迅速提升到 646.11 万盒，因此需要在销售定价和生产成本方面开展工作。

2. 本量利分析方法在销售定价上的应用

假定该产品利润为 0，同时 2022 年销量按照 2021 年实际销量 183 万盒预计，该产品盈亏临界点（即保本点）销售单价 =（固定成本 + 销售数量×单位变动成本 + 销售数量×单位营业税金及附加）÷销售数量 =（1.4155 元×228 万盒 + 183 万盒×1.7105 元 + 183 万盒×0.0929 元）÷183 万盒 = 3.57 元/盒，该产品 2021 年的实际销售单价 2.21 元/盒，未达到保本点测算的销售单价，是形成经营亏损的主要原因。

销售部门根据测算出来的盈亏临界点上的销售单价，与市场上同类产品的售价进行对比，将销售单价从 2.21 元/盒提高至 3.36 元/盒；公司没有直接将销售单价提升至 3.57 元/盒，即盈亏平衡点的销售单价，主要考虑一是价格过高将丧失竞争力，二是销售数量可能会大幅度下降，故要消除该产品经营亏损，除了提高销售价格还需从降低生产成本上下功夫。

3. 本量利分析方法在降低生产成本工作上的应用

从本量利分析方法在销售定价中的应用可以看出，在盈亏临界点上影响价格的因素除了变动成本、销售数量等以外，最主要的还有固定成本的高低，为此，公司将该产品的成本按照性态分解成了固定成本和变动成本，并逐一清理，找寻降低成本的方法。

供应部门与供应商开展了多轮谈判，将该产品主要原料的采购价格下降了 10.7%，某氨酸采购价格下降了 4.69%，最终使 2022 年该品种的原料成本降低了 4.2%。生产部门根据该产品库存情况以及销售上提供的销售计划，调整生产计划，将该品种集中组织生产，以提高车间和产品生产的饱和度，降低诸如燃料动力、职工薪酬、制造费用分摊至单位产品的金额。

综上所述，通过本量利工具方法的应用，销售部门在 2022 年上半年对产品进行销售定价，将销售单价 2.21 元/盒提高至 3.36 元/盒；同时通过各相关部门在成本端的努力，该产品 2022 年成本较 2021 年下降 21%，大大提升了盈利空间。2022 年销售数量 143 万盒，营业利润同比增长 192.92 万元，成功扭亏并实现营业利润 54.63 万元。

（二）敏感性分析

敏感性分析是从属于本量利分析的一种具体方法，是指对影响目标实现的因素变化进行量化分析，以确定各因素变化对实现目标的影响及其敏感程度。敏感性分析可以分为单因素敏感性分析和多因素敏感性分析。进行敏感性分析时，可视具体情况和以往经验选取对利润基准值影响较大的因素进行分析。在进行因素分析时，通过计算各因素的敏感系数，衡量因素变动对决策目标基准值的影响程度。

单因素敏感性分析是指每次只变动一个因素而其他因素保持不变所做的敏感性分析。敏感系数反映的是某一因素值变动对目标值变动的影响程度。有关公式如下：

某因素敏感系数＝目标值变动百分比÷因素值变动百分比

变动因素为销售量、单价、单位变动成本和固定成本。敏感系数的绝对值越大，该因素越敏感。有关因素只要有较小幅度变动就会引起利润较大幅度变动的，属于敏感性因素；有关因素虽有较大幅度变动但对利润影响不大的，属于弱敏感性因素。在短期利润规划决策中，销售量、单价、单位变动成本和固定成本都会对利润产生影响，重点关注敏感性因素，及时采取措施，加强控制敏感性因素，确保利润规划的完成。

> **案例2**：2021年B口服液（规格：150毫升）销售数量440,592瓶，销售单价4.14元，底价为3.1元（底价销售情况下，直接销售费用为0）；生产成本3.23元，其中单位变动成本2.89元、单位固定成本0.34元；总销售费用600,368.07元，其中直接销售费用470,395.52元，税金及税金38,842.09元。2021年B口服液剔除直接费用后的毛利为 -69,456.80元（营业收入-营业成本-直接销售费用），销售毛利（营业收入-营业成本-直接销售费用-税金及附加）为 -108,298.89元。

从上面毛利的公式经过分解后可以看出，影响销售毛利高低的因素有单位销售价格、销售数量、变动成本、固定成本以及直接销售费用等。

假设B口服液各因素增长20%，计算各因素的敏感系数如下：

1. 单位销售价格的敏感系数

单位销售价格增长20%后的预计毛利润＝440,592×(3.10×1.2－2.89－0.34)
　　　　　　　　　　　　　　　　　＝215,890.08（元）

毛利润变动百分比＝(215,890.08＋69,456.80)÷69,456.80×100%＝410.83%

敏感系数＝410.83%÷20%＝20.54

由此看见，单位销售价格对利润影响较大，从百分比来看，单位销售价格每上升1%，利润将增加20.54%，涨价是提高利润的有效手段。

2. 销售数量的敏感系数

销售数量增长20%后的预计毛利润＝440,592×1.2×(3.10－2.89－0.34)
　　　　　　　　　　　　　　　＝－68,732.35（元）

毛利润变动百分比＝(－68,732.35＋69,456.80)÷69,456.80×100%＝1.04%

敏感系数＝1.04%÷20%＝0.052

由此可见，如果单位销售价格不变的情况下，销售数量的敏感系数小于1，仅仅提高销售数量对利润影响不大。

3. 单位变动成本的敏感系数

单位变动成本增长20%后的预计毛利润＝440,592×(3.10－2.89×1.2－0.34)
　　　　　　　　　　　　　　　　　＝－311,939.14（元）

毛利润变动百分比＝(－311,939.14＋69,456.80)÷69,456.80×100%
　　　　　　　　＝－349.11%

敏感系数 = -349.11% ÷ 20% = -17.46

由此可见，单位变动成本对利润影响较大，变动成本每上升1%，利润将减少17.46%，对比可得出单位变动成本对利润的影响小于单位销售价格对利润的影响。

4. 单位固定成本的敏感系数

单位固定成本增长20%后的预计毛利润 = 440,592 × (3.10 - 2.89 - 0.34 × 1.2)
= -87,237.22（元）

毛利润变动百分比 = (-87,237.22 + 69,456.80) ÷ 69,456.80 × 100% = -25.60%

敏感系数 = -25.60% ÷ 20% = 1.28

由此可见，单位固定成本对利润影响相对较小，但是敏感系数绝对值大于1，仍然需要关注对固定成本的控制。

根据敏感系数可以得出，单位销售价格的敏感值最高，其次是单位变动成本，当前这个品种的侧重点是提高销售单价，同时控制和降低单位变动成本。公司经对产品销售市场调研和对构成成本的各明细要素尽心逐一清理后，鉴于原材料的采购成本以及人工成本预计在2022年还将上涨，其中原材料预计将上浮30%，人工预计将上涨10%，综合成本将上升20%，在生产工艺改进以及生产饱和度上无法进一步优化后，为测算确定销售价格，确保该品种销售有利润，假定2022年的销售量维持2021年的销售量不变，且2022年公共销售费用、管理费用、研发费用、财务费用总费用率保持2021年的水平10.33%，单位销售价格的最小允许值为p，则最小单位销售价格为：440,592 × p（收入） - 3.23 × 1.2 × 440,592（成本） - 38,842.09 ÷ 440,592 × p × 440,592（税金及附加） - 440,592 × p × 0.1033 = 0，此时p = 4.79元，由此可见，如果B口服液的单位销售价格达不到4.79元/盒将会出现亏损。

鉴于此，公司决定从2022年1月19日起销售底价从3.1元/瓶提高至4.87元/瓶，同时为克服提价后销量可能萎缩的问题，公司加大了市场推广和宣传的力度。2022年B口服液实现销售数量840,593瓶，同比增长90.79%；在原材料价格涨幅24%的情况下实现销售毛利1,216,143.30元，同比增长1,222.95%。

五、项目实施成效

（一）经济效益成果

通过对公司生产经营过程中存在的问题进行深入剖析，运用管理会计工具方法，逐一分析生产经营管理各环节、各流程、各作业存在的问题和不足，针对负毛利产品提质增效项目，公司采取了以下措施：

一是停止生产销售。对销售价格在同类产品中较高、市场销量小、成本较高、提价无望且不属于战略性亏损的4个品种，采取停产停销措施予以止损。

二是提高销售价格。对销量较稳定但销售单价处于盈亏平衡点以下的5个产品采取提高销售价格，提升盈利能力实现扭亏增盈，实现增收1,551万元。

三是降低销售费用。对销售价格和销售量相对较稳定的2个品种取消促销政策（取消赠品），实现增收384万元。

四是降低生产成本。对生产成本高的品种进行清理,并区分不同情况采取措施,实现增收 742 万元。

五是以销定产。严格实施"以销定产",降低并消除近效期产品数量,避免低价处理老批号产品造成产品负毛利。

通过以上措施,2022 年负毛利产品实现提质增效 2,67.94 万元,完成年度经济效益目标 296%。

(二)支持决策作用

公司通过本量利分析管理会计工具方法大大推动了负毛利品种提质增效工作,在取得较好经济效益的同时,也极大的改变了公司决策思维,引导公司决策以数据为依据、以效益为先导、以价值创造为中心,充分发挥财务支持决策作用。

六、总结与启示

根据上述案例,本文首先对本量利分析法中的管理会计工具方法进行综述,并介绍其理论知识、技术方法和在企业经营决策中的作用。然后以公司两个负毛利品种为例,进行盈亏平衡点、安全边际率及敏感系数分析。由于公司生产经营多种产品,当产品结构发生变化时,也会带动公司销售利润发生变化,因此运用本量利分析法对企业目前的生产经营状况进行研究,优化产品的生产组合,使企业销售利润达到最大化。

公司在过去多年的管理实践中,已经在预算管理、成本管理、运营管理、投融资管理等方面开展了积极探索,在一定程度上发挥了管理会计的职能作用。但由于财务数字化还在转型推进过程中,财务人员管理会计专业知识储备不足,管理会计工具方法的应用与公司管理实践结合得还不够紧密。为落实公司"双百战略"(即 2028 年建厂 100 周年实现产值过 100 亿元),促进企业转型升级,充分发挥财务的决策支撑、风险防控和价值创造作用,未来公司财务工作要由财务会计为主向财务会计与管理会计协同融合发展的模式转变,通过积极推广应用管理会计工具方法,助推公司高质量发展。

主要参考文献

[1] 胡玉明. 管理会计应用指引详解与实务 [M]. 北京:经济科学出版社,2019.

[2] 财政部会计司编写组. 管理会计案列示范集 [M]. 北京:经济科学出版社,2019.

[3] 温素彬. 本量利分析模型:解读与应用案例 [J]. 会计之友,2023 (13):156 – 160.

全球化体系化推动注射用头孢曲松钠价值链提质增效实践

郭 虹　林 波　蒋秋慈　李 硕　马秋利　朱以升　沈 宇　秦慧玉*

一、引言

国药集团致君（深圳）制药有限公司（以下简称"国药致君"）是中国医药集团有限公司（以下简称"国药集团"）下属医药工业核心企业。国药致君践行国药集团高质量发展和国际化经营战略，立足全球视野，深耕挖潜，夯实长板优势，实现头孢制剂规模持续增长。针对注射用头孢曲松钠品种，通过顶层体系化设计，围绕"保供应、降成本、提效率、布产能、抢市场"，将价值流分析等精益管理工具与成本管理、项目管理、技术创新融合，打造智能化自动化高效生产平台，体系化推进注射用头孢曲松钠全价值链的提质增效，助力企业高质量发展。

二、案例背景

（一）注射用头孢曲松钠简介

注射用头孢曲松钠由罗氏制药研制开发，1982 年首先在瑞士上市，随后陆续在美国、英国、中国等国家上市。目前其在中国上市的规格有 0.25 克、0.5 克、1.0 克，商品名为罗氏芬。注射用头孢曲松钠为第三代头孢，因其血药半衰期长、临床效果突出等优势，是目前全球应用范围最广的注射用抗生素药物之一。临床用于治疗敏感致病菌所致的下呼吸道感染、尿路、胆道感染，以及腹腔感染、盆腔感染、皮肤软组织感染、骨和关节感染、败血症、脑膜炎等及手术期感染预防。

注射用头孢曲松钠（商品名：达立嗪）是国药致君抗感染板块的重点产品，1997 年获得注射用头孢曲松钠 0.75 克、1.0 克、1.5 克、3.0 克生产批件，2001—2005 年又陆续获得 0.25 克、0.5 克、2.0 克生产批件。注射用头孢曲松钠是临床疗效和市场认可度最高

---

* 作者简介：郭虹，国药集团致君（深圳）制药有限公司副总经理；林波，国药集团致君（深圳）制药有限公司副总经理；蒋秋慈，国药集团致君（深圳）制药有限公司副总经理；李硕，国药集团致君（深圳）制药有限公司副总经理；马秋利，国药集团致君（深圳）制药有限公司总经理助理；朱以升，国药集团致君（深圳）制药有限公司国内营销事业部总经理；沈宇，国药集团致君（深圳）制药有限公司国际营销事业部总经理；秦慧玉，国药集团致君（深圳）制药有限公司国内营销事业部市场总监。

的第三代头孢类抗菌药物之一，其上市以来，因质量稳定、疗效显著受到医生和患者的广泛认可，一直是国药致君培育的潜力品种，市场需求持续扩大。

2021 年，国药致君注射用头孢曲松钠一品三规通过一致性评价，成为国药致君、国药集团首个注射剂一致性评价获批品种；2021 年 6 月 23 日，参加国家第五批全国药品集中采购工作，注射用头孢曲松钠 0.25 克、0.5 克、1.0 克三个规格中选，并在 2021 年 8 月切换一致性工艺，开始进行大规模商业化生产和供货。

作为国际化战略的重点品种，国药致君积极推动注射用头孢曲松钠海外自主注册，在德国获得 4 个品规的 MA 证书。凭借卓越的品质，国药致君生产的注射用头孢曲松钠已进入德国、罗马尼亚、法国等 13 个国家和地区。

（二）项目立项出发点

国药致君积极响应国家仿制药质量和疗效一致性评价的政策号召，结合企业发展战略，选择注射用头孢曲松钠作为探路品种，组建项目攻关团队，率先通过质量对比研究开展生产技改工作，争取研发先机。

国药致君对标国际一流行业实践，推动粉针生产线欧盟认证、WHO - PQ 认证、海关 AEO 高级认证、澳大利亚 TGA 官方认证，提升产品质量。在生产制造及质量提升方面，着力解决分装过程原料结块的难点和无菌分装残氧控制难题，同时引入自动化设备，提升产能、推动生产线效率提升。在供应链方面，着力消除独家供应商风险，加大谈判议价力度，缩短采购周期，推动集团内产业链一体化。在营销市场拓展方面，积极把握国际国内机遇，推动销售上量，达成经营目标。

三、项目实施目标及思路

（一）搭建头孢曲松钠价值链项目团队，全员全方位推动提质增效

国药致君成立了头孢曲松钠价值链提质增效项目领导小组、工作小组，由国药致君总经理担任组长并主导项目工作，公司分管领导密切协同，组员涵盖研发、生产、车间、采购、国内营销、国际营销、风运、财务、质量、设备、信息、技改等部门，根据业务线条，分别成立项目支持协调、一致性评价攻关、供应链优化、生产制造及质量提升、营销市场拓展五个专项小组。自上而下高效完成项目计划落地实施，推动全球化、全体系、全链条、全过程的提质增效。

（二）改善目标及改善方案

多部门联动、全员参与，通过运用价值流程图、TOC 理论、均衡化生产等精益管理工具，以及项目管理、成本管理等财务管理工具，针对头孢曲松钠产品从产品研发到销售终端全链条、全生命周期中存在的问题进行系统性梳理，并对改善专项系统规划、确定指标，逐级分解下达目标，层层高效推进，确保提质增效目标的达成。

四、项目实施过程

（一）绘制价值流程图，分析挖掘问题点

首先，将原材料采购、生产计划、一致性工艺变化、分装残氧控制及效率、检验放

行、储存发运、设备、人员、作业环境等全流程各个因素全部纳入价值流程图的绘制范围。然后结合现实场景，汇总整合各项数据绘制价值流现状图，挖掘问题点并制定改善目标，绘制理想图、未来图。

（二）围绕项目目标，推动各项举措落地实施

在一致性评价方面，响应国家医药政策，对标国际一流，推动国内一致性评价研究。结合头孢曲松钠的市场需求和现有国内外研究基础，将其确定为首批开展注射剂一致性评价的重点产品，并集中项目组资源优势，提速该品种一致性评价。从原料与内包材供应商选择，到车间生产线匹配性评估，再到全面质量对比研究内容，以及依托当前的法规政策制定申报策略，群策群力为该品种一致性评价申报提速。

在供应链优化方面，积极布局，推动采购成本降低、提升供应链稳定性。在现有采购体系基础上，为每一个物料增加多家供应商，消除独家供应商风险，形成议价优势。实施定向采购、适时采购，积极开展原材料议价，对每一种物料从质量、技术、服务和价格几个维度筛选出优质供应商，与之建立长期、互惠互利的战略伙伴关系，确保供应渠道稳定、成本可控。加速推动集团内产业链一体化工作，第一时间开展新增集团内企业头孢曲松钠（一致性评价）增选工作，提升供应链稳定性。

在生产制造及质量提升方面。通过开展一致性头孢曲松钠原料粉体研究和分析，着力解决头孢曲松钠粉体属于细粉、易粘连、在分装过程中容易结块的难点和无菌分装残氧控制难题，自主设计无菌分装关键部件分装螺杆，解决超微细粉原料因静电效应而产生严重生产结块，从根本上打通生产技术的关键环节——无菌分装技术问题，确保规模化生产。同时推动粉针生产线欧盟认证、WHO–PQ 认证、海关 AEO 高级认证、澳大利亚 TGA 官方认证，加速推动质量体系认证，按照欧盟 GMP 标准生产供应质量卓越的产品。

在营销市场拓展方面，国内营销紧紧把握国家第五批带量采购契机，全面解读带量采购方案相关规则，对注射用头孢曲松钠参与国家集采的形势和局面进行深入分析，提出关键投标策略，确保集采中标。国际营销积极依托达力欧洲公司，推进海外注册，加速国际客户的开发，推动国际营销上量。

（三）致君特色项目管理模式，保障改善专项按时按质落地

1. 开展项目过程管控

一是可执行性强的项目计划。项目计划由小组成员共同制定，采用关键路径法，从项目目标时间倒推关键节点制定可执行的项目计划，包含总计划、阶段性计划、月计划、周计划等。采用任务分解法将每一项任务分解至可量化和测量的最小单位，并设置主要责任人确保任务落地。

二是有力的项目进度控制。各项目小组采用项目管理方法进行动态管理。公司挑选专业素质及综合能力强的人员组建项目组，并通过启动会明确赋予职责与权力，使其发挥主观能动性。通过项目小组周进展跟进、公司班子会月度专题讨论及统筹协调，建立变更机制、关键节点庆祝、成果表彰等激励机制的形式，有效保障项目进度。

2. 注重风险管理确保目标达成

国药致君在项目启动的同时建立了风险预警机制，合理运用风险管控工具，明确风险

事项并设置风险管理计划。当发生风险事件时专项协调解决，避免对项目整体计划造成影响。

3. 创新"党建＋项目"形式，激发全员攻坚克难潜力

针对难度大、时间紧、风险高等影响产业化的关键项目采用"党建＋项目"的形式，以"三领先"和"工匠型"党支部创建为指引，将车间文化建设与经营中心工作相互融合，将敢担当、能力强、有奉献精神的党员聚集在攻坚克难一线，激发全员潜力，攻克和解决各项难题。

五、项目实施成效

头孢曲松钠为国药致君第一个通过一致性评价品种、第一个集采品种，也是国药致君积累了众多竞争优势的品种。使用组合拳、连环招，从技术创新、供应链优化、市场拓展三个发力点，立足粉针分装专利技术、智能制造优势，推动一致性注册工艺再造、生产工艺再造；立足于国药致君产、供、销产业链体系优势，推动供应链再造、营销渠道再造；立足于精细化的财会分析优势，精准施测，推动曲松产品价格体系再造。立足国药致君竞争优势，推动全价值链的再造工作，深化头孢曲松钠全链条提质增效，助力企业高质量发展。

（一）注册工艺再造：抢占先机，高标准申报，提速一致性评价

一是集中资源优势，提速原料、内包材供应商选择，评估生产匹配性、全面开展质量对比研究，精研法规政策，一致性工艺顺利获批。建立了头孢类注射剂一致性评价研究路径，曲松一品三规通过一致性评价，注射用头孢曲松钠成为国药致君、国药现代、国药集团首个注射剂一致性评价获批品种。2023年国药致君申报《国际国内质量领先的头孢曲松钠注射剂项目》获得集团科技成果二等奖。

二是运用战略管理思维，推进批量变更、新增生产场地及效期延长，满足产品产能、效期等各种需求。在遵循目标可行性原则、资源匹配原则的基础上，充分运用管理会计中战略管理思维，对影响企业全局和长远的任务目标及资源配置作出决策和管理。为扩充产能，满足集采供货，注射用头孢曲松钠1.0克在获批批量50千克的基础上增加批量至350千克，在6线基础上新增5线生产场地，新增生产线产能提升。依据技术指导原则及产品长期稳定性考察结果，将效期从24个月延长到30个月，成为目前国药致君所有头孢类注射剂产品效期最长的品种。

（二）生产工艺再造：生产技术攻关，卓越制造体系转型升级

一是聚集技术创新，攻克分装、控残氧两大难题，以专利技术促进产业化顺利实现。设计三套系螺杆，成功解决注射用头孢曲松钠0.25克、0.5克、1.0克三个不同规格的无菌分装技术问题，确保规模化生产，实现了集采曲松的商业化供货。在注射用头孢曲松钠研究和持续提升的过程中，共申请并授权了三项实用新型专利。通过自主研发设计适合X型设备的新充氮装置，成功突破注射用头孢曲松钠一致性评价充氮残氧量控制难关，有效控制瓶内药粉残留氧气含量平均值在规定限度以内，为行业质量升级提供了成功的案例，大幅度提高产品稳定性。通过精细化生产技术操作标准，完善采购标准等管理创新，主规

格成品率提升 0.9%，残氧值降低 2.5%，有效攻克了分装技术、残氧控制的难题。

二是生产线智能化自动化，打造高效生产平台。采用全自动后端包装生产连线，充分发挥智能制造优势，降低劳动强度，强化产品的在线监控能力，提高后端生产质量和效率，实现定员减员、连线效率提升 15% 的成果。推动出口曲松产品自动包装项目，完成 50 毫升瓶 EU 产品自动包装设备可行性研究、自动包装运输验证、制作自动包装模具、试机、进行 IOPQ 验证、包材改版切换等一系列活动，完成 A 客户的曲松产品切换，有效节约人工，提升人均劳效。针对影响生产用工的装机用工、质量异常用工和工艺停机用工原因进行逐个改善，制定并落实各项针对性措施，缩短停机时长，人均劳效提升 2%。

三是外包材设计优化，降低包材成本。开展国内头孢曲松钠产品各规格小盒、标签的外包材设计优化工作，优化小盒折页方式、标签批号打印方式，改善标签批号摄像识别系统，2023 年 7 月完成新版外包材优化工作，节约包材采购成本，减少噪声岗位 10 人。

（三）供应链再造：推动产业链一体化，供应链成本大幅下降

一是供应链体系再造，提升供应链响应速度及能力。加速推动集团内产业链一体化工作，公司高层领导靠前指挥和部署，成立专项小组，第一时间开展新增集团内企业头孢曲松钠（一致性评价）增选工作，提升供应链稳定性，构建一体化竞争优势。2023 年 11 月，实现与供应商 B 头孢曲松钠（一致性评价）商业化采购，有效降低供应风险，形成原料价格竞争格局，有利于降低采购成本。同时完成内包材、外包材新增供应商 C、D、E，消除独家供应，提升供应链稳定性，为产品持续精益生产提供保障。

二是供应链重点原材料价格再造，推动采购成本下降。曲松原料谈判议价。公司组建由总经理为核心的谈判团队，涵盖研发、采购等部门的高层领导及部门负责人，多次前往供应商 F 公司，与供应商就头孢曲松钠原料供货价格展开多场战略谈判。自 2021 年 6 月首次商业化采购原料以来，头孢曲松钠（一致性评价）原料价格连续三年下调，采购价格累计降幅达 46.7%，议价成效显著。关键内包材国产化，与供应商 G 公司开展多轮战略谈判，通过招标以量换价，关键内包材供货价格三年内 2 次下调，采购价格累计下降 20%，成效显著。

（四）营销渠道再造：国际国内双轮驱动，销售数量逐年上升

一是精准研判，进行规格差异化投标，以第 5 高价格第一顺位中标入围，打造了国药致君新的过亿元头孢类大品种。注射用头孢曲松钠国家集采中标有利于增强公司产品竞争力，提高市场占有率，提升公司的品牌影响力，并对公司未来经营业绩产生积极的影响。通过差异化规格部分区域挂网，注射用头孢曲松钠 0.5 克在未中选区域按照过评身份积极挂网，实现点状销售突破。2023 年国内销售数量同比增幅 90%（折合曲松 1.0 克），国内销量增加带来持续利润增量。

二是开展海外自主注册，积极开拓国际主流市场。自 2021 年 7 月起注射用头孢曲松钠品种累计获得 4 个德国 MA 证书，并实现国药致君德国 DALI 公司自主持证。国药致君注射用头孢曲松钠为国内首家通过 WHO-PQ 认证，成为国内首家 WHO 的合规供应商，按照欧盟 GMP 标准生产供应质量卓越的头孢曲松钠。2023 年首次通过海关 AEO 高级认证、澳大利亚 TGA 官方认证。通过国际组织 H 等渠道向世界各国供应头孢曲松钠粉针剂，

新增阿富汗、南苏丹、埃塞俄比亚、斯里兰卡市场供应。2023年国际出口曲松销量增幅3%。

（五）价格体系再造：多方联动，精准施策，产品毛利大幅上涨

一是运用管理会计工具，多方联动，统筹分析，中标国家集采最优价格。以企业业务模式为基础，将成本管理嵌入业务的各领域、各层次、各环节。财务部、生产部、环保基建部、人力资源部、设备部、产业管理部及各车间等成本链条部门，以作业成本法和标准成本法为指引，对成本现状与成本预估进行了详细的梳理与测算，并以此为基础制定集采报价策略，最终以最优价格中选。2023年国内曲松销售收入同比增幅82%，毛利贡献率从2021年的6.36%增长至2023年的26.5%。

二是推动国际出口产品议价，提升产品溢价。国际营销事业部向国际客户M分别两次提出曲松产品全市场涨价。经过商务拜访面谈、展会详谈、客户反复核算后，客户确认同意涨价。涨价涉及法国、意大利、澳大利亚市场的8个规格的曲松，供货价格涨幅达3%—9%，促进国际出口头孢曲松钠销售收入同比增幅12%，毛利同比增幅24%。

六、总结与启示

全球化体系化推动注射用头孢曲松钠价值链项目，通过将项目制、财会管理、精益管理、技术创新融合，运用组合拳、连环招，从技术创新、供应链优化、市场拓展三个发力点，紧紧围绕注册工艺再造、生产工艺再造、供应链再造、营销渠道再造、价格体系再造5个方面共22个专项改善活动，聚集技术创新，攻克分装、控残氧两大难题，以专利技术促进产业化顺利实现，实现人员减员、效率提升15%的成果；推动产业链一体化，供应链成本大幅下降，原料价格累计降幅超45%、内包价格累计降幅20%；国际国内双轮驱动，销售数量逐年上升，多方联动，精准施策，产品毛利大幅上涨。2023年全年产生有形效益4541.4万元，达到项目预期目标，且效益具有可持续性，头孢曲松钠全链条提质增效工作极大的提升了产品市场竞争力。

一方面全球化体系化推动注射用头孢曲松钠价值链项目一系列的"再造"成果，以全球化国际化视野，深耕国内国际市场，持续做优产品，挖潜产品竞争力，持续保持质量和技术领先，充分彰显了国药致君在头孢制剂技术创新、卓越制造、国际化方面的比较优势，持续的促进国药致君的高质量发展。

另一方面"再造"成果进一步强化了致君企业品牌和达力产品品牌的联动效应和文化效应，国药致君在围绕头孢曲松钠提质增效的改善实践和全体员工的共同创造奋斗过程中，逐步积淀、孕育了极具国药特色的"达力精神"，即胸怀大局、奋勇争先；潜心钻研、科学施策；持续改进、精益精品；拼搏协作、永不言弃。"达力精神"丰富了国药致君的品牌文化底蕴，值得所有国药致君人代代传承。

（本项目参与人员包括：黄艳、曾环想、李霞、汤林熹、陈成、侯晓宇、何萍、谭关子、区汉玉、黄逸、文志坚、芦健庆、李朝霞、王孟、王上璋、李小普、于菲、泮卫红、吴颖霞、唐晓珂、李科、李星、孙佳薇、张忠、王立波、曾维燕、张力书、肖佳、黄耿

深、白迎迎、余辉煌、朱小冬、张晴、陈鸿博、刘芳亮）

主要参考文献

[1] 谢青芸，杨珊华. 数字化时代CFO新使命——业财融合与价值挖掘［J］. 新理财，2022（4）：46-48.

[2] 郭春东，韩静. 基于价值流图的RT公司装配生产线优化［J］. 科技与创新，2023（7）：40-43.

[3] 李晓明. 国有文化企业降本增效措施及方法探索——以H公司为例［J］. 现代企业，2023（2）：55-57.

[4] 杨珊华，陈施行. 项目制提质增效的逻辑和国药实践［J］. 新理财，2024（1）.

基于管理会计视角的零售企业存货管控实践
——以离岛免税企业 A 为例

李成彪　刘　赞　梅跃然　张慧钊　魏秋平*

一、引言

目前我国国有零售企业货物吞吐量较大，日交易额成倍增长，产品种类繁多，企业存货量逐年提升，这就要求企业必须具备科学的存货管理能力，以此提高企业经营能力（屈艳，2023）。在财务管理追求精细化的背景下，存货作为流动资产中重要组成部分，也是业财融合的管控重点，越来越被公司管理层重视，并用于企业的经营决策。为进一步加强中央企业"两金"管控工作，国务院国资委于 2015 年、2020 年相继下发《关于中央企业开展两金占用专项清理工作有关事项的通知》（2015 年第 82 号）、《关于进一步加强中央企业"两金"管控工作有关事项的通知》（国资发财评规〔2020〕54 号），要求各中央企业做好"两金"压控工作，进行分类管控，综合施策，持续加强跟踪监测，加大督促检查和考核力度。由此可见，无论是企业本身经营决策还是监督管理要求，存货管理都是重中之重。

现阶段存货管控在一定程度上依赖经验和主观预测来实现，仅根据单一的周转率指标进行管理，形式化严重，相关制度、机制内容不完善，实际操作过程中存在不够清晰、具体的地方，易混淆财务核算和业务管理概念，未能更好贴合业务实际以及运用信息化、强考核的管理措施。尤其是存货的管理涉及全供应链条，涉及公司内部诸多部门，部门之间协调性差，往往会忽视公司整体的利益（齐丹青，2021）。销售部门、采购部门、物流部门等容易仅站在自身角度考虑问题，每个部门照章办事，最后却造成存货高企、周转较差或存货极低、无法满足销售等不理想情况。为提高存货管理的质量和效率，本文通过管理会计视角，梳理业务流程，发现存货管理的核心动因，建立以采销首尾两端为抓手、分品类合理库销比为基石、信息化为技术手段、特别补货程序考核为补充的存货管理模型，为公司存货管理提供参考，以其科学的理论方法和技术支持，帮助企业合理制定经营策略，

---

* 作者简介：李成彪，中国出国人员服务有限公司财务部副经理，中服（三亚）免税品有限公司财务总监；刘赞，中国国际医药卫生有限公司财务资金部总经理，中国出国人员服务有限公司财务总监；梅跃然，中服（三亚）免税品有限公司财务部副经理；张慧钊，中国出国人员服务有限公司财务部主管会计；魏秋平，中国出国人员服务有限公司财务部主管会计。

提高经营效率，发挥数据的指导价值。

二、案例背景

（一）案例公司简介

离岛免税企业 A 是我国首家全国性免税品经营企业的全资子公司。其上级公司拥有市内、离岛、口岸进境、出境及境外五大类型免税渠道，网络覆盖我国东北、华北、华东、西南、中部、南部等地区及香港、日本、迪拜，形成了"市内 + 口岸 + 离岛 + 境外 + 线上"全业态联动运营新格局。离岛免税企业 A 于 2020 年 8 月成立，并在 2020 年 9 月海南省财政厅、海南省商务厅组织的设立三亚市内离岛免税店竞争性磋商中获排名第一，并于 2020 年 12 月正式营业。

离岛免税企业 A 所打造的全新概念商业卖场位于三亚市区，地处城市商业中心、旅游中心与运动中心，毗邻游艇码头、高端酒店群等。商品涵盖国际知名品牌的香水化妆品、珠宝首饰、箱包皮具、服装服饰、手表钟表、酒类、3C 数码、运动户外、大健康等 45 类免税商品以及国产精品、国潮香化等商品。

（二）项目实施背景

受制于开业筹备周期较短、卖场后期清退改造较慢、时尚精品资源短缺、离岛免税全自营的经营模式，且 2020 年底至 2021 年初全海南岛 5 家免税店同时开业，时尚精品资源、高端奢侈品资源主要被 CDF 垄断，新开业免税店只能对于香化品类产品进行同质化竞争，导致前期采购了大量的香化产品。离岛经营主体间的白热化价格战、自身卖场改造较慢、客流情况较差等因素，导致离岛免税企业 A 销售不及预期，整体库存高企，库销比近 330 天，主要存货压力集中在香化类这种具有严格效期的产品上。

现阶段依靠单一的库存周转率指标来管理，无法满足精细化管理要求。因此从业财融合出发，以离岛免税企业 A 为试点，探索建立"库销比"为核心的存货管理模型，优化库存结构，提升运营质量。

三、项目实施目标与思路

（一）理论基础

存货是指企业在日常活动中持有以备出售的产品或商品、处在生产过程中的在产品、在生产过程或提供劳务过程中耗用的材料或物料等，包括各类材料、在产品、半成品、产成品或库存商品以及包装物、低值易耗品、委托加工物资等（中华人民共和国财政部，2006）。一般情况下，企业的存货包括下列三种类型的有形资产：在正常经营过程中存储以备出售的存货；为最终出售正处于生产过程中的存货；为生产供销售的商品或提供服务以备消耗的存货。

作为企业流动资产的重要组成部分，存货周转快慢可以直接反映企业经营状况和资产质量。因此，不断提高企业存货管理能力水平对提高企业市场竞争力具有正向作用。存货管理作为企业内部管理的重要手段，不能置之不理，更不能徒有虚表，传统的存货管理模式效率不高，成效不明显，已无法满足企业日常经营需要。管理和信息密不可分，对于信息的把握也是存货管理的一个关键所在,因此,利用信息化手段来对存货进行管理,是企业进行存货管理的重要途径。企业应该利用现代信息技术,通过信息技术掌握企业存货信息,让现代信息技术与先进的、适合企业的存货管理方法相结合,提高企业存货管理的效率。

因此,企业要通过建立完善的制度体系和管理模式,引进现代化智能技术优化存货管理系统,从而全面提高企业管理水平,确保企业在激烈的市场竞争中更具优势。

(二) 项目实施思路

针对存货管理压力,离岛免税企业 A 计划建立以采销首尾两端为抓手、分品类合理库销比为基石、信息化为技术手段、特别补货程序考核为补充的相关存货管理模型,将模型嵌入 OA 协同管理软件及进销存库存管理信息系统,通过信息化的自动计算及审批完成存货管理的具体实施。针对临期库存商品,按临近效期长短做好分类销售策略,及时跟踪消化滞销库存,避免存货减值损失风险,达到提高经营效率的目的。

(三) 项目实施目标

公司为强化库存管理,以离岛免税企业 A 为试点,设立基于管理会计视角的优化库存管理提质增效项目,经上级公司总经理办公会审议批准后,正式立项。项目旨在通过借助"库销比"为核心指标的管理会计工具方法,建立事前严格审核、事中动态监控、事后及时消化的全周期存货管理模式,推动存货结构持续优化,减少长库龄库存资金占用,提升库存周转效率,同时加快处理已计提减值和滞销库存,减少库存损失风险。

离岛免税企业 A 在采取"库销比"为核心指标的存货管理新模式后,将有效限制超标滞销库存的采购,避免存货规模持续增大,同时配合营销力度加大,存货规模和结构可实现回归正常"库销比"状态。通过对比变更存货管理模式前后存货规模的变化,测算存货资金占用成本,设定项目经济效益目标为 110 万元。

四、项目实施过程

(一) 建立库存补货管理方案

库销比与存货周转率的指标一样是衡量企业存货营运能力、存货水平合理与否的一项重要指标,零售行业通常根据品类设置不同的库销比来管控库存及补货。项目通过梳理整体采购整体流程确定合理的库销比目标值,主要分析展示需求、订货周期、月均成本选择、目标值库销比四个方面。

1. 展示需求

商品陈列是零售业中至关重要的一环,合理的商品陈列能够吸引消费者,提升产品形象,增加销售量。品牌设计个性化店铺/柜台时,为满足柜台基本销售和形象需求,一般会将柜台陈列面及抽屉存货量设计为 1 个月左右的备货量。

2. 订货周期

订货周期是存货管理中的重要环节,细化每个流程的时间耗费、进一步精确采购周期所需的时间跨度是其意义所在。香化采购周期从门店发起订货诉求开始计算,至货物最终上柜销售为止,一般用时 3 个月左右,如遇海关抽查、货物残损短少等特殊情况,用时将相应延长，到达目的港后还有理货、报关等程序需要时间。

采购流程：向品牌下单（1.5—2月）→品牌备货理货/品牌确认订单（1—2周）→根据贸易条款发运（1周以内）→到港（1周以内）→上架销售。

3. 月均成本

库销比按照目前的库存金额与所选择的月均销售成本计算，主要涉及月均销售成本的选择。由于离岛免税淡旺季明显，如按照最大销量月与最小销量月计算区间，范围可能过大，实际意义有限。对于存货管理来说，库存余额为现时数据，库销比为预测未来可供销售的月数，预期数据应具有未来属性，节假日的分布也会对销售带来不同影响。前期考虑按照未来的淡旺季、节假日分别设定相应系数，但可能涉及的人为因素较多，可控性会变差。经过综合考虑，月均销售成本的设定基于历史数据来计算。综合考虑管理效率、数据客观性，库销比计算选择前6个月销售成本的平均数，基本可以覆盖淡旺季及相关节假日的影响因素。

4. 目标值库销比

经统筹考虑订货周期、柜台成列展示需要、月均销售成本等因素，合理保证库存量，考虑历史数据并与业务部门沟通后，最终确认香化类等有效期产品的库销比目标值为6个月，精品类库销比目标值为8个月，酒水、钟表类库销比目标值为12个月。若按照6个月的库销比管控不理想，可以进一步缩小库销比。

为细化管理颗粒度，针对库存较多的品类且同一SKU数量较多的，结合品类特点，如香化类拟按照SKU库销比管控采购，针对库存不多的品类且同一SKU数量较少的，如精品类可以按照品牌库销比施行采购管控。后期根据执行情况，可考虑将目标值的设定能精确到旬、周、日。

5. 特别审批程序

除正常采购管控程序外，针对预期销售增长、为获取采购返利或销售返利等的特别采购、维护品牌关系、搭售非畅销产品等情况，设置特别审批程序，为预期销售变动较大情况下的采购留有余地，加入采、销、财相关部门的集体审议。为了不影响业务，保持管控的灵活性，针对库销比超过目标值的补货，拟设置特别审批程序：仅采购部负责人（部门副总或者负责人）具有采购计划发起权限，同时运营部负责人（部门副总或者负责人）、财务部（部门副总或者负责人）参加审核、把控，就拟采购存货购置的目的、预期周转、"两金"、资金占用等发表部门专业意见，经公司领导班子审核施行。

特别审批程序采购执行效果也将纳入相关部门负责人年度考核，由人事会商相关部门设定权重。针对预期销售增长的特别程序采购，考核相关预计月份、时间段的存货周转情况。针对为获取采购返利、销售返利等特别采购，将考核返利获得情况、新增存货资金占用情况。针对维护品牌关系、搭售非畅销产品等情况，纳入年度"两金"考核指标。

（二）系统改造，嵌入"库销比"管理模型

确认各品类库销比目标值后，对进销存库存管理信息系统进行改造，增设库销比指标，实现动态监测，并将库销比嵌入OA审批系统，严格控制采购限额。一方面，加强采购前置管理，强化部门间的协同性，在采购申请环节实现库存管系统中库销比现状的提前校验，如计划采购商品出现库销比超标情况，系统会拒绝提交采购申请，确有合理理由仍需要采购的，可执行特别审批程序。另一方面，改造后的库存管理系统，可实现各品类商品库销比的实时动态监测，重点关注超目标值的商品动态情况，向运营部门及时共享库存信息，督促做好针对性的营销方案，协同推进库存超标情况尽快改善优化，下降到标准值以内。

（三）临期商品管理

临期商品指临近保质期，但没有超过保质期的商品。根据香化商品及免税商店特性，香化品类商品定义为距离商品有效期及保质期不足 1/3 的商品为临期商品。过期商品指超过商品包装上标注的有效期及保质期的商品。

商品的效期将会显著影响顾客的购买意愿及价格接受度，规模较大的香化品类集团也为避免影响其市场形象会根据店面情况要求处理或下架临期商品。如店面长期堆积大量临期商品也会对其在外商的评分等级及商品供应有所影响。对距离商品有效期及保质期一年以内的临期商品，按照 0—3 个月、3—6 个月、6—12 个月设定不同的折扣价格。

信息系统调整增加相应效期管理模块，按日向运营、招采、财务、物流及相关领导推送临期商品信息；运营部门在招采、财务、物流等部门配合下按周或月出具临期产品消化处理方案，采购部门沟通供应商对临期产品是否可出具全额或部分金额的抵扣单、提供赠品等补偿方案。人事部门会同相关部门制定年度临期商品收益或损失考核指标。通过各部门协同工作，完成整体临期商品管理闭环。

五、项目实施成效

库销比库存管理模型于 2023 年 7 月上线，截至 2023 年 12 月，离岛免税企业 A 库存余额较 2023 年 6 月末环比下降 51%，较 2022 年末同比下降 46%；库存周转天数环比 2023 年 6 月末降低 65 天，较 2022 年末降低 88 天。

库销比库存管理模型主要聚焦于采购管控。从采购规模看，2023 年 7—12 月采购入库规模同比下降 41.26%。从库存整体规模下降程度看，库销比库存管理模型上线后平均库存余额下降 22%，按内部资金计息规则（利率 2.90%）计算，7—12 月库存资金占用费减少 220.99 万元。

制定库销比分析管理模型，建立多部门不同角度分析体系，能够通过根据不同渠道、不同产品的购销模式及经营特点，纵向、横向等不同维度分析商品采购标准和滞销原因，对采购商品能够精准管理，优化库存结构，减少库存积压、滞销现象。

存货管理是零售企业经营管理中的重中之重，良好的存货周转情况能够显著提升企业的经营效率。库销比库存管理模式通过寻找实际业务中核心管控因素，并针对相关重点因素结合财务、业务管理要求制定相关具体可执行的措施或审批流程，使各部门之间能够相互协调相互制约，利用信息化技术对存货进行实时监控，加强风险预警，明确职责加强考核机制，定期对管理效果进行反馈并根据实际情况实时调整，确保有效提升存货周转率。

库销比库存管理模式对于免税各门店以及集团内零售企业的存货管理有较高的借鉴意义，通过库销比模型，可以结合不同品类、品牌、不同渠道店面等因素的业务实际需求情况，综合制订库销比指标的适配度，选择最合适的结算行完成采购订货。后续将结合不同渠道免税店购买条款的限制，建立单店模型，全面推广"库销比"管理会计工具在存货采购中的应用，推动企业高质量发展。

主要参考文献

［1］屈艳．国有零售企业存货管理存在的问题及对策［J］．质量与市场，2023．

［2］齐丹青．零售企业存货管理存在的问题及对策研究［J］．中国集体经济，2021．

重塑工作流 实现收货报告"一点通"

闫 珍 金向明 刘博然[*]

一、引言

随着我国经济水平高速发展，仓储物流行业已成为服务业中不可替代的内容。仓储物流企业指以从事仓储业务为主，为客户提供货物存储、保管、中转等服务且具备一定规模的企业。现阶段在仓储物流企业的日常管理中，当务之急便是思考如何能降低企业的成本，综合提升企业的经济效益（李志欣，2023）。从信息化的角度看，我国的仓储信息化水平正在向智能化的方向迈进，条形码、二维码等技术以及物流信息系统工程信息实时更新追踪等都有了较大的提升（张宁恩和侯振等，2023）。因此，信息化、智能化的出现，为仓储物流企业精细化管理带来了解决方案。

综保区（北京）国际医药分拨中心有限公司（以下简称"国药保税"或"公司"）设立"报告一点通"项目，立足于公司一线员工日常的仓储物流相关工作，采用自动化的方式优化重复性高、工作量大的简单工作，大幅提升了效率并降低了成本，助力公司的数字化转型；同时，该项目大幅提高了工作的精确度和效率，实现了精益化管理，能够提高客户的满意度，进一步提升公司的形象和竞争力。

二、案例背景

（一）案例公司简介

国药保税位于北京首都机场临空经济区，总建筑面积达 26,000 平方米，是一家符合药品经营质量管理规范（GSP）要求的医药保税分拨中心，于 2014 年建成并正式投入使用。2015—2016 年，国药保税通过 GSP 认证并已开始实际承揽药品第三方物流业务。

国药保税是中国医药集团在中国北方唯一一家自行设计、自我运营、自营建设的空港型保税物流中心，拥有超过 2 万平方米的多类型存储区域，并且是北京市首批注册在综保区内的药品第三方物流企业，享受保税区内分送集报政策，是天竺综保区内获批"货物按状态分类监管"政策的试点企业，享有保税与非保相融合的创新医药仓储模式。自有进口、报关、报检、仓储、质量、验收、配送全流程供应链服务团队，近年来逐步成为世界

---

[*] 作者简介：闫珍，中国医药对外贸易有限公司财务部副经理；金向明，综保区（北京）国际医药分拨中心有限公司质量管理部副经理；刘博然，中国医药对外贸易有限公司财务部职员。

知名制药企业在华稳定供应链服务商。

国药保税面向医药和健康产业，为供应商提供进口保税、清关、药检、商检、仓储物流等个性化、创新化、多样化供应链服务。国药保税秉承"关爱生命、呵护健康"的理念，依托北京首都国际机场临空经济区位优势，致力于打造医药国际化供应链平台公司，为医疗健康产业提供全方位的供应链管理服务。

（二）案例项目背景

在仓储物流行业中，收货环节是确保货物顺利进入仓库并满足后续存储、配送等需求的关键步骤。收货报告主要用于总结和分析近期收货工作的具体情况，以便更好地优化流程、提高效率，在仓储物流工作中有着重要作用。

在日常仓储物流业务中，由于客户要求的不同，药品种类、批次的差异，需要按照不同的格式分别单独出具收货报告。这些报告的书写、格式要求非常严格而且数量庞大；同时在第三方药品仓储物流的业务中，药品抽检是确保药品质量与安全的重要环节，在药品抽检的过程中，使用扫码枪扫码后生成的文件无法直接使用，需要对抽检药品文件按照货主提供的命名规范来更改。

这两项工作都呈现出重复性强、工作量大的特点：一方面，占用大量人力资源，增加了员工的工作负担，导致工作效率降低，影响了公司运营效率；另一方面，不论是人工出具收货报告还是更改文件命名，都很容易出现错误，一旦产生错误，对公司形象将造成不良影响，不利于业务顺利开展。

三、案例项目实施目标与思路

（一）案例项目实施思路

国药保税以项目制为行动纲领，深入挖掘仓储物流行业的经营特点，以降低变动成本、提升工作效率为目标，立足于业财管理一体化系统的财务数据，结合一线员工实际经营工作中的使用数据和反馈意见，优化仓储物流业务的基础工作，致力于构建高效的仓储物流管理体系。

基于国药保税的业务特点，公司提质增效工作重点围绕设备设施等固定资产维修维保、信息系统升级改造、仓储现场管理、三方物流业务项目流程优化等方面进行。在2023年提质增效项目实施过程中，公司从主要客户的三方物流业务项目出发，梳理关键流程操作，对项目成本进行分析；通过拆分固定成本和变动成本，使用成本因素分析法等一系列手段，优化提升项目收益，将提升管理、开源节流、稳步增效的理念，贯穿全员、贯穿生产，让基层每一位员工积极参与到提质增效工作中。

1. 分析编程等自动化、现代化办公的利处

（1）提高工作效率。可以自动化执行重复性的任务，减少人工操作的时间和精力。通过编写程序，可以一次性设置工作流程，然后让程序不断重复执行，从而极大地提高工作效率；同时减少人为错误的可能性，避免由于人为疏忽或疲劳导致的错误。

（2）降低成本。减少人工参与意味着减少人力成本。自动化处理不需要额外的人工干预，因此可以节省员工工资、培训和管理等方面的成本。

（3）提升准确性和一致性。通过编写精确的算法和规则，程序能够按照预定的方式处理数据，确保数据的准确性和一致性。

（4）灵活性和可拓展性。根据需要灵活地调整工作流程和数据处理方式。通过修改程序代码，可以方便地调整程序的功能和性能，以适应不同的工作需求；还可以随着业务的发展而不断扩展和升级。通过增加新的功能模块或改进现有模块，可以进一步提升自动化处理的效率和能力。

（5）释放人力资源。使用编程代替人工做重复性工作可以释放员工的时间和精力，使他们能够专注于更具创造性和挑战性的任务，有助于提高员工的工作满意度和创造力，为企业发展注入更多活力。

（6）响应市场变化。在快速变化的市场环境中，企业需要及时调整业务策略和流程以应对市场变化。通过编程实现自动化处理，企业可以更加灵活地调整工作流程和数据处理方式，适应市场的快速变化。

2. 建立可行性方案并实施

多部门协作推进方案的建立和落实。一方面，由质量管理部负责总结日常工作中的要点，分析收货报告的分类要求和不同文件命名规范的要求，编制程序使用脚本以达到客户需求；另一方面，财务部和人力资源部协作对质量管理部人工成本耗用进行分析，并监督跟进项目的持续进行和落实。

（二）案例项目实施目标

国药保税从2023年收集的提质增效项目中，经集体讨论决策，按照可量化、可操作、可考核的标准，将报告一点通项目作为重点项目申报。立项目标是通过设定报告模板，避免重复性工作，大幅度提升验收报告效率，并减少错误率，实现经济效益不低于5.33万元。

在仓储物流业务中，通过报告一点通项目的应用，降低人工处理需求，减少烦琐手工操作，提高工作的精确度和效率。员工可以通过系统自动化生成收货报告，无须手动书写，大大减少错误率，提高工作效率。同时，在药品抽检过程中，系统可以根据货主提供的命名规范自动更改文件命名，避免人为因素导致的错误，提高工作的准确性。

报告一点通项目是现代化信息技术应用的体现，借此国药保税探索未来工作方式优化方向。借鉴该项目，公司可以利用自动化技术来优化重复性强、工作量大的简单工作，推动数字化转型，降低公司运营成本，提升公司仓储物流相关工作和服务质量。通过优化工作流程，减少人力资源浪费，更好地服务客户，提升客户满意度，树立良好的企业形象。同时，项目的成功实施也将为公司的一体化供应链服务提供坚实的支持，提升公司在行业内的竞争力。

综上所述，报告一点通项目的实施对国药保税在仓储物流业务中的优化工作方式具有重要意义。通过采用现代化的信息技术，优化工作流程，降低错误率，提升工作效率，提高服务质量，树立企业形象，从而确保公司实现更好的运营效果，为未来的发展奠定坚实的基础。

四、项目实施过程

（一）自上而下传导，推动全员参与

国药保税积极组织召开专题会议，自上而下传达集团及上级公司关于"提质增效"专项工作会议精神，按"项目制"深入开展提质增效工作。动员公司全体员工立足岗位，以"以小见大"的工作思路，鼓励员工积极参与提质增效专项工作，为企业发展出谋献策，持续推动提升公司精益管理水平。国药保税以部门为单位，结合自身工作特点，有针对性地提出提质增效工作目标和实施方案。

（二）积极宣传推广，营造工作氛围

加大提质增效工作的宣传力度，以多种方式从党建及管理两条线灌输式宣传提质增效工作，员工通过制作海报、手抄报，提高提质增效意识，宣扬一切成本皆可控的理念，让提质增效成为一种工作习惯。同时制作"报告一点通"宣传小视频，在国药国际和国药外贸的公众号、视频号发布，有效扩大推广覆盖面，营造了积极的工作氛围。

（三）推进项目落地实施，持续跟进项目进展

为优化工作流程，国药保税根据药品品种以收货报告为模版进行分析汇总，制作不同的模板，并编制收货报告自动生成程序。通过将第三方业务管理平台中的数据，按照不同客户的要求适用到不同的模板中，使用脚本填充生成报告内容以及修改文件命名，可以实现自动生成收货报告的效果；药品抽检文件则是按照命名规范增加限制，使用批处理进行一键批量处理，达成文件命名的批量规范修改。同时编制配备视频和图文的程序使用指引，结合收货报告自动生成程序简洁的程序界面，使用者通过简单的选择模版和数据，点击生成即可获得所需格式的收货报告或文件命名更改，实现报告的"一点通"。

相关立项部门持续跟进项目的进展情况，确保立项成果能体现出实际经济效益，以季度形式进行项目进展专题汇报，以出具的收货报告份数为维度进行数据统计，结合一线员工实际工作中的工作体会进行合理性分析，定期对编制的程序脚本进行改进更新，确保收货报告和检验品抽检工作的高效顺利完成。

（四）案例项目方案分析

通过使用计算机程序自动生成收货报告，国药保税可以实现节省工作时间、提高工作效率的目标。在传统的工作方式下，员工需要手动书写收货报告，根据客户要求分类工作，这不仅耗费大量时间，而且容易出现错误。通过计算机程序自动生成报告，员工只需按照客户的要求进行分类工作，程序将根据系统数据按照模板自动生成报告，大幅度减少员工工作量，提升工作效率，缩短报告出具时间。这种自动化处理方式不仅节省了人力资源，还能够更快速地满足客户需求，提高客户满意度。

使用计算机程序还可以降低报告出具过程中的错误率。在人工修改报告时，由于疏忽、误操作等原因，很容易出现格式、文字及数字等方面的错误。而计算机程序能够避免这些人为因素，保证报告的准确性和一致性。程序会根据预设的规则和模板自动生成报告内容，避免人工操作过程中可能出现的错误，极大地降低了出具报告的错误率。不仅有利于提升公司形象，也可以提高工作效率，减少后续的纠错和修改工作，为公司节省时间和成本。

综上所述，通过使用计算机程序自动生成收货报告，国药保税可以实现节省工作时间、提高工作效率和降低错误率的目标。这种自动化处理方式不仅可以优化工作流程，提升工作效率，还能够提高工作质量，减少错误率，为公司的仓储物流业务带来更高的效益和质量保障。

五、项目实施成效

2023年通过报告一点通项目，国药保税成功实现了收货报告的自动生成，收货报告错误率降低至零，并且所有报告均100%通过客户验收。这意味着公司在报告准确性和质量方面取得了巨大的进步，为客户提供了更可靠和高效的服务，进一步树立了公司在仓储物流领域的良好声誉。

通过报告一点通项目的实施，公司两名相关工作人员减少了约15%的工作量。根据全年出具报告份数、每份报告节约的工时以及每小时的人工成本测算得出，全年节约的人工成本约为6.18万元，实现了成本的节约和效益的提升。这些成果不仅为公司的发展奠定了良好的基础，也为未来的持续改进和优化提供了有力的支持。

六、总结与启示

（一）项目意义

报告一点通项目为公司提质增效工作提供了一个很好的范本，展示了如何通过信息化技术优化工作流程，提高工作效率，缩短工作时间，准确高效地完成工作。在仓储工作中，存在不少劳动密集的环节，在未来的日常工作中，国药保税可以继续探索是否还存在类似的重复性强、工作量大的工作，通过激发广大基层员工的主观能动性，利用信息化技术或现代化办公方式，进一步提高工作效率，实现工作的自动化、智能化处理。

仓储物流业的发展要进一步与国际接轨，离不开信息化水平的不断提升，其业务流程的优化和改革将大大提高仓储物流业的效率，扩大服务的对象（晓青，2011）。因此通过对公司整体仓储物流工作的信息化、高效化和准确化的提升，可以优化服务质量，提升仓储物流管理的智能化水平。不仅可以提高公司的运营效率和管理水平，还有助于增强国药保税在市场竞争中的品牌竞争力。随着医疗行业的不断发展，国药保税作为一家专业的仓储物流服务提供商，应当持续不断地提升自身的服务水平和管理能力，为医疗行业的健康发展贡献国药力量。

在信息化时代，利用现代化的技术手段，如人工智能、大数据分析等，可以帮助国药保税实现更高效、智能的仓储物流管理。通过实现数字化转型，公司可以提高工作的准确性、效率和可追溯性，为客户提供更加优质、高效的服务。同时，公司也可以借助信息化技术优化供应链管理，降低成本，提高生产效率，实现全面提升企业竞争力的目标。

综上所述，国药保税会在报告一点通项目的基础上，继续探索信息化、高效化的路径，提升工作效率和服务质量，不断完善仓储物流管理体系，为医疗行业的健康发展作出更大的贡献。通过持续创新和优化，公司将能够在竞争激烈的市场中保持领先地位，实现可持续发展。国药保税也会不断推动信息化转型，实现更加智能化、高效化的仓储物流管理，为公司的未来发展打下坚实基础。

（二）提质增效工作展望

面对数字化的浪潮，提质增效是实现精益化管理的本质要求，国药保税会继续统一思想和行动，公司全体员工在公司领导的带领下总结经验、持续创新，立足于自身经营实际，以"项目制"出发落实提质增效专项工作，持续提升项目质量；同时加强宣传推广，完善激励措施和奖励方案，构建提质增效长效机制，充分发挥提质增效对于公司高质量发展的重要抓手作用，促进公司经营效益持续提升。

主要参考文献

［1］李志欣. 仓储物流企业成本控制问题研究［J］. 中国航务周刊，2023（28）：51－53.

［2］晓青. 信息化驱动商品仓储物流业的未来［J］. 交通与运输，2011（1）：54－56.

［3］张宁恩，侯振，万莹. 智能仓储物流管理系统分析［J］. 信息系统工程，2023（7）：24－27.

创新国药朴信保理 ABS 循环购买 服务国药集团成员企业高质量发展

郑 阳 江晶琳 刘晏辰[*]

一、引言

国药集团成员企业面临着较大的资金融通需求和应收账款流转需求，国药朴信保理作为国药投资旗下专业的产融服务平台，向国药集团成员企业提供特色化的优质保理服务，而资产证券化是国药朴信保理向国药集团成员企业提供优质服务重要实现形式。

国药朴信保理循环购买 ABS 是将资产证券化基本原理同国药朴信保理资产禀赋充分融合的创新金融产品，可解决国药朴信保理年末服务国药集团成员企业能力不足，确定性不高等问题。同时，国药朴信保理也通过创新金融产品设计及应用助推国药集团成员企业实现高质量发展，引导形成优质的服务模式，探索打造"国药朴信保理 ABS"资本市场品牌，是践行"金融服务实体经济作为根本宗旨"的生动体现。

二、案例背景

（一）国药朴信保理简介

国药朴信商业保理有限公司（以下简称"国药朴信保理"或"公司"）于 2017 年 10 月成立，目前注册资本 5 亿元，由中国医药投资有限公司（以下简称"国药投资"）全额出资，是中国医药集团有限公司的全资三级子公司。

1. 发展定位

公司坚持"立足行业，服务集团"的定位，汇聚各种资源，充分发挥渠道优势、资金优势、团队优势等，秉承创造价值的理念，协助集团成员企业管理应收账款，通过盘活企业应收账款资产，加速资金周转，改善企业财务结构，促进集团相关企业提质增效目标的实现，成为辅助集团成员企业及上下游客户在更高起点、更高层次、更高目标上发展的支撑力量。

2. 服务模式

国药朴信保理凭借特色化的保理资产投放和应收账款流转双轮驱动模式，实现资金资产的动态转换，形成良性自我循环和可持续发展。公司在促进资产周转方面不断探索和创

---

[*] 作者简介：郑阳，国药朴信商业保理有限公司副总经理；江晶琳，国药朴信商业保理有限公司资金运营部资金专员；刘晏辰，国药朴信商业保理有限公司资金运营部资金专员。

新，逐渐形成了以资产证券化为主，同业转出为辅的资产周转模式，如图1所示，服务国药集团成员企业能力持续提升。

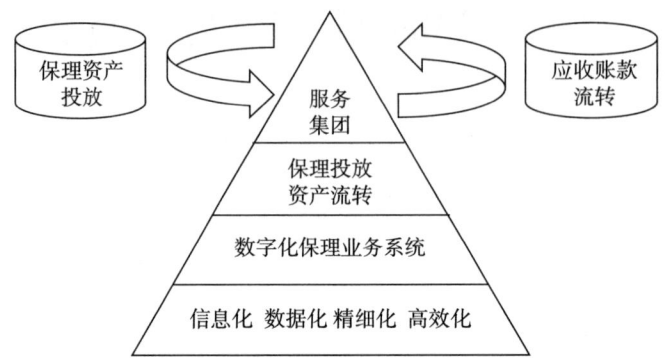

图1 "保理资产投放+应收账款流转"双轮驱动模式

自2018年，国药朴信保理开始探索以资产证券化业务为主、同业转出为辅的方式进行资产流转。截至2023年底，公司累计流转应收账款金额约172亿元，其中约145亿元通过ABS流转，占比84.30%。ABS已成为公司资产流转和资金融通的重要途径。

3. 服务现状

公司自成立以来，深度研究行业政策，积极调研成员企业需求和痛点，发挥公司专业团队熟悉金融产品和集团业务的优势，提供适合集团成员企业的特色保理业务，获得集团内客户高度认可。截至2023年底，累计服务集团成员企业136家，金额215亿元。

（二）项目实施背景

1. 资产证券化基本原理

从广义上来说，一切用可以产生现金流的基础资产来发行证券的行为，都是资产证券化。具体如图2所示，这里的基础资产可以是拟上市公司的股权，也可以是具体的可以产生现金流的某类具体资产，比如应收账款、收费收益权和商业物业等。如果拿拟上市公司的股权来进行资产证券化的行为就是IPO首次公开募股（Initial Public Offering），IPO项下发行的证券就是股票。如果拿应收账款在上海证券交易所或深圳证券交易所来进行证券化的行为就是企业资产证券化，该类行为项下发行的证券就是ABS资产支持证券（Asset-backed Securities）。

狭义上来看，资产证券化，是指以基础资产所产生的现金流为偿付支持，通过结构化等方式进行信用增级，在此基础上发行资产支持证券的业务活动。它是以特定资产组合或特定现金流为支持，发行可交易证券的一种融资形式。

2. 资产证券化业务重要意义

资产证券化业务对国药集团具有重要意义，可以从三个方面来论述。

首先，资产证券化业务为国药朴信保理成为国药集团优质资产连接资本市场的桥梁提供了有力支持。截至2024年3月末，国药朴信保理已累计获批4个ABS储架，额度共计190亿元。公司成功发行14期ABS产品，总规模达到119.60亿元，其中11期ABS产品

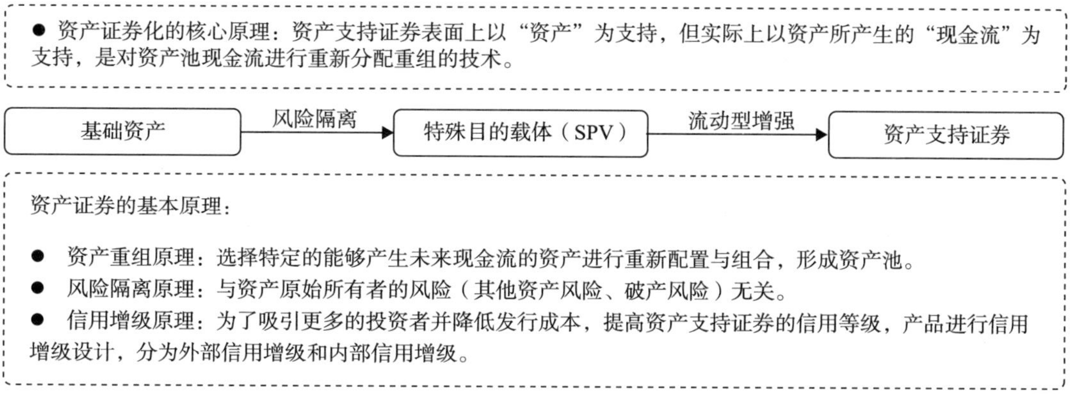

- 资产证券化的核心原理：资产支持证券表面上以"资产"为支持，但实际上以资产所产生的"现金流"为支持，是对资产池现金流进行重新分配重组的技术。

```
基础资产 ──风险隔离──> 特殊目的载体（SPV）──流动型增强──> 资产支持证券
```

资产证券的基本原理：

- 资产重组原理：选择特定的能够产生未来现金流的资产进行重新配置与组合，形成资产池。
- 风险隔离原理：与资产原始所有者的风险（其他资产风险、破产风险）无关。
- 信用增级原理：为了吸引更多的投资者并降低发行成本、提高资产支持证券的信用等级，产品进行信用增级设计，分为外部信用增级和内部信用增级。

图 2　资产证券化的核心理论和基本原理

已兑付完毕，3 期 ABS 产品处于存续期，存续规模共计 19.44 亿元。这些数据表明，国药朴信保理通过资产证券化业务成功地将国药集团的优质资产连接到资本市场，助力国药集团成员企业高质量发展。

其次，资产证券化业务使国药朴信保理获得了独立自主的融资能力。目前，国药朴信保理 ABS 产品可以信用发行，无须外部担保增信。截至 2023 年底，公司累计通过 ABS 融资约 145 亿元，这为国药朴信保理提供了充足的融资支持。

最后，资产证券化业务对于国药朴信保理所服务的国药集团成员企业也具有重要意义。通过汇聚成员企业优质资产，集约化运营，实现价值创造，资产证券化业务成为集团成员企业自主可控的开展融资型保理的方式。这不仅可以提升企业的融资效率和成本控制能力，还能够增强企业的市场竞争力，实现可持续发展的目标。

3. 资产证券化业务开展情况

截至 2024 年 3 月末，国药朴信保理已累计获批 4 个 ABS 储架，额度共计 190 亿元，成功发行 14 期 ABS 产品，发行规模共计 119.60 亿元，11 期 ABS 产品已经兑付完毕，兑付金额 92.17 亿元，目前存续 19.44 亿元。国药朴信保理通过 ABS 发行和 ABS 循环购买，累计融资约 145 亿元。

4. ABS 静态池模式介绍

ABS 静态池模式是一种常见的资产证券化发行方式，其特点是在一定期限内入池资产数量保持不变，只会减少而不会增加。在 2021 年之前，国药朴信保理的 ABS 产品都采用了静态池模式，这意味着入池资产的数量已经确定，之后不会再有新的资产加入其中。尽管静态池模式在一定程度上保证了资产组合的稳定性和透明度，但也存在较大局限性。

首先，静态池模式下，资产池形成后无法再向其中增加新的资产，这可能限制了发行人在期限内灵活调整资产组合的能力。其次，由于需要提前进行较长时间的资产准备和审核工作，静态池模式在某些情况下可能导致发行时间较长，不适应市场变化较快的情况。

5. 应收账款流转面临的突出矛盾

在当前金融环境下，资产证券化作为一种融资和资产流转形式，逐渐成为公司资产流转和资金融通的重要途径。然而，国药朴信保理在开展资产证券化业务中面临着三个突出矛盾。

首先，每年四季度金融市场存在高度不确定性，金融机构年末收官导致 ABS 发行定价升高。这种不确定性对于资产流转和资金融通构成了显著挑战。

其次，成员企业年末融资性保理需求相对集中，需要确定价格和适宜的流转路径。这种集中的需求与流通路径的确定性之间的矛盾给公司带来了运营上的压力和挑战。

最后，国药朴信保理发行 ABS 操作时间不足，存在较多不确定性因素。这种操作时间短缺和不确定性因素的存在增加了公司面临的风险，迫使公司寻找一种独立、自主、可靠的年末流转途径。

三、项目实施目标与思路

（一）改善目标

国药朴信保理将资产证券化基本原理同资产特点进行有机结合，在交易结构等方面不断挖潜创新，推出循环购买模式，应对年底金融市场的不确定性。同时通过循环购买锁定转出价格增加收益，预期国药朴信保理 2 号 ABS 循环购买 5 亿元相比 ABS 发行 5 亿元，增加收益约 200 万元。

（二）行动方案

1. 循环购买 ABS 基本原理

循环购买 ABS 基本原理是在特定期限内，基础资产回款的现金流不用于向资产支持证券持有人分配，而是用于向原始权益人持续购买新的满足合格标准的基础资产入池，从而形成一个动态的循环池，直至特定期间结束。相较于静态池模式，动态池更加灵活，能够应对短期资产的快速回款和不确定性。循环购买的出现实际上是为了解决资金需求和偏好的矛盾，市场上的投资者更青睐较长期限的产品，而且不愿意在持有期间多次发生还本。然而，在市场中存在着期限较短但现金流回款快速的基础资产，这些资产对应的循环购买机制能够有效解决基于短期资产发行长期证券的问题，为市场上一些期限较短但能够持续获取的资产提供了证券化融资的可能性。

2. 七大创新举措

国药朴信保理循环购买 ABS 是将资产证券化基本原理同公司自身特点充分融合的创新金融产品，公司主要通过资产组合创新、动静结合创新、循环摊还期创新、循环购买日创新、证券期限创新、资产控制标准创新和循环购买资金来源创新七大具体创新举措确保符合公司自身特点的循环购买结构 ABS 产品落地实施。

（1）资产组合创新。国药朴信保理将 11 月之后到期的年内到期资产和跨年资产进行有机组合发行 ABS，打造"拼盘模式"，为 ABS 创设出年底前用于循环购买的现金流入。

（2）动静结合创新。不同于其他医药流通企业 ABS 整个资产包全部为动态池的做法，国药朴信保理循环购买结构 ABS 为动态资产＋静态资产的有机结合，年内动态资产为年底循环购买储备现金流，跨年静态资产直接完成资产流转任务。

（3）循环摊还期创新。目前，金融市场主流的循环购买 ABS 交易结构中，"长循环期＋短摊还期"的交易结构比较常见。国药朴信保理在深入客观分析公司资产供给特点后，逆向思考问题，采取同市场上主流做法不同的"短循环期+长摊还期"的交易结构，在年底资产供给较为旺盛的年底做循环购买的安排，年后则进入摊还期。

（4）循环购买日创新。不同于主流的常规按季度循环购买的做法，国药朴信保理引入了临时循环购买日的概念，提高循环购买日的灵活性，达到"想什么时候买，就什么时候买"的效果。

（5）证券期限创新。其他央企、国企医药流通行业ABS优先级证券端期限普遍在1年以上，大部分为1年半左右。而国药朴信保理通过控制发行时点和循环购买入池资产的到期日分布将优A和优B的证券端期限控制在一年以内，为降低发行票面利率创造可行性。

（6）资产控制标准创新。不同于常见的通过每次循环购买控制分散度和医院质量的做法，国药朴信保理同投资人和评级公司积极沟通，认可公司提出的不对循环购买的过程资产质量进行控制，只对循环期结束后整个资产池的质量进行一次控制，极大地提高了循环购买的便捷性和可操作性。

（7）循环购买资金来源创新。通过循环期不付息的设置，循环期内基础资产产生的利息流入可用于循环购买，跨年资产提前还款产生的现金流入也可用于循环购买，通过以上举措，切实增加国药朴信保理ABS循环购买额度。

四、项目实施过程

国药朴信保理第2期资产支持专项计划（以下简称"国药朴信保理2号ABS"）于2022年9月20日成功发行，标志着公司在ABS领域的持续发展和创新。作为继公司在2021年成功发行首单央企医药流通行业保理公司循环购买结构ABS后的第二单，这次发行再次彰显了公司在金融市场上的稳健实力。通过本次ABS的构造，公司成功创造了5.12亿元的循环购买额度，为成员企业提供了更加灵活和便利的融资渠道，进一步巩固了国药朴信保理在行业中的领先地位。这一举措不仅有效解决了四季度资金周转的压力，更为成员企业提供了更多操作便利、定价可控、资产可循环等方面的优势，为成员企业的可持续发展注入了新的活力。

五、项目实施成效

（一）提高质量

国药朴信保理主要通过四个创造助力国药集团提升应收账款资产运营质量。

1. 模式创造

国药朴信保理通过专业的金融产品设计，精心打造循环购买模式ABS，有针对性地展开营销。公司鼓励国药集团成员企业在上半年通过年内到期资产融资，以建立循环购买ABS的稳定现金流。同时，在下半年，公司引导成员企业继续进行到期资产的续作，从而实现公司资金和资产的有序循环，提升服务成员企业的能力。这种创新模式不仅增强了资金和资产的流动性，还为成员企业提供了更灵活、更可持续的融资方案，为其业务发展注入了新动力。

2. 确定性创造

通过循环购买型 ABS 产品，国药朴信保理能够在可控成本的前提下，有序完成四季度大规模的应收账款流转，将年底应收账款流转的不确定性转化为确定性，确保年底应收账款流转规模、时机和价格的 100% 自主可控，以提升服务国药集团成员企业的能力。这一创新措施不仅减轻了成员企业的资金压力，还提高了其资金周转效率和运营稳定性，为其打造更加可靠的融资环境。

3. 金融产品创造

目前，应收账款 ABS 的发行主体以央国企为主，通常由发行主体或其母公司提供优先级证券的增信承诺。然而，在控制央国企隐性担保风险和防范企业相互融资担保引发的债务风险传导方面，国资委于 2021 年发布了《关于加强中央企业融资担保管理工作的通知》（国资发财评规〔2021〕75 号），并要求规范央国企的财务预算和资金用途，加强内控制度建设，以增强央国企的融资担保管理。这一文件限制了央国企对集团内子公司发行应收账款 ABS 提供担保，推动了金融产品结构设计的持续创新，从而降低了对全额增信方式的依赖。

在过去，已发行的应收账款 ABS 项下优先级证券主要依赖于发行主体关联企业、担保公司或债务加入方提供的增信。然而，在央国企收紧对外担保的政策下，市场各方开始积极探索非全额增信模式的应收账款 ABS。根据不完全统计，2022—2023 年，非全额增信应收账款 ABS 优先级证券的发行规模分别约为 177.45 亿元和 381.61 亿元，占当年应收账款发行总规模的比重分别为 5.64% 和 12.21%。

总体而言，近两年来，应收账款 ABS 中非全额增信模式的占比呈上升趋势。其中，国药朴信保理 ABS 产品系列从一开始到现在都是无增信状态，并且公司发行的国药朴信保理系列 ABS 产品作为联合评级公司关于 ABS 市场发展趋势中无增信主体发行报告的主要案例收录。这些非全额增信的应收账款 ABS 不仅符合央国企对增信额度收紧的调整方向，同时也在一定程度上反映了投资人对于应收账款类资产脱离主体信用的认可度提升。这表明市场对于无增信产品的接受程度逐渐增加，同时也促使金融产品创新朝着更加多样化和适应市场需求的方向发展。

4. 品牌创造

国药朴信保理通过开展资产证券化业务，打造了"国药朴信保理 ABS"这个较有影响力的资本市场品牌，市场影响力显著提升。

（1）ABS 100 亿元规模深交所挂牌敲钟。2023 年 9 月，以国药朴信保理 ABS 发行金额突破 100 亿元为契机，国药集团领导拜访深交所，举行国药朴信保理资产证券化发行规模突破 100 亿元敲钟仪式并同深交所进行座谈，取得良好效果。

（2）市场荣誉。2023 年 12 月 28 日，第八届 CNABS 资产证券化年会暨第八届 CNABS "金桂奖"年度评选颁奖典礼在上海成功举办，公司受邀参加并荣获"最受欢迎原始权益人奖"和"最具行业影响产品奖"。CNABS "金桂奖"年度评选起始于 2016 年，已举办七届，系国内资产证券化行业一年一度的权威高峰论坛，也是国内资产证券化行业各机构参与度最高的行业年会。本次荣获两项大奖，充分体现了资产证券化行业各专业机构对国药朴信保理的高度认可，彰显了国药朴信保理在资产证券化领域的专业能力与领先地位。

（3）市场排名。自2018年以来，国药朴信保理已累计发行14期ABS产品，发行总额突破100亿元，位居央企保理公司ABS发行金额的前列。同时在央（国）企医药流通类ABS发行金额排名中稳居首位。

（二）增加效益

2022年11月和12月，债券市场风云变幻，出现了大规模的取消发行现象。11月，取消发行的信用债券金额和数量几乎与前10个月相等，占全年的比例高49.81%。在这个时期，各评级期限的信用债发行利率上涨明显，AAA评级一年期以内信用债的发行利率较前一周上涨超50BP。进入12月，情况并未有所好转。第二周合计取消发行的信用债券数量为50只，取消发行的金额达309.79亿元，创下2022年度第二高的纪录，仅次于11月14日至18日的一周。

面对这种市场环境，循环购买ABS成为了一个可行的选择，因为它能确保规模、价格和时间这三个关键要素的100%确定，有效规避了年底发行的巨大风险。将往年年底转出的不确定性转化为确定性，面对"风高浪急"的债券市场，国药朴信保理年末资产流转工作安稳落地。

国药朴信保理通过循环购买锁定转出价格增加收益，国药朴信保理2号ABS循环购买5.12亿元相比ABS发行5.12亿元，增加收益约276万元。

六、总结与后续工作计划

（一）总结

国药朴信保理将资产证券化基本原理同自身资产禀赋充分融合，创新性地设计符合国药朴信保理自身特点的循环购买ABS并落地实施，用于提升服务国药集团成员企业能力，助推国药集团成员企业高质量发展。

国药朴信保理循环购买ABS可以锁定流转价格来提升收益，同时提升服务国药集团成员企业质量，在不确定的金融市场中创造确定性，通过创新的金融产品设计引导形成优质的服务模式，探索打造"国药朴信保理ABS"资本市场品牌，是践行"金融服务实体经济作为根本宗旨"的生动体现。

（二）后续工作计划

1. 推动公司资产证券化业务高质量发展

国药朴信保理将通过提高五种能力来推动资产证券化业务的高质量发展。监管沟通能力方面，公司将积极与监管机构沟通，定期拜访交易所，以确保监管渠道畅通，增强监管机构对公司的认可度。金融产品设计能力方面，公司继续守正创新，结合目前的资源禀赋，设计更具专业性的金融产品，以提升服务成员企业的能力。资产推介能力方面，公司加强资产推介工作，不定期组织路演，积极对接营销投资人，推介国药朴信保理ABS的优质资产，从而为未来产品的发行打下坚实的基础。定价估值能力方面，找准公司ABS定价锚点（中债中短票据收益率曲线AAA），进一步压缩发行定价和"锚"的利差。存续管理能力方面，严谨审慎做好存续ABS管理工作，引导成员企业加强应收账款管理。通过探索提高以上五种能力，国药朴信保理期望资产证券化业务达到监管沟通良好顺畅、金融产品创新务实、资产推介准确有力、定价估值精准高效和存续管理严谨合规的良好发展态势。

2. 持续提升服务国药集团成员企业能力

国药朴信保理资产证券化业务实现高质量发展的最终目的是持续提升服务国药集团成员企业的能力。公司将以资产证券化业务高质量发展为重要支撑，扎实做好对国药集团成员企业服务工作，成为辅助集团成员企业及上下游客户在更高起点、更高层次、更高目标上发展的支撑力量。

展望未来，国药朴信保理将在国药集团的支持下，在国药投资的直接领导下，践行国药投资"立足行业 服务集团 面向世界"战略定位，扎实做好国药集团成员企业的服务工作。公司将积极主动融入国药集团发展战略，探索国药投资产融服务平台落地生根。在国药集团成员企业的大力配合和参与下，持续进行提质增效，为国药集团健全完善产业链、供应链、价值链，实现高质量发展贡献力量。

主要参考文献

［1］加快深化金融改革有效服务实体经济［N］．中国经营报，2024－08－05（A01）．

［2］陈施行，杨珊华．国药集团提质增效工作的探索与实践［J］．财务与会计，2022（17）：33－36．

［3］专项研究："2023年应收账款ABS市场运行情况及发展趋势分析"．结构评级二部．联合资信．北京，2024.

第五章　创新项目

国药威奇达"绿色低碳化"提质增效实践

苗瑞春　刘　凡　苏继平　陈　哲　常　华　胡万鹏　于娜娜[*]

一、引言

中国医药集团有限公司《碳达峰碳中和行动工作方案》提出：要实现统筹产业结构调整、污染治理、生态保护，协同推进降碳、减污、扩绿、增长，推进生态优先、节约集约、绿色低碳发展，落实碳排放总量和强度"双控"制度，构建废弃物循环利用体系，努力在医药健康领域碳达峰碳中和中发挥示范引领作用。加快绿色转型，助力碳达峰碳中和是贯彻落实新发展理念、实现高质量发展的关键环节。国药集团威奇达药业有限公司（以下简称"国药威奇达"）以科技创新为引领，加大绿色低碳技术研究，不断培育壮大绿色生产力，实现对产业链关键环节绿色、循环技术应用，进一步构建低能耗、低成本的发展模式。

二、项目背景

国药威奇达为中国医药集团有限公司（以下简称"国药集团"）所属上海现代制药股份有限公司（以下简称"国药现代"）的全资子公司，是一家以生物发酵、酶催化、绿色合成为基础的综合型制药企业，实现了从起始原料、关键中间体到成品药全产业链化学药产业布局，是国药现代综合性大宗原料药、中间体、辅料的生产基地，青霉素类、头孢类抗感染药物及酶抑制剂全产业链生产基地。近年来，公司以推动高质量发展为主题，以增强核心竞争力、实现可持续发展为目标，聚焦发展新质生产力，积极把握壮大战略性新兴产业的战略机遇期，加速高端、智能、绿色发展步伐，强化绿色低碳技术应用，构建低能耗、低成本的差异化竞争优势，为实现公司产业链安全稳定和现代化水平提供有力支撑。

2023年以来，国药威奇达不断强化国际化高端化发展战略，国际市场出口收入不断攀升；欧美高端市场开拓已初具成效。近年来欧盟出台一系列支持欧洲工业的行动，持续部署净零政策和净零技术，这将不断提高产品生产成本、加剧全球市场竞争，对我国产品绿

---

[*] 作者简介：苗瑞春，国药集团威奇达药业有限公司总经理；刘凡，国药集团威奇达药业有限公司财务总监、首席合规官（兼）；苏继平，国药集团威奇达药业有限公司头孢事业部副总经理；陈哲，国药集团威奇达药业有限公司头孢事业部301车间运行组长；常华，国药集团威奇达药业有限公司总工程师、研究中心总经理（兼）；胡万鹏，国药集团威奇达药业有限公司财务管理中心经理助理；于娜娜，国药集团威奇达药业有限公司生产技术部经理助理（主持工作）。

色发展产生重大影响。公司克拉维酸钾、青霉素、头孢产业链供应链的安全稳定及智能、绿色水平直接影响到企业高端化、国际化发展战略，对推动企业未来可持续发展至关重要。

国药威奇达下设头孢事业部、青霉素事业部和制剂事业部，"绿色低碳化"提质增效实践为公司头孢事业部实现了脱酯水相完全生化处理，降低了污水处理成本，沼气产生蒸汽进入动力系统循环使用，实现了克拉维酸系列产品产生脱酯水相完全生化处理。

三、项目实施目标与思路

（一）组建团队，全员全方位推进工作

国药威奇达积极贯彻落实国药集团提质增效专项工作要求，围绕生产经营任务目标，按照"项目制、可量化、可考核"原则，进一步健全提质增效工作组织保障机制，由总经理抓总、财务总监靠前指挥、财务部门牵头、各职能部门齐抓共管。公司下设提质增效专项工作推进组，深入剖析生产经营管理的重点、难点和痛点，研究项目提升目标、具体行动方案和改进措施，逐层分解任务、逐级落实责任。

国药威奇达成立了脱酯水相生化处理项目工作小组，组织研发、环保、生产、车间、设备等部门，全面推进脱酯水相处理课题研究，从方案制定、小试实验、中试放大、生产调试，全过程、全方位确保改善措施落地。

（二）项目实施目标

项目组以节能环保理念和精益思想为指导，运用新工艺、新技术、新设备，重新梳理生产过程，针对现状情况，从生化原理、污水处理过程、成本能耗上优化高浓度脱酯水相处理流程，达到降低污水处理成本的目的，进一步完善企业环保体系。项目实施后预计每年实现经济效益650万元。

（三）项目实施思路

围绕制药废水的特点及处理方法，梳理企业污水处理现状，剖析存在的问题。

1. 制药废水特点

根据药品生产工艺的不同，药物可分为发酵类、中药类、化学合成类、生物工程类、提取类和混装制剂类。药物的生产过程又包含过滤、合成、发酵、离子交换、冷却和精制等步骤，不同药物的生产过程差别较大，涉及物理、化学和生物等多种工艺的组合。由于不同药物的性质、生产工艺和生产过程不同，制药企业生产过程中排放的废水往往具有以下特点：一是成分复杂多样，原料多种多样、生产过程烦琐、产品类型不一、生产药物残留等因素使得制药废水组成复杂，主要成分有COD、硫酸盐、氨氮、总氮、总磷等；二是污染物浓度高，相比于城市生活污水制药废水具有高COD和高氨氮的特点；三是可生化降解性差，制药废水中含有抗生素、其他人工合成抗菌药物，可生化降解性较差；四是有臭味、色度高、悬浮物多和含盐量高。

2. 制药废水处理方法

国内外研究人员对降解制药废水展开了大量研究，取得了积极成效，推动制药废水处理技术不断进步。根据已有的研究和实践，处理方法可以大致分为生物处理、常规物理化

学处理和高级氧化处理。

生物处理是一种低成本和环境友好的处理方式，以细菌为主体通过自身的生长繁殖活动参与吸附、摄取和利用有机物污染物，实现对废水中污染物的降解。废水的生物处理技术根据微生物的存在形式分为活性污泥法和生物膜处理法。

制药废水处理过程中常用的物理化学方法包括混凝、气浮和一系列的膜分离方法等。其中混凝是指水中的悬浮物和胶体具有保持分散悬浮的稳定性，通过投加混凝剂使其失去稳定性，从而可以聚集。

高级氧化技术又称作深度氧化技术，以产生具有强氧化能力的自由基（多为羟基自由基·OH）为特点，在高温高压、电、声、光辐照、催化剂等反应条件下，使大分子难降解有机物氧化成低毒或无毒的小分子物质。根据产生自由基的方式和反应条件的不同，可将其分为光化学氧化、催化湿式氧化、声化学氧化、臭氧氧化、电化学氧化、Fenton 氧化等。

3. 项目现状及问题剖析

国药威奇达各车间及其附属设施的全部生产和生活废水，均需由污水处理车间进行处理。依据 COD、硫酸根、总氮等关键指标，将废水划分为低浓度与高浓度废水，低浓度废水直接进入生化系统进行处理，达到《污水排入城镇下水道水质标准》后，经城镇污水处理管网排入下游污水处理厂；高浓度废水主要来自克拉维酸车间，经 MVR 多效蒸发系统进行浓缩，浓缩液运输至公司青霉素事业部经过喷浆造粒后，再委托第三方合规处理。

克拉维酸系列产品作为公司的战略核心产品，近年来市场需求量呈持续增长趋势。在克拉维酸生产过程中，会产生含高 COD（150,000 毫克/升）、高硫酸根（5,000 毫克/升）、高总氮（3,500 毫克/升）的脱酯水相，进入生化系统产生的硫化物会抑制厌氧微生物活性，导致整个污水处理系统无法稳定运行。

原有工艺方案中脱酯水相采用 MVR 多效蒸发方式处理，但此方式在实施过程中存在两个问题。第一是现有处置方式存在一定环保风险。MVR 蒸发日产生约 21 立方米浓缩液需转运至国药威奇达青霉素事业部喷浆造粒，再委托第三方合规处置，由于目前大同地区仅有一家具备处理资质的公司，其处理能力存在不稳定性，可能对克拉维酸生产造成影响，同时，转运中也存在一定风险。第二是处置成本高、管理难度大。如按"MVR 多效蒸发 + 喷浆造粒"的方式处理，处理费用高昂，且蒸发装置需频繁进行清洗、检修与维护，劳动强度大，人力资源占用较多，现场环境较差。

四、项目实施过程

（一）实施计划

整个实践推进过程主要分为以下 3 个阶段。

1. 第一阶段：设计及研究

工作小组进行脱酯水相处理工艺路线考察研讨，确定总体的工艺设计路线为利用生化系统处理脱酯水相，主要难点是如何控制生化后废水中硫化物浓度和高硫化氢沼气如何脱硫利用。项目团队对国内外相关资料展开深度研究，借鉴最新的处理技术，通过与国内外环保科技企业紧密交流和深度沟通，制定了从小试实验、中试联动到生产试车等一系列举措。

2. 第二阶段项目启动及改造

项目团队进行脱酯水相生化处理工艺小试实验和中试联动试车，将独立小试的工艺环节进行联动实验，并将小规模成功驯化的耐硫微生物进行扩大培养，同时对改造后新设备进行运行验证，为下一步产业化推广奠定基础。

3. 第三阶段项目运行评估

项目团队对现有设备设施优化升级改造，进行产业化推广，脱酯水相处理量持续提升，实现了高浓度脱酯水相完全生化处理，并评估项目运行产生的收益。

（二）重要举措

1. 使用气体去除高浓度脱酯水相中硫化氢气体

第一步：项目团队在实验室对脱酯水相进行了多批氮气吹脱小试实验，验证了"使用氮气吹脱脱酯水相中游离态硫化氢气体"的去除效果，同时也得出最佳脱气时间为4小时。

第二步：氮气吹脱成功后，项目组尝试利用系统自身产生的沼气代替氮气开展吹脱实验，实验结果表明系统自产的沼气可以代替氮气进行吹脱，且脱硫后的沼气吹脱效率优于氮气，最佳脱气时间为3小时。

第三步：在吹脱实验过程中，通过调整不同的进水量和吹脱气量，确定最优的进水量和吹脱气量，为生产转化提供设计基础。

吹脱小试成功后，项目团队通过7周的连续流厌氧实验，验证了通过合理控制反应器硫化物浓度，脱酯水相就不会对生化系统稳定性造成影响。

2. 实验成果向生产实践转化

在实际生产过程中，脱酯水相连续排放，为保证吹脱装置脱硫率能够匹配生产要求，项目团队与设备厂家深入沟通交流，认真研究吹脱装置设计原理，采用了先进的吹脱装置，并模拟吹脱塔的流态运行情况，优化吹脱装置的设计结构，使得吹脱塔中流态更合理，吹脱效率更高，同时考虑到废水高氮高磷高悬浮物的特点，为防止堵塞，对比常用填料类型，综合考虑表面积和防止污泥附着等诸多因素，最终选择卵形悬浮填料，吹脱效率从11%提升至25%。

3. 实现沼气锅炉生产蒸汽

通过生物脱硫技术、自产甲烷生产蒸汽。生化处理脱酯水相后，沼气产量大幅增加，但气体中硫化氢含量达到20,000百万分比浓度。项目团队开展了利用高硫化氢沼气生产蒸汽的研究。沼气的回收利用，主要的难点是去除沼气中的硫化氢，项目团队和工艺技术人员、设备厂家一起研究、制定了高硫化氢沼气耐硫微生物脱硫技术方案，配备了全套微生物脱硫装置，并与"气体吹脱硫化氢"成功联动，沼气中硫化氢含量降低到15百万分比浓度以下，实现了沼气产生蒸汽，进入企业动力系统。生物脱硫装置脱硫效率高，抗冲击能力强，适合范围广，同时可从生物反应器中回收碱，运行费用低；整个系统全部采用自动化控制，操作简单，操作人员负荷低。

综上所述，三个关键技术难题的突破实现了脱酯水相完全生化处理，降低了污水处理成本，沼气产生蒸汽进入动力系统循环使用。该项目投资1,219.7万元，经过逐步提高进水负荷，截至2023年10月脱酯水相处理能力较2022年提升50%，实现了克拉维酸系列产品产生脱酯水相完全生化处理。

五、项目实施成效

（一）行业领先的技术和设备

国药威奇达历经不懈探索与反复实验验证，开发出了一条高效可行的脱酯水相厌氧生化处理工艺路径，配备了一套行业领先的生物脱硫污水处理设备，不仅突破了脱酯水相厌氧生化处理的技术瓶颈，还为行业内同类废水的处理提供了有价值的参考和借鉴。

（二）可持续产生效益

国药威奇达持续将绿色循环理念贯穿于生产经营中，脱酯水相处理成本降低75%，每年增加经济效益约650万元。脱酯水相厌氧生化处理工艺的开发，不仅创造了经济效益，而且每年减少碳排放超1,500吨，实现了经济效益与生态效益的双赢。

（三）项目经验推广

高浓度脱酯水相绿色低碳处理的成功经验，更加坚定了国药威奇达坚持绿色低碳循环发展体系的信心。公司借鉴该项目成功经验，积极开展抗生素菌渣绿色转化项目研究，项目的中试已经取得成功，正在立项审批。项目实施后，可实现抗生素菌渣绿色化处理、资源化利用，提升固体废弃物的综合处置水平，节约菌渣外委处置费用，同时产生的沼气可回收利用生产蒸汽，节约外购蒸汽费用，满足公司绿色化发展的要求。

六、总结与启示

"绿色低碳化"提质增效的实践，不仅展现了企业对环境保护的坚定承诺，也体现了在行业内的创新领导力。公司采取的绿色低碳化措施，不仅开创了绿色减碳的新途径，更在环保和经济效益上取得了显著成效，降低了生产成本，提高了资源利用效率，展现了企业通过技术创新和管理优化，从根本上破解资源环境约束瓶颈，从源头推动生产方式绿色转型，坚定不移推动发展绿色低碳转型的决心和信心。企业正在加快推进绿色、低碳、智能发展，大力推行循环型生产方式，为加快形成新质生产力奠定坚实基础。在资源稀缺条件下，提质增效是企业永恒的主题，是企业追求成本控制和效率提升、在激烈市场竞争中立于不败之地的重要活动。以项目制为抓手构建的提质增效工作体系，与技术创新、精益生产、全员参与改善及人员专业能力提升、员工培训、自动化与数字化技术应用相结合，成为企业高质量发展的必然选择。

主要参考文献

[1] 闫俊娟. 制药废水对生活污水处理系统中污泥活性的影响探究分析 [J]. 山西化工，2023，43（8）：212-214.

［2］严博文，刘凯，刘振华，等. 低浓度制药废水对 AAO 工艺污水厂的冲击影响及对策［J］. 工业水处理，2023，43（4）：149－153.

［3］吉剑. 制药废水的生化处理分析［J］. 中国石油和化工标准与质量，2022，42（2）：26－28.

［4］孙彩娟. 废水中的制药污染物及其在污水厂中的去除机理［J］. 能源科技，2021，19（2）：86－91.

［5］杨珊华，陈施行. 项目制提质增效的逻辑与国药实践［J］. 新理财（政府理财），2024，（1）：24－29.

［6］陈施行，杨珊华. 国药集团提质增效工作的探索与实践［J］. 财务与会计，2022，（17）：33－36.

创新 SPD 人力成本标准化管理促进公司运营效率提升

张 宇 张 海 纪 敏 陈虹娇 手代木知惠[*]

一、引言

近年来"带量采购""零加成""两票制"等医改政策不断深化,导致医用耗材供应商的利润空间逐渐减小。同时,随着全国 SPD 业务市场在不断地扩大,SPD 业务管理开始出现同质化竞争现象,医院针对运营管理的精细化要求也在逐步升级。运营商开展 SPD 项目需长期投入专业运营团队及多种信息化技术来满足医院的需求,以保障 SPD 服务的质量,由此运营商实施 SPD 的成本压力逐渐变大。在此环境下,国药控股菱商医院管理服务(上海)有限公司在传统 SPD 服务模式之上,借助信息技术,赋能实体业务,以数据分析为核心,结合完善的 BI 分析等应用,创新了人力成本及项目成本的标准化两方面测算模型,通过数字化方式实现了每个项目实施前后的成本精准管理以及公司运营管理效率的提升。

二、SPD 成本管理标准化项目背景

(一) 公司简介

国药控股菱商医院管理服务(上海)有限公司(以下简称"国控菱商")成立于2013年9月,国药控股股份有限公司(以下简称"国药控股")持股60%,日本三菱商事持股40%。国控菱商紧紧围绕"十四五"战略部署,奉行"心怀客户所望、思至恒远服务"的初心,秉承"忠业务实、立新图进、守廉思义"的企业价值观,不断锻造出新的核心竞争力。国控菱商拥有国内 SPD 行业内最新、分类最细化、运营时间最久的独立自主知识产权的医耗云系统,在全国服务案例医院及医联体项目90余家,其中上海地区单体服务医院共32家,服务覆盖比率约占全市三级甲等医院的20%。

近年来,SPD 项目逐步成为公司主要业务支撑,占公司总收入占比约90%,毛利率水

---

[*] 作者简介:张宇,国药控股菱商医院管理服务(上海)有限公司总经理;张海,国药控股菱商医院管理服务(上海)有限公司财务总监;纪敏,国药伟康医疗科技(上海)有限公司财务总监;陈虹娇,国药控股菱商医院管理服务(上海)有限公司财务部高级经理;手代木知惠,国药控股菱商医院管理服务(上海)有限公司业务改善部高级经理。

平稳中求进。公司荣获"中国医疗器械 SPD 运营服务商重点企业 TOP30""国药控股 2023 年度业绩突破奖""国药控股 2023 年度人效管理提升奖",在 2023 年 11 月全国"2023 医疗器械医院院内供应链案例大赛"上,携手上海中医药大学附属第七人民医院、国菱金达子公司联合申报的医疗耗材 SPD 服务案例荣获耗材 B 赛道金奖、创新奖。

(二) 国外标准化经营管理模式

已经拥有 30 年以上 SPD 医用耗材运营管理历史的外企公司,基本每家 SPD 服务商都拥有固定的经营管理标准模式,可以根据自身企业的特定业务模式、业务特点、定向客户等设定关键成本控制指标,用以展现、评价各企业、各 SPD 中心仓库的管理结果。

SPD 服务商可独自设定的具体指标,根据每项指标的公式计算出定量结果,在各项目之间进行客观公正的评价。计算其企业 SPD 项目的绩效指标之后,可以对同行业其他企业的项目进行主要绩效指标的统一管理,根据同行业优质的绩效指标考核结果,对本企业实行相应的改善措施,降低项目成本,提高项目管理质量。

(三) SPD 成本管理标准化项目初步构建

国控菱商 SPD 成本管理标准化项目模型中部分内容借鉴国外 SPD 标准化管理运营模式,主要引入仓库业务效率和采购订单业务效率管理模式,结合国内的 SPD 服务中客户的具体需求和现场调研结果,通过适应性改造,初步构建出适合国内 SPD 服务市场及国控菱商独有的 SPD 成本标准化管理体系。标准化经营管理模式的关键指标设定,主要目的是明确整体服务中当前每个项目存在的成本控制问题。

SPD 成本标准化管理项目主要包含两个管理板块。其一,SPD 人力成本标准化项目,通过对 17 项基本业务工作操作量的时效标准制定,自动获取人工操作量的关键指标统计结果,形成合理人员投入量的结果性报告。其二,SPD 运营成本标准化项目,通过无形资产、固定资产、业务成本等除人员成本以外的所有项目投入,进行标准化设定,形成合理的资源投入比重率,实现企业整体的降本控费精细化管理。人力成本及运营成本标准化管理项目的设定,能有效管控业务合理发展,提供项目预测数据,供经营者作出发展决策。

在 SPD 成本标准化管理项目初步建模的基础上,国控菱商结合国资委、国药集团、国控总部提质增效工作部署,分阶段开展 SPD 成本标准化体系构建工作,并持续推进 SPD 成本标准化管理项模型的实践运用,助力 SPD 业务精细化管理,保障公司业绩稳步实现。

三、提质增效工作组织开展情况

(一) 提质增效项目立项

国控菱商结合仓库业务效率和采购订单业务效率管理新模式,从单项 SPD 人力成本标准化项目建模,实施成本标准化管理,并为 SPD 人力成本标准化管理搭建信息数据分析平台。在全面落实国资委、国药集团、国控总部提质增效项目管理工作的基础上,综合考虑 SPD 日常运维工作量和 SPD 成本管理标准化项目的难易程度,经国控菱商管理层批准,2023 年设立 SPD 人力成本标准化项目。

（二）成立提质增效项目工作小组

国控菱商经营班子统一思想认识，提高政治站位，真抓实干，建立健全提质增效工作机制。主要负责人亲自抓、亲自管，成立"国控菱商提质增效专项推进工作组"。提质增效领导小组组长为公司总经理张宇，参与部门包括院内事业部、市内销售部、市外销售部、采购部、市场部、业务改善部、人事部、财务部、子公司国菱金达等。

（三）SPD 人力成本标准化项目目标设定

通过设定 SPD 人力成本标准化关键指标，在 SPD 业务量突飞猛进的环境下，合理控制人力成本的增长，形成可自动计算人力成本标准测算模型，在保障 SPD 服务质量的同时，可以有效合理地控制人力成本。

由于是 2023 年初步建模成本标准体系，没有同比数据，国控菱商为测算该项目成效，设定了以下可计算的指标及公式：

首判条件（目标人员增幅≤工作量增幅×80%）

2023 年较 2021—2022 年平均 SPD 院仓人员数量增幅＜2023 年较 2021—2022 年平均 SPD 院仓人员操作量增幅的 ×80%

量化经济效益计算公式：

｛［（2023 年 SPD 院仓人员操作量－2021—2022 年平均 SPD 院仓人员操作量）／2021—2022 年平均 SPD 院仓人员操作量］×80% －（2023 年 SPD 院仓人员数量－2021—2022 年平均 SPD 院仓人员数量）／2021—2022 年平均 SPD 院仓人员数量｝×当期人工成本

（四）提质增效项目工作小组的责任落实

在总经理牵头组织下，结合国控菱商实际情况，建立健全工作机制，面对复杂严峻的经济形势，突出重点、勇于创新，真抓实干，打出提质增效"组合拳"。业务开展与成本控制手段的具体落实由院内事业部、市内销售部、市外销售部、采购部、市场部为第一落实部门；业务改善部、财务部、人事部、国菱金达等部门为操作数据的实时跟踪、监管与成本控制警示、反馈的第一责任部门。通过逐级落实任务目标、层层分解至各责任主体，提高提质增效目标的可执行性和严肃性，加强对执行效果的跟踪和监督。

四、项目方案具体落实及完成情况

（一）SPD 成本标准化关键指标

国控菱商主要业务为医院 SPD 服务，其人力成本投入占销售管理费用的 40%—45%，并且每个 SPD 项目所投入的人力成本之间存在不小的差异。因此，在整个 SPD 成本标准化项目中，最重要的是 SPD 人力成本标准化项目的落实与管控。国控菱商 SPD 人力成本标准化模型的启动工作源于多家标杆客户医院对 SPD 服务现场调研反馈，以及每项 SPD 服务的具体项目运营模式、负责人数、业务量、所需时间等关键数据的统计结果。

为了能够实时获取关键指标数据，国控菱商通过 BI 商业智能分析表单，针对 SPD 的 17 项基础业务（收货、入库验收、包装拆分、出库、配送、定数标签扫码、医院科室盘点、物流中心仓库盘点、收费标签、智能柜 RFID 标签、采购订单预报、引用订单、直送记账、采购勾票、商品主档维护、商品单价维护、定数目录维护），通过 SPD 项目业务系统或 PDA 等设备的操作记录统计实时发生的业务量、操作量，进而汇总并形成数据指标报表，提供相关监管部门进行后续的数据分析及数据监控。

（二）SPD 人力成本标准化项目模型

近三年来，国控菱商 SPD 业务占比均在 88%—90%。目前国控菱商主打 SPD 业务销售模式，SPD 业务模式在提供医院增值服务的前提下，配备医院人工辅助、实时物流配送服务、信息系统开发与对接等。随着 SPD 业务量的不断增长，人员需求量更为显著。因此，为打造企业高质量发展的前提，需有效控制人工成本的增长，达到降本增效的目的。

在此 SPD 人力成本标准化项目中，可根据 SPD 项目本身的前提条件和多家标杆客户医院的标准数据，自动计算每项基础业务的预估业务量以及所需时间和人数。首先，根据医院业务体量的发展变化及具体投入的服务内容，如科室数量、定数管理、配送、寄售、智能柜管理、产品标签管理、医院手术室人员配备、具体配货次数、仓库运营模式等，设定为该医院 SPD 业务服务项目的测算条件与范围。其次，对每项具体的 SPD 服务基础工作及 SPD 服务附加工作进行分类，并细化至每项工作内容，再根据业务量、操作量设定标准工时。

从整体的业务运营模式来看，国控菱商针对 SPD 服务项目的主要岗位分别为采购专员、订单专员、仓管专员、项目负责人、手术室专员，在 SPD 人力成本标准化项目模型中可根据每个岗位对应的业务计算业务量及所需人员。例如，供应商的数量会直接影响采购人员工作中对接窗口人数，因此供应商的数量和采购专员的工作量成正比。国控菱商针对每项具体服务都设定了非常细致的前提条件，例如，定数管理包含扫码模式（由国控菱商回收标签或医务人员直接在医院物资管理系统进行扫码）、配送模式（由国控菱商仓管专员配送或医务人员配送）、配送量比例（低值耗材中通过定数管理模式配送的比例是多少）等前提条件，每个条件都设定对应系数，可根据不同服务方式计算相应的业务量。

设定人力成本标准化工时后，结合系统实时抓取业务与操作数据，系统自动计算出所需业务量及合理的人员投入，形成模板报告提供给业务部门及监管部门相应人员。

（三）SPD 人力成本标准化项目完成情况

通过项目目标设定及关键指标设定，结合 SPD 业务中各项目的销售规模扩大所产生的业务操作量作为主要参考数据，公司通过建立人力成本标准体系，保持人员增长在合理标准的范围内，不超过预设标准。通过逐级落实将目标层层分解至各责任主体。

2023 年提质增效 SPD 人力成本标准化项目选择了 5 家重点客户进行数据分析及实时监督，通过人力成本标准体系的应用，在 SPD 业务量突飞猛进的环境下，降低成本 145.64 万元，超额完成年初制定的提质增效目标，进一步优化了公司的降本管控体系，为 2024 年的经营目标指明了方向。

5 家重点客户分别为：A 医院（国控菱商最大客户）、B 医院（西南区院外仓主要客户）、C 医院（东南区院外仓主要客户）、D 医院（区域主要客户）、E 医院（区域主要客户），每家客户均实现人力成本的有效管控。

对 2022—2023 年两年同期业务进行分析，保持两年费用率、毛利率不变，排除其他影响因素，针对业务量的增长变化，经项目模型测算后对人员投入实施管控，对营业净利率影响如表 1 所示。

表 1　　　　　　　　　　　　2022—2023 年两年经营数据测算

核算项目名称	A 医院		B 医院		C 医院		D 医院		E 医院	
核算年度	2022 年	2023 年	2022 年	2023 年	2022 年	2023 年	2022 年	2023 年	2022 年	2023 年
实际销售额（无税/万元）	71,204	116,001	32,701	40,662	19,287	28,160	20,295	27,700	18,467	26,992
人员数量（人）	30	29	16	15	15	15	10	8	11	10
人工成本率（%）	0.33%	0.20%	0.36%	0.28%	0.57%	0.39%	0.49%	0.29%	0.84%	0.53%
控人工后，增利（%）	0.13%		0.09%		0.17%		0.20%		0.31%	

五、SPD 人力成本标准化项目实践运用

（一）内部运营保障

项目方案成立标准化专项小组，由财务部、人力资源部、业务改善部、信息部主要参与。各部门发挥职能特点，提供专业意见，组织进度汇报会议、实施监管、阶段考核等。各部门积极参与，协作完成整体进度数据计算、人力成本指数参考、建立数据分析及校准体系、信息数据实施索取，通过跨部门协作实现增量利润 145.64 万元。

国控菱商根据各医院 SPD 服务内容设定了非常细致的计算公式，因此该标准化模型适用于拥有不同院内物流管理模式的项目，适用范围广泛；通过自动计算各项目的成本标准体系，可实时掌握盈亏平衡点，避免过多成本投入，规范公司的项目投入；针对现有项目实践横向比较分析，参考高效项目的具体运营方法，可改善低效项目的运营效率，降低投入成本，提升业务效率；可合理分配各项目的成本投入，减轻公司资金压力，确保对 SPD 医院客户可长期提供合理的服务。

（二）F 医院项目的实践运用

2023 年中标公立三级医院新 SPD 业务，针对业务体量最大的 F 医院，通过上述项目模型中的 17 项 SPD 基础业务，与常规开展新项目人员投入进行对比，数据显示：项目测算订单员需求量 7.1 人，较人工测算增加 1.1 人；采购员需求量 5.3 人，较人工测算减少 1.7 人；仓管人员需求量 29.4 人，较人工测算减少 5.6 人。总计项目测算变动人员需求量 42 人，较人工测算减少 6 人。固定人员为手术室人员与物流中心负责人，分别为 12 人与 2 人，保持不变。

实践结果表明，项目模型测算的人员投入与业务需求匹配更为精确，在 F 医院业务的开展过程中，参照项目模型测算结果投入相应人员，对业务正常的开展没有任何不利影响。2023 年至 2024 年第一季度，订单员的实际人员投入 6 人，较项目模型测算人员投入差异 1.1 人；采购员的实际人员投入 4 人，较项目模型测算人员投入差异 1.3 人；仓管人员 2024 年第一季度末较 2023 年末新增人员 1 人。整体实际人员投入 29 人，较项目模型测

算人员投入差异 0.4 人。截至 2024 年第一季度末，F 医院业务初期开展中，变动人员实际投入总人数 39 人，较目模型测算人员投入仅相差 3 人，较人工测算项目需求人员投入差异 9 人。

此项目模型可通过数字化转型，帮助公司规范合理经营，进一步推动国控菱商高质量发展。

（三）外部模式推广

通过国控菱商自身 SPD 人力成本标准化管理的方案，可以向国药集团体系下各兄弟公司提供人力成本管控的新方式。该方案标准化关键指标的设定与范围受限极小，各企业可根据自身实际业务行业标准制定关键指标，不受国控菱商案例的限制。因此，可以在同行业、跨行业间实现标准化项目模型的推广及使用。

六、总结与启示

国控菱商通过对 SPD 服务群体、项目、需求等深入调研，结合仓库业务效率和采购订单业务效率管理新模式，目前已实践运用符合国内 SPD 业务市场及特属于国控菱商 SPD 业务的人力成本标准化管理模式。国控菱商针对各 SPD 各客户医院的科室差异化及服务内容不同的问题，构建专属于各家医院的人力标准化项目模型。进而，对标同行业的企业 SPD 经营数据，结合自身企业经营投入的实际情况，比较优劣势，进一步改善人力投入成本。

不过，在此项目管理过程中需对 SPD 有关的各种数据进行综合分析后才可建设有效客观的标准计算体系。受近两年的市场环境因素影响，SPD 业务量变动较大，类似特殊变动因素将会影响数据的整体判断。因此，建立模型时需考虑所有数据的获取途径以及影响因素的剔除。获取实时数据也需要系统支持。

国控菱商将逐步从 SPD 人力成本标准化项目，向 SPD 成本管理标准化项目整体推进，衍生更为精细化的人力、运营成本一体化管理标准化体系，打通上下游、内外部成本管理的关键点，结合人工成本创利、劳动生产率等人效管理的指标与 SPD 项目的运营投入等，全覆盖打造精细化、标准化的成本管理。从 SPD 业务项目整体成本管控出发，为企业管理提供有效的成本控制方案，助力企业管理者做出经营决策，全方位构建国控菱商创新成本管理新模式，加强国控菱商 SPD 业态核心竞争力，进一步提升公司整体的运营管理和高质量发展。

国药致君产品全价值链提质增效实践

黄　艳　郭　虹　黄　超　刘　力　章旭云　詹振库　何重峰　张　蔚*

一、引言

2021年3月，国药集团致君（深圳）坪山制药有限公司（以下简称"国药致君"）核心品种双氯芬酸钠缓释片（以下简称"缓释片"）切换为一致性评价工艺，开始进行大规模商业化生产。但在工艺切换之初，物料"卡脖子"、生产成本高、效率低、供货期长、产品质量风险偏高等问题凸显，开展提质增效工作迫在眉睫。

国药致君紧紧围绕"做优产品、做大品牌、做强体系、做专平台"的经营方针，充分发挥精益管理、致君特色项目管理及基于产业化的改良型创新优势，并将精益管理思想与成本管理思想相结合，以精益成本管理理念为指导，按照"项目制、可量化、可考核"总要求实施缓释片全价值链提质增效项目，建立提质增效长效机制。

二、案例背景

国药致君为中国医药集团有限公司（以下简称"国药集团"）下属医药工业核心企业。缓释片作为国药致君的核心品种，于2020年全国首家通过一致性评价，2021年3月切换为一致性评价工艺，实现国内独家产业化上市。

然而，新工艺切换首三个月与旧工艺相比，主要指标急剧下降：每盒产品成本增加90%、月均产量下降62%、产品生产供应周期增加125%。另外，自主设计设备仍需不断改进、关键工艺参数还需优化、新工艺不稳定导致产品质量隐患增加，都是缓释片新工艺产业化面临的重大挑战。

基于此现状，国药致君积极贯彻落实高质量低成本发展战略，围绕缓释片大规模产业化的难题，由上至下，深入推进全员、全过程、全方位的产品全价值链提质增效工作。

三、项目实施思路

国药致君以精益成本管理理念为指导，以客户价值增值为导向，融合精益采购、精益

---

*作者简介：黄艳，国药集团致君（深圳）制药有限公司总经理、国药集团致君（深圳）坪山制药有限公司总经理；郭虹，国药集团致君（深圳）制药有限公司副总经理；黄超，国药集团致君（深圳）坪山制药有限公司副总经理；刘力，国药集团致君（深圳）坪山制药有限公司副总经理；章旭云，国药集团致君（深圳）坪山制药有限公司生产部副部长；詹振库，国药集团致君（深圳）坪山制药有限公司坪山制剂研究部部长；何重峰，国药集团致君（深圳）坪山制药有限公司口服固体车间主任；张蔚，国药集团致君（深圳）坪山制药有限公司设备部部长、环保基建部部长（兼）。

设计和精益生产等多方面改善行动。从采购、设计、生产和服务上控制产品全供应链成本，通过全价值链的专项改善，力求2022年达成有形效益目标超500万元。

本项目围绕缓释片大规模产业化难题，紧紧抓住关键工艺、关键设备、关键材料"三个关键"实施改良型创新，发挥精益管理标杆效能，科学制定改善方案，采用项目管理模式保障改善措施落地。

项目管理模式主要以"项目制、可量化、可考核"为总要求进行层层目标分解。"项目制"通过申报、初评、复评、立项、结项形成管理闭环；"可量化"从开源、节流、降本、增效四个类别设子类项，具化纳入范围、申报要求、计算标准、评分标准；"可考核"以结合精益管理大课题的形式，设置优秀项目、优秀部门不同维度激励来落实好考核要求，全面促进缓释片提质增效的达成。

四、项目实施过程

（一）建立缓释片提质增效小组，全员全方位推进工作

国药致君成立了缓释片提质增效领导小组、工作小组，由公司领导班子担任领导小组成员，组员覆盖研发、财务、采购、质量、生产、车间、设备、仓储等部门，由上至下确保深入推进全员、全过程、全方位的开源节流、降本增效工作。

（二）基于产业化的改良型创新，从根源解决提质增效难点痛点

一致性工艺的大规模产业化是最大的挑战，本项目牢牢抓住"三个关键"的难点痛点，从根源解决问题，实施一系列改良型创新，成功实现了新工艺缓释片"从1到N"的无限潜能。

1. 关键工艺

主要抓住处方特性、质量标准、瓶颈工序、整体生产效率等主要方面重点开展改良型创新。通过优化制粒工艺参数、调整压片设备操作、控制物料温度等大幅提升瓶颈工序生产效率。通过物料采购优化、生产流程优化、生产操作优化、人机磨合、检验项目简化等措施提高缓释片成品率和生产效率。另外，针对处方低熔点特性可能导致压片物料结块的质量隐患，完成压片机硬脂酸镁外喷雾化装置（PKBⅡ）喷雾改善系统技术研究，为进一步提升产品质量做好技术储备。经过一系列的改善，缓释片关键工艺实现了从成功开发到成熟产业化的转变。

2. 关键设备

为实现一致性评价工艺，国药致君攻克多项质量技术难关，自主设计并联合制造了关键生产设备热熔制粒机。然而，自主设计制造的热熔制粒机在大规模产业化生产时出现一些问题。针对异响、异物、故障频繁等问题，项目成员对设备的搅拌、制粒刀、摇摆机等结构进行100余次设计改造、再测试的深层改善，最终实现了工艺参数由手动输入到自动控制、制粒流程由分段生产到连续生产的"版本迭代"。

3. 关键材料

面对进口物料"卡脖子"的问题，国药致君在充分研究进口物料质量标准的基础上，主动联合国产辅料生产厂家，对辅料的生产设备和生产工艺进行改进升级，确保国产材料

性能参数与进口材料一致，成功实现关键进口材料国产替代。此外，通过一系列新增原料供应商的变更研究工作，全面消除缓释片原辅包独家供应商的风险，大幅降低断供风险，有效管控成本，并形成了议价优势。

（三）精益标杆基础，助力实现全链条提质增效

国药致君自2009年起持续推行精益管理，已培育并形成了成熟的精益管理运行机制、浓厚的精益文化氛围以及多批精益骨干，从最初的精益实践、精益效益，迈步进入精益运营和精益文化阶段。以此为基础，本项目通过组建跨职能的中层管理团队，运用价值流程图、头脑风暴等精益管理工具，从精益设计成本管理、精益采购成本管理、精益生产成本管理多方面对缓释片全生命周期进行系统性梳理，并对改善专项系统地进行规划及推进，确保提质增效目标的达成。

1. 测绘价值流程图，分析挖掘问题点

客户订单、生产计划、物料采购、生产工艺步骤、检验放行、仓储发运、设备、人员、作业环境等都是影响精益生产的因素，都需要纳入价值流程图测绘考虑因素。团队成员根据业务范畴的不同，组合成立了信息环、供应环、制造环、检验环及领跑环五个专项小组，通过成本分析、生产现场实际观测、物流、信息流分析等绘制缓释片价值流现状图，挖掘存在的问题点，绘制一个理想的未来价值流图。

在精益设计成本管理方面，主要从产品处方特性（低熔点处方）、工艺优化创新（连续熔融制粒）、技术储备（防压片过程物料结块）、低成本原辅包研究（新增原辅料供应商研究、变更内包装材料及规格）等方面进行目标设计及改善方案制定，通过各部门、各环节的通力合作，共同达成设定目标。

在精益采购成本管理方面，主要是在保证质量的前提下，使采购价格降到最低。在现有较完善的采购体系基础上，主要采用以下方式：（1）消除独家供应商风险、形成议价优势，即通过新增物料供应商、变更物料材质或规格等一系列药品上市后变更研究工作，为每一个物料增加多家低价供应商，形成采购优势。（2）定向采购、适时采购，即按质量、技术、服务和价格几方面的竞争能力筛选出优质供应商，并与之建立长期、互惠互利的战略伙伴关系，实现供应渠道稳定、低成本，采购提前期缩短以及物料库存减少的灵活采购。

在精益生产成本管理方面，主要是运用精益生产工具，熟练掌握并消除现有设备、人员、材料和生产流程、检验方法等生产制造过程中的浪费，实现精益生产成本管理。

通过产品全生命周期价值流程图的绘制与分析，结合精益成本管理的设计目标，形成问题点和解决对策清单，最终形成15个改善专项行动。

2. 制定改善方案，系统规划推进

本项目结合改善行动的价值大小、难易程度、时间周期以及公司资源现状，系统性规划推进改善专项的实施，确保改善效益最大化。围绕"三个关键"，将15个改善专项划分为短期、中期、长期三个阶段次递推进，对于高价值、高风险专项工作，领导班子亲自推动，如新增原料供应商、新增关键辅料供应商、变更内包材等。2023年已启动缓释片批量放大、取消部分物料预处理工序、优化预混合工艺、优化关键辅料粒径等十余项改善项目，以进一步降低缓释片生产成本。

（四）致君特色项目管理模式，保障改善专项按时按质落地

1. 项目过程管控

（1）可执行性强的项目计划。项目计划由小组成员共同制定，采用关键路径法，从项目目标时间倒推关键节点，制定可执行的项目计划，包含总计划、阶段性计划、月计划、周计划等。采用任务分解法将每一项任务分解至可量化和测量的最小单位，并设置主要责任人确保任务落地。

（2）有力的项目进度控制。15个改善专项由生产部统筹协调，再分设各项目小组，采用项目管理方法进行动态管理。保证项目进度的关键在于人和机制。国药致君通过挑选专业素质及综合能力强的人员组建项目组，通过启动会明确赋予项目组职责与权力，使其发挥主观能动性。在项目实施过程中，通过项目小组周进展跟进、公司班子会月度专题讨论及统筹协调，建立变更机制、关键节点庆祝、成果表彰等激励机制的形式，有效保障项目进度。

2. 注重风险管理确保目标达成

国药致君在项目启动的同时建立了风险预警机制，运用风险管控工具明确风险事项并设置风险管理计划。当发生风险事件时专项协调解决，避免对项目整体计划造成影响。

3. 创新"党建+项目"形式，激发全员攻坚克难潜力

针对难度大、时间紧、风险高等影响产业化的关键项目采用"党建+项目"的形式，组建了三个党员攻坚突击队，如热熔制粒机异响异物攻坚队、降低缓释片压片生产成本攻坚队、铝塑药板外观改善攻坚队。将敢担当、能力强、有奉献精神的党员聚集在攻坚克难一线，激发全员潜力，解决缓释片产业化过程中的问题。

五、项目实施成效

（一）持续做优产品

1. 基于产业化的改良型创新，推动"从1到N"的无限潜能

国药致君紧紧抓住关键工艺、关键设备、关键材料"三个关键"，开展了一系列基于产业化的改良型创新。在关键工艺上，实现了热熔缓释工艺从成功开发到成熟产业化的转变。在关键设备上，实现了从自主设计制造的第一代产业化设备到自动化、连续化生产的第二代、第三代迭代升级。另外，国药致君还掌握了落料缓冲装置以及落料机、微粉硅胶负压过筛系统等领域完全自主知识产权，并成功获得了相关专利授权。在关键材料上，全面解决物料"卡脖子"问题，实现进口物料全部国产化，全面消除10个原辅包独家供应商的风险，并形成议价优势。通过以上措施，突破性地完成了缓释片提质增效，实现新工艺"从1到N"的无限潜能。

2. 提质增效打造缓释片"三领先"优势

2022年底，14个改善专项已完成并持续产生效益。与2021年切换新工艺的第二季度相比，缓释片具体指标明显提升：产量增长230%，每盒成本降幅超50%，人均劳效增长20%，生产供应周期缩短33%。经统计，2022年当年度已产生超1,000万元的直接经济效益，2023年开始每年可产生超2,253万元的直接经济效益，且具有可持续性。打造了缓释片"质量领先、成本领先、效率领先"三领先的产品优势，极大地提高了产品市场竞争力。

缓释片的全链条提质增效工作，实现了关键工序效率倍增，产能提升翻番，年销量突破 10 亿片，产能效率大幅提升。2022 年底，双氯芬酸钠缓释片紧急作为推荐用药，国药致君创造了 20 天内生产发货 3 亿片的供货奇迹，使公司在经济效益和社会效益两个方面得到市场和社会的高度认可。

同时，国药致君总结迪根提质增效的方法、经验，并成功推广至公司其他品种如头孢地尼分散片、头孢克肟颗粒、注射用头孢曲松钠等，目前已取得良好经济效益和社会效益。

（二）持续做大品牌

双氯芬酸钠缓释片（商标：迪根®）单品种荣获专利五项，市级奖项四项，国药集团奖项一项，极大提升了国药致君的品牌知名度。在新工艺产业化及提质增效工作期间获得的专利及奖项包括：《双氯芬酸钠缓释组合物及其制备方法（发明专利）》《一种微粉硅胶负压过筛系统（实用新型专利）》《落料缓冲装置以及落料机（实用新型专利）》《2020 年度深圳市科技进步奖（迪根）二等奖（单位）》《2020 年度深圳市科技进步奖（迪根）二等奖（人员）》《中国医药集团科技成果奖（迪根）三等奖》等。

（三）孕育"迪根精神"，以文化滋养发展

在缓释片提质增效开展过程中，国药致君将党建与企业经营中心工作、管理提升工作相融合，创新性地采用"党建＋项目"方式，党员带头，联动群众，攻坚克难，取得良好效果，探索出一条党建与企业经营中心工作相融合并引领企业发展的有效途径。

缓释片的发展实践和全体员工的共同创造奋斗，逐步积淀、孕育出了极具国药致君特色的"迪根精神"，即团结协助、主动担当的协作精神；刻苦钻研、精益求精的工匠精神；攻坚克难、永不放弃的拼搏精神；追求真理、自我否定的科学精神。"迪根精神"丰富了国药品牌文化底蕴，极大地推动了国药人精神特质的广泛传播。

六、总结与启示

提质增效是一项关系企业长远发展的系统工程，需要由上至下的战略引领，更需要全员、全过程、全方位的持续推行。国药致君总结缓释片提质增效的方法、经验，成功推广至公司其他品种，已取得良好经济效益和社会效益。国药致君也通过加强缓释片全价值链提质增效经验成果的总结交流、表彰奖励与持续推广复制，激发全员积极性和创造性，培育新的优质项目及人才，进一步夯实国药致君"质量领先、成本领先、效率领先"的卓越制造体系。现在以及未来，国药致君将围绕构建企业核心竞争力持续深入扎实开展提质增效，实现质量更高、效益更好、结构更优以及更可持续的发展。

主要参考文献

[1] 谢青芸．杨珊华：数字化时代 CFO 新使命——业财融合与价值挖掘 [J]．新理财，2022（4）：46－48．

[2] 郭春东，韩静．基于价值流图的 RT 公司装配生产线优化 [J]．科技与创新，2023（7）：40－43．

[3] 李晓明．国有文化企业降本增效措施及方法探索——以 H 公司为例 [J]．现代企业，2023（2）：55－57．

国药物流 UDI 系统建设与追溯平台升级提质增效实践

叶 碧 刘 婧 丁 波[*]

一、引言

国药集团医药物流有限公司（以下简称"国药物流"）于2004年5月正式成立，注册资本3亿元，作为国药控股的全资子公司，在国药控股全国供应链战略布局中占据核心地位，并荣获国家5A级综合物流企业认证。

为深入贯彻国务院国资委及国药集团关于提质增效工作的指示精神，国药物流紧密围绕国药控股的年度工作部署，坚持稳中求进的工作总基调，以专业的运营管理和创新技术应用为支撑，紧扣"一利六率"（即在原有"一利五率"的基础上新增"应收账款占收入比"这一关键指标）经营指标体系。

同时，国药物流作为全国范围内首家获得医药第三方物流许可，并成功取得异地多仓联网管理资质的医药第三方物流企业，始终坚守"项目制、可量化、可考核"的原则，持续推进提质增效专项行动，不断提升企业运营效率和服务质量。

在全球医疗行业对追溯性要求日益增长的背景下，企业对精确且集成的解决方案的需求愈发迫切，以确保产品从生产到交付的每一环节均符合医疗器械供应链管理标准。作为国内药械物流行业的领军企业，国药物流积极应对行业挑战，通过实施UDI系统建设项目，成功将UDI采集、解析与校验功能融入仓储管理系统，并研发升级追溯平台，从而进一步强化追溯体系的完整性和功能性。此举不仅优化了现有流程，提高了操作精确度，更为客户提供了更为透明和清晰的信息流，彰显了国药物流在医药供应链领域的卓越实力与创新能力。

二、国药物流 UDI 项目背景

（一）医疗器械行业 UDI 现状及挑战

医疗器械唯一标识UDI，作为医疗器械的身份识别码，由产品标识DI（Device Identifier）和生产标识PI（Production Identifier）两部分组成。在实际应用中，UDI编码规则遵

---

[*] 作者简介：叶碧，国药集团医药物流有限公司上海分公司副总经理；刘婧，国药集团医药物流有限公司上海分公司财务经理；丁波，国药集团医药物流有限公司上海分公司运维高级经理。

循全球统一物品编码标准 GS1（Globe standard 1），以及其他如阿里健康 MA 码、中关村码等编码体系。

相关监管部门已出台一系列政策，如国家药监局发布《国家药监局关于药品信息化追溯体系建设的指导意见》（国药监药管〔2018〕35 号）等，加大对医疗器械的追溯。据此，医疗器械在生产、流通、使用等各环节须实现精准追溯，以确保公众健康与安全。

为满足监管要求，构建追溯平台对提升产品安全性和供应链透明度具有重要意义。在实际操作过程中，企业普遍面临技术、流程以及成本等多重挑战。

（二）国药物流 UDI 急需转型升级

作为商品信息载体，UDI 码如果能通过自动化数据采集与电子数据处理，可显著提高作业效率，确保物流流程顺畅与高效。多家客户向国药物流提出明确需求，希望在进口药品与医疗器械产品的出入库环节实施 UDI 扫码、解析与数据采集操作。

为此，国药物流迫切需要寻找一种能与各类 UDI 相关系统及追溯平台实现无缝对接的解决方案，该方案需兼顾企业内部管理，并助力公司构建自有 UDI 系统及追溯平台。通过这一项目，国药物流将确保信息的顺畅流通与高效利用，既满足当前法规要求，又适应未来监管变动与市场变化。

三、国药物流 UDI 项目的实施目标与思路

（一）UDI 项目提质增效目标

国药物流紧跟行业变革趋势，研究制定以 UDI 项目为年度重点提质增效项目，该系统的核心目标在于优化仓库作业环节的效率及高质量实现产品全程追溯。以 UDI 系统建设和追溯平台优化为核心抓手，积极适应并引领行业发展。通过该项目，公司将更好地遵循国家政策导向，有效提升市场竞争优势，为企业稳健发展奠定坚实基础。

1. UDI 项目提质增效成果目标

（1）UDI 作业系统提质增效目标项目计划通过实施采集、解析、码制转换等功能，并结合封装校验应用，以优化仓库作业流程，有效减少人工处理工时，提高作业效率。根据预测，项目实施完成后，预计能够实现用工时间 10%—50% 的提升。

（2）追溯平台提质增效目标通过出入库追溯码管理功能、批次流向查询机制、追溯码流向查询功能、码包下载管理模块，并与国家 UDI 数据库实现对接，同时配置单据自动上传功能，有效实现仓库作业人工处理工时的显著缩短。根据预测，项目实施完成后，预计能够实现用工时间 10%—50% 的提升。

2. UDI 项目对质量保障方面的提质增效目标

项目旨在助力企业精准追踪产品的全生命周期，严格管理各环节，以确保产品的质量和安全。为此，项目将应用先进的算法技术，确保能够兼容各级包装采集，实现精确辨识验证。同时项目将优化系统性能，积极与第三方平台对接，以获取完整的码包信息和基础数据，进而提升 UDI 数据的准确性。

3. UDI 项目对标行业内目标

目前市场上尚无通用 UDI 作业系统及追溯平台，货主自研平台规模较小，药品追溯系

统多限于 GSP 药品与疫苗，未涵盖医疗器械 UDI 追溯。国药物流拟通过实施 UDI 项目填补空白，推动成品系统的研发与应用。

4. UDI 项目经济效益目标

实施 UDI 项目旨在推动国药物流在医疗器械物流领域的业务增长，稳固支撑公司整体收入增长。项目计划深度优化现有工作流程，提升运作效率、资源利用率，降低成本，提升服务品质，扩大利润空间。

预测实施 UDI 项目能显著减少生产成本，实现增量利润 100 万元。拟通过 UDI 项目的实施，吸引更多企业参与，推动行业资源高效利用，减少资源浪费和环境污染。

（二）UDI 项目实施思路

1. UDI 项目整体规划方案

UDI 项目主要由两部分组成：UDI 系统建设和追溯平台升级，其中，UDI 系统建设包含 UDI 作业系统和追溯平台。

2. 项目时间安排

整个项目的周期自 2022 年起至今。

四、项目实施过程

（一）UDI 系统建设实施过程

1. UDI 作业系统功能设计及实施过程

项目团队对福建、上海、天津、贵州等地在出库、入库及库内作业等业务环节中所涉及的 UDI 需求进行了全面且深入的分析。经过详细讨论这些需求后，针对性地制定了相应的解决方案，并据此设计了以下功能：

（1）UDI 采集功能：当前各地在 UDI 数据采集方面缺乏统一机制，但器械类 SKU 在存储环节需严格采集并记录 UDI 码。研发 UDI 采集功能，以填补系统空白。

（2）UDI 解析功能：仓储作业中，操作人员需手动录入信息，但人为因素可能导致数据偏差。为消除误差，设计 UDI 解析功能，自动录入批号、生产日期、失效日期和序列号等核心数据，避免人工操作失误，提高数据准确性和作业效率。

（3）UDI 大、中、小码自动转换功能：为实现对各级包装采集的全面兼容，无论是单独产品还是整托盘，各级包装均能得到精确无误的辨识与验证。

（4）包装复核采集校验功能：复核环节，作为出库流程的最终关键环节，其现场操作常常面临着发错货物、货物丢失以及无法定位货物等诸多挑战。为确保出库产品的精确无误，系统特别在复核环节增加了对 UDI 码的采集与解析功能，以此强化出库流程的精准性和可靠性。

2. 追溯平台功能设计及实施过程

经过对项目涉及主要货主开展关于 UDI 需求的详尽调研，项目团队充分理解并掌握了货主在产品追溯方面的具体期望与要求。为切实满足这些实际需求，经过深入分析与研讨，针对性地设计了以下功能：

（1）出入库追溯码管理：追溯码作为器械的唯一标识符，在流通过程中通常与订单紧密关联。出入库单据及追溯码的管理功能能够迅速定位特定 SKU 所在的单据及其流通单位，从而确保器械流通的准确性和可追溯性。

（2）批次流向查询功能：通过该功能，货主企业可以轻松地获取整批次产品的详细流向信息，从而更好地掌握产品流通情况，优化供应链管理。

（3）追溯码流向查询功能：根据法规规定，每个物品必须配备唯一的追溯码。该功能可实现对追溯码所标识物品的全过程追溯，确保产品的来源、生产、流通等各环节信息透明、可追溯。

（二）追溯平台升级功能设计及实施过程

为增强追溯效率，保障数据精确性，提升数据传输顺畅性，实现产品全生命周期深度追溯，研发以下功能以优化追溯平台效能：

1. 码包下载管理功能：在追溯平台中，若码包缺失，将造成追溯链路的不完整，进而影响追溯的完整性和准确性。为解决此问题，追溯平台升级项目与专业第三方平台系统进行对接，全面获取了码包信息和基础数据信息，有效提升了 UDI 数据的准确性，确保了追溯平台的稳定性和可靠性。

2. 国家 UDI 数据库对接：追溯平台升级项目已成功与国家 UDI 数据库完成接口对接，从而实现了专业数据的顺畅获取。

3. 单据自动上传配置：在仓储与流通环节中，为确保数据的准确性与时效性，追溯码必须上传至多个第三方平台以供查询。然而，在实际操作中，由于涉及多系统数据传输，单据上传往往存在误差大、上传不及时等问题。为解决这一问题，专门设计了单据自动上传配置功能。通过系统配置，可以实现追溯码信息的自动上传，极大地提高了上传的准确率和及时率，从而优化了整体的数据处理流程。

五、项目实施成效

（一）UDI 项目提质增效实施成效

1. UDI 作业系统提质增效成果分析

经 UDI 作业系统上线后，通过采集、解析、码制转换等功能以及封装具备采集校验功能的应用，实现了 10 个仓库作业环节中人工处理工时的显著缩短。

经测算，UDI 作业系统上线后，在入库环节，节约工时 13,477 小时，相较于原有用工时间实现了效率 30% 的提升；在货转环节，工时节约 808 小时，相较于原有用工时间实现了效率 50% 的提升；而在出库环节，工时节约 4,043 小时，相较于原有用工时间实现了效率 10% 的提升。

2. 追溯平台提质增效成果分析

经追溯平台升级后，通过出入库追溯码管理功能、批次流向查询功能、追溯码流向查询功能、码包下载管理功能、国家 UDI 数据库对接功能、单据自动上传配置功能的应用，实现了 10 个仓库作业环节人工处理工时的显著缩短。

经测算，追溯平台升级后一年内，在码包下载环节，工时节约 4,027 小时，相较于原有用工时间实现了效率 30% 的提升；在三方平台上传环节，工时节约 269 小时，相较于原有用工时间实现了效率50%的提升；在流向查询环节，工时节约1,342小时，相较于原有用工时间实现了效率10%的提升。

3. UDI项目对质量保障方面的提质增效

（1）追溯平台的应用使企业能精准追踪产品全生命周期，从采购到生产、存储、运输等各环节都能严格监控和管理，确保产品质量和安全，提高客户信任度，为长期发展奠定基础。

（2）应用先进算法，实现各级包装采集的全面兼容，精确辨识与验证各级包装。通过优化系统性能和高效算法，提高了UDI采集效率。

（3）与专业的三方平台系统对接，获取完整的码包信息和基础数据信息，提高UDI数据的准确性。

（二）UDI项目行业内对标情况

以知名平台××平台—GSP为例，其为当前药品追溯领域较为稳定的系统之一。然而，该平台目前仅支持GSP药品与疫苗的追溯，未能涵盖医疗器械UDI的追溯，这在一定程度上限制了追根溯源的能力。

当前市场上针对UDI作业系统及追溯平台的开发，尚无通用且被广泛认可的平台。部分货主自研平台规模较小。因此，国药物流UDI项目的实施有助于填补这一领域的空白，推动成品系统的研发与应用。

（三）UDI项目经济效益分析

1. 助力业务稳步增长

UDI项目的实施显著推动了国药物流在医疗器械物流领域的业务增长，不仅实现了UDI相关业务的拓展，还保证了相关业务的持续合作。为公司收入稳固增长提供了有力支撑。

UDI项目所服务的业务货主涵盖16个地区，包括但不限于北京、上海、福建、湖北、新疆、四川、陕西等地的众多知名企业。

2. 助力提升公司利润

UDI项目通过引入先进的数字化技术和管理理念，显著提高了工作效率和资源利用率。这种效率的提升直接降低了生产成本，提高了服务质量，为企业带来了更高的利润空间，实现增量利润约100万元。此外，UDI项目还通过优化供应链管理，降低了库存成本和物流成本，进一步提升了企业经济效益。

（1）降低人力成本。原本需要大量人工操作的入库和出库流程，在UDI项目实施后，通过自动化识别自动完成数据的录入和核对，极大地减少了人工时间，降低了人工成本，提升了整体工作效能；避免了由于人为因素导致的各种问题和风险。

（2）低碳能，更环保。传统的纸质单据和标签需要耗费大量的纸张、打印设备和存储空间，而且容易丢失和损坏。而UDI项目采用电子化的方式记录和存储信息，无须再使用纸质单据和标签，从而节省了大量的成本。

3. 推动国内药械物流行业发展

从间接经济效益来看，UDI项目对整个行业的发展具有积极的推动作用。一方面，通过示范效应，UDI 项目可以吸引更多的企业关注和参与，推动整个行业的技术升级和产业升级。另一方面，UDI 项目还可以促进产业链上下游的协同合作，推动形成更加紧密的产业链关系，从而提高整个行业的竞争力和市场份额。

4. 坚持高质量、可持续发展

最后，从社会经济效益来看，UDI 项目对促进就业、改善民生、推动可持续发展等方面也具有积极意义。通过项目的实施和推广可以推动环保理念的普及，减少资源浪费和环境污染，实现经济和社会的协调发展。

六、总结与展望

国药物流积极落实国药集团和国药控股提质增效工作要求，并结合企业实际情况，制定了年度提质增效 UDI 项目目标。该项目将致力于 UDI 系统的建设与优化追溯平台作为核心任务。通过深入剖析国药物流 UDI 的现存问题，规划了项目方案，并制定了具体的实施措施。在入库、货品转移、出库、收货等环节，项目解决了效率问题，实现了仓库用工效率提升 10%—50%；在追溯 SKU 的流通数据、实现上游单据追踪等方面也取得了重要成果，实现了全程可追溯、追溯效率的大幅提升、数据准确性的显著增强、传输效率的优化，以及产品全程追溯等重要的效率与质量提升效果。完成了量化年度目标增量利润 100 万元。UDI 项目在医药行业中扮演着至关重要的角色，它不仅极大地提高了运营效率，也确保了医疗器械的安全，满足了监管部门的各项要求。

为进一步推进 UDI 系统的深入实施与拓展，协助更多企业提高运营效率、确保医疗器械安全并符合监管要求，国药物流将不断对该系统进行优化和完善。截至 2023 年底，国药控股旗下包括北京、江苏、福建、新疆、海南等多家子公司已成功完成了 UDI 系统的环境部署及上线工作。这些成果的取得，归功于公司在标准制定、技术升级、宣传培训及监管加强等多方面的辛勤耕耘与持续努力。在此过程中，项目团队深刻认识到，业务种类的繁多需要不断深化理解、调整策略，并需投入大量时间深入分析业务需求，以实现针对性的系统开发。

作为医药物流行业的领军企业，国药物流始终坚守专业立场，深入理解业务需求，致力于提升工作质量和效率。公司将提质增效专项工作视为寻找价值漏洞、创造新价值的重要途径，严格遵循项目管理制度，强化精益管理、鼓励创新行为，深入探索企业提高效益的路径和实践。

未来，国药物流将持续加大投入，引入先进技术，完善系统架构，提升团队的专业素质和执行能力，确保项目的稳定运行和持续发展。同时，国药物流也将积极与行业内外的合作伙伴开展交流与合作，共同推动医药行业的数字化转型和智能化升级。国药物流将借助 UDI 项目为契机，不断提升自身在医药物流领域的竞争力和影响力，以更加卓越的业绩、更加优质的服务，回馈客户、回馈社会、回馈员工，为推动医药行业的高质量发展贡献更大的力量。

AI 智能医药物流提质增效项目实践

梁颖康　叶华丽*

一、引言

（一）立项目的

为深入贯彻落实国药集团、国药控股、国药一致提质增效工作，助力企业高质量发展，国控广州物流中心结合业务中的难点和痛点，通过对广州仓 AI 升级改造来解决产能、人员、业态问题，满足在现有库容、人员不变，且业态多变的情况下，提升物流仓储配送效率，节约人力成本，促进提质增效。

（二）立项意义

1. 提高效率。对广州仓进行 AI 升级，使仓库作业流程智能化，数据可实时更新，基本实现无人化作业，提升仓库整体运作效率。

2. 减少人力。相对于传统的方式，减少数据录入、搬运、盘点、拣货等人工要求，从而减少人员需求，节省人力成本。

3. 节省成本。整合仓库资源，合理分配员工岗位和工作，减少操作的复杂性，降低出错频率，提高客户响应速率，进一步节约成本。

4. 精益管理。升级仓库管理模式，避免出现人工采集错误，提高业务处理准确性，满足企业精益化的要求。

（三）项目创新点

本项目应用的技术及其成果，涉及的创新点主要有：

1. 基于人工智能技术和深度学习算法，进一步提升机器人、机械臂、五面扫描等设备和系统的智能化程度，实现更高速度、精度和安全性能，真正助力业务场景的成本降低和效率提升。

2. 项目是将人工智能技术与医药物流产业结合的实例，将机器人、人工智能、视觉识别等创新技术与产业应用相融合。

---

* 作者简介：梁颖康，国药控股广东物流有限公司供应链与物流管理中心总经理；叶华丽，国药控股广东物流有限公司物流研发工程师。

二、案例背景

(一) 项目背景

广州物流中心是国药控股广东物流有限公司在全广东省的中心枢纽仓,承担全省药品调拨、集散中心功能。物流中心划分两个分区:高唐仓及柯木塱仓,其中高唐仓划分为:自动化立体库区、平面货架区、零拣区、功能库区等,全仓日吞吐量达到3万多件。

(二) 国药控股广州物流中心现状分析

1. 产能缺口。广州物流中心已投入使用12年,是全省最大整箱出库的仓库,由于设备老化,出库效率降低,出库产能极限已不能满足现日均出库作业,高峰时期的需求更是超负荷运转,存在大量产能缺口。因产能缺口发生大面积出库不及时和周转问题,导致出现无法按时配送和单货不同步的现象,订单满足率仅90%;物流服务水平、客户满意度下降,甚至造成销售业务流失。

2. 用人挑战。人工成本逐年递增:为适应业务增长,2020年一线员工人数增长8.5%,年人力成本增加约1,000万元。业务量上升导致现场人手增加,作业高峰带来加班费用、人员工资调薪费用逐步增长;招工难,年轻员工流失大,员工老龄化趋势越来越明显;对企业未来人员管理带来一定挑战。

3. 业态变化。两票制和带量采购政策实行后,对于药品流通企业来说,渠道商的优势将不复存在,商业功能弱化,而物流和金融的重要性进一步凸显。随着C端业务的增加,出库模式更加零散、碎片化。对比初期,广州物流中心承担的拆零订单占比已增长约17%,拆零区出库箱数量翻倍,运作压力倍增,需要仓库升级适应市场变化。

大湾区枢纽中心投入使用预计还需要4年,在此期间广州区域业务量预计翻倍增加,仅依靠广州高唐—柯木塱仓的出库产能将无法支持货主业务的发展需求。在此情况下,需要在过渡期内提高存储能力尤其是出库效率,并考虑在大湾区物流枢纽投入使用后能充分利用已投入资源。

(三) 国内外研究现状

本次智能化升级改造项目预计投入机械臂、AGV机器人及视觉算法等核心技术,目前国内外的研究情况如下:机械臂(拆码垛机器人)和搬运机器人都属于工业机器人范畴,工业机器人经过数十年发展,在很多技术和应用上都已经越来越成熟。但人工智能等新的技术变量正在改变这个行业,工业机器人逐渐从单纯的机械设备升级为具有感知、规划和自学习、自适应能力的智能体。得益于庞大应用市场以及人工智能等新技术的快速发展,目前我国机器人的发展已经处于世界第一梯队。

基于视觉的码垛流程通常是从箱子检测(2D+3D)、箱子抓点选取,到机械臂运动路径规划、机械臂系统控制机械臂执行。其中最为关键的技术是"箱子检测"和"路径规划",箱子检测能力决定了机械臂的智能程度,一般能识别的箱子种类越多,速度越快,智能化程度越高。路径规划能力则决定了机械臂的工作效率,路径最优、用时最短则效率越高。该项目中应用的机械臂可支持上万SKU的通用箱子检测,基于强大的人工智能算法能力,面对海量SKU,依旧能获得较高感知速度。此外,机械臂具有高效灵活的路径规划技术，无须示教，部署简单、安全性好、执行节拍高。

AGV/AMR（智能搬运机器人）方面，第一台AGV（Automated Guided Vehicle，自动引导车）诞生于1953年的美国，可以在仓库中沿着布置在空中的导线运输货物。随后，国内在AGV领域的探索也开始，并逐渐应用于制造、食品等行业。随着导航技术的发展，AGV逐渐向AMR（Automated Mobile Robot，自主移动机器人）方向发展，更加智能。

以自主移动机器人（AMR）和人工智能（AI）为代表的新一代智慧物流技术的落地应用，使医药物流中心进入智能化升级的新发展阶段。为了应对业务量持续增加及业态变化对出货要求不断提高的挑战，本项目在原有自动化医药物流中心的基础上进行智能化升级改造，通过引入AI技术和柔性智能物流系统，包括基于AI视觉识别+智能控制技术的机械臂拣选、自主移动机器人AMR"货到人"拣选系统、AI五面视觉扫描等，减轻了人工作业强度，节省了人力投入，提高了出库能力和作业效率，满足了客户对订单时效的要求，同时降低了总体运营成本。不用推倒重建、无须停工停产，本次智能化升级改造思路，对于整个医药分销体系在商业模式变革下应用新技术提高生产力、降低成本，具有很强的行业示范意义。

三、项目实施目标与思路

（一）解决方案的对比

在对广州仓现存问题及产能改造设计的解决方案探讨中，进行了以下方案的对比，具体如表1所示。

表1　　　　　　　　　　　　　三大方案对比表

方案	方案一	方案二	方案三
方案内容	转移部分恒兴货主业务到其他仓库（佛山、南外）	转移部分品类到柯木塱库区，增加人员，不作设备改造	转移部分品类到柯木塱库区，连接高唐-柯木塱库区，自动化改造
方案对比	转移恒兴、花都货主几十亿元销售的物流业务，需额外增加编制多人，每年增加运输费用数百万元。<u>此方案成本过高，不可行</u>	现有基础上增加人员十几人，包括收货、验收、发货、理货人员，增加面积2,000多平方米（收货、拆零包装及理货面积）。虽部分缓解操作面问题，但人均整箱出库效率仍较低，同时由于收发工作均拆成两个区域，出库整合难度较大，操作风险较大	提高了整箱操作效率，现有基础上减少约14人。连通两个库区，收、发、包装功能区可以整合，不需要增加面积

从成本、效率、风险三方面进行综合评估，方案3为最优选择，建议按照方案3设立项目。为启动项目改造，公司于2020年开始启用南外仓，存放大批量商品，缓解广州仓仓容压力，腾出空间进行改造；与此同时，对高唐-柯木塱仓进行自动化设备改造，提升仓库拣选能力。

（二）改造方案的考虑

确认选择对广州仓进行自动化改造的方案后，4家咨询公司给出改造方案，均对拆零区做了针对性的规划改造，主要方向为增设多层穿梭车系统等提升拆零拣选能力的物流设备；但与仓库的实际情况结合来看，存在几点顾虑：

1. 对拆零区的大面积改造势必会导致施工期间的停产，从目前的业务情况来看不允许出现停工的情况。

2. 从仓库的出库箱数据来看，全仓拆零的出库箱只占3成，出库压力较大部分是存在于整箱出库的，对拆零区做如此大投入的性价比不高。

3. 大规模的设备投入施工量大，而仓库拆零区阁楼箱拣区在原规划上是满足拆零功能使用条件的，如果能够利用好此块区域，本次改造的工程量将更少，进度更快。

结合多方考虑，改造方案需满足以下几个条件：一是改造期间不停工是最重要前提；二是此次自动化改造应着重提高整箱出库的效率；三是拆零区做适当的轻量化改造配合人工拣选，综合提高拣选能力；四是改造方案应减少仓库人力需求，实现无人化作业。

四、项目实施过程

（一）项目实施周期

整个项目的周期共划分为6个阶段，具体如表2所示。

表2　　　　　　　　　　　　项目周期表

时间	阶段名称	主要工作
2019.12—2020.03	设计	方案设计、对比
2020.03—2020.06	立项和可研申报	立项申报、设计咨询、可研申报
2020.08—2020.10	项目招标	物流设备、土建工程、项目管理等服务商招标
2020.12	项目启动	召开项目启动会，确定项目组主要成员，涵盖运营、信息等部门人员
2021.01—2021.06	项目改造及上线	现场安装实施、6月中旬项目上线
2021.10—2022.12	项目运行及回顾	项目顺利运行，经济效益、影响力体现

因不能影响现场运作，施工、测试、上线过程都利用假期、空闲时间进行，项目人员节假日加班留在现场工作，最终较合同时间提前10天完成升级切换。

（二）项目具体改造点

1. 立体库在线拣选安装机械手3个，代替6名员工在线拣选。
2. 拆零阁楼螺旋机改造为爬坡输送线，解决螺旋位卡箱子问题。
3. 改造零拣复核区输送线，实现周转箱与出库包装箱共线回收功能，实现周转箱在线注册功能，取消标签关联周转箱动作；扩大零拣包装站，向前扩展4个包装台。
4. 延长CP区西侧输送线，实现向柯木塱整箱、零拣区上架输送功能。
5. 在高唐仓北面架空安装连通柯木塱A、B栋的双向箱式输送线，实现整箱双向联动运输。
6. 柯木塱仓A栋安装提升机、机械手、托盘式和货架式AGV，将高唐仓JE、JF箱拣商品移到柯木塱，实现箱拣区自动化，替代4名操作员工。

（三）3A智慧物流解决方案（AS/RS + AMR + AI）

为满足日益增长的业务需求，项目组没有采取传统的加人、扩充仓库面积的方案，而是通过成本、效率、风险等核心要素的评估，采用高唐-柯木塱两仓双向联通并对仓库进行自动化、智能化升级改造的创新方案。该方案融合了智能化升级的新思想，采用了视觉识别、机器人、人工智能（AI）等新技术。从最终效果上看，通过采用新技术和新思想，该方案连通了两个库区，整合收、发、包装功能区，提高了整箱操作效率，在现有基础上减少 10 个操作人员，在不增加仓库面积的情况下能够满足未来数年国药广州不断增长的业务需求。

1. 高唐–柯木塱仓的双向联通。高唐仓与柯木塱仓在物理上为独立的两栋仓库，间隔距将近 200 米。但由于业务需要，两仓出入库作业层面存在交叉。为促进两仓的库区联通、作业融合，通过改造高唐收货输送线、建设架空连廊、搭建双层输送线、箱式提升机等改造，高唐仓与柯木塱仓实现协同运作。高唐–柯木塱仓协同具体表现为：

（1）高唐投货线：在高唐完成收货、验货后，投货完成自动贴标；

（2）双层输送线：上层为高唐至柯木塱的入库线，下层为柯木塱至高唐的出库线；

（3）架空连廊：实现高唐仓与柯木塱的连通、两仓库区的出入库协同作业；

（4）双向提升机：实现货物跨楼层运输。高峰作业时段，进行功能切换，实现两台同时出/入库作业。

2. 基于视觉识别+智能控制技术的立体仓库机械臂整箱拣选。考虑当前立体仓库二楼箱拣任务量大且人工搬箱操作繁重等问题，在立体仓库一层北侧安装带视觉识别技术的机械臂，代替原来的人工箱拣，实现自立体仓库 2,000+个 SKU 的箱拣自动化。因此，对立体仓库做如下改造：拆除原有的 RGV 和输送线系统，新增 1 套 U 型在线拣选托盘输送机系统，新增 3 台带有视觉识别相机的机械臂以及 3 套自动贴标系统，新增配套的箱式输送线及螺旋输送机。立体仓库自动拣选的关键技术在于具有视觉识别+智能控制的机械臂，针对复杂的作业场景，机械臂通过视觉判定货物边界，实现精准抓取。

3. 柯木塱仓 AGV/AMR 自主搬运的智能化作业。具体改造柯木塱仓 AGV/AMR 自主搬运的智能化作业包括：AGV/AMR 机器人、充电桩、工作站（含操作台、PDA 和指环扫描枪等）、单层托盘支架、多层货架以及仓储控制系统（WCS）等，帮助提升入库上架、拣选出库、盘点和理货等环节的效率。通过 AGV/AMR 机器人背着货架排队上架和出库等操作，实现了搬运过程的自动化和智能化作业。

4. AI 五面视觉扫描系统。药品电子监管码（以下简称"药监码"）信息采集，是实现药品追溯和流通管理的有效途径，是国家药品监督管理的难点。国药控股广州物流中心原整箱拣选出库时，都需要人工逐箱扫描药监码，耗费较多作业时间。为提高操作效率，在高速分拣机前端，本次改造部署了五面视觉扫描系统，可对高速运行中的药品原箱进行自动扫描识别，读取前后左右顶五个面的所有条码，并经过有效过滤，将药监码和物流码进行绑定，回传给 WMS 系统，同时将纸箱进行快速分拣。

五、项目实施成效

（一）项目完成指标

1. 效率方面：通过智能化升级，仓库整体效率提升 25%，作业完成时间提前约 2 小时，提高了箱拣和零拣效率。

2. 库容方面：物流中心储存密度提升 10%，整箱和拆零拣选面扩大，拆零库区面积增加 1 倍。

3. 人工方面：智能机械臂减少人工日均负重 22 吨；在货架箱拣环节，拣货员每日减少 3 万步，少跑"半程马拉松"；补货工作量减少 22%。

（二）项目提质增效成果

1. 在人工成本上，立体库在线拣选使用机械臂替代人工、整箱拣选使用 AGV、零拣关联周转箱、补货量下降，年均可节省约 10 人的人工成本。

2. 在产能效率上，利用智能化设备代替人工，使得产能提升 25%，日均出库量明显提升。

3. 在设施成本上，拣选面积扩大 4,000 平方米，每年可大量减少仓租成本和水电费。

综上所述，除去项目投入的年摊销成本，广州物流中心智能化升级改造提质增效节省年均成本上百万元。

（三）业务高峰吞吐能力提高

升级改造前，国控广州物流中心的峰值吞吐能力与智能化改造后经历的 2022 年 1 月峰值吞吐能力、2023 年 1 月峰值吞吐能力对比，分别增加约 3 万件、6 万件，远远超出当初升级设定的产能目标，为业务的增长提供了强有力的支撑。

六、总结与启示

（一）项目亮点

1. 创新性

本项目不仅是自身实现科技赋能，更是率先在医药行业探索数智化升级新方向，实施过程中没有影响正常业务开展，为行业探索出了一条不停工、不重建的升级之路，用事实证明了通过数智化改造、实现医药物流中心从自动化向智能化升级的可行性和科学性。

2. 经济效益

（1）直接经济效益：项目实现了产能升级和全自动化作业，改造后年均节约成本费用上百万元，并将在未来五年节约成本上千万元，切实为公司提升盈利水平，改善运营质量，降低经营成本；

（2）间接经济效益：改造后高峰期的产能水平超出预设目标，避免人员加班、临时加人等问题，带来年均经济效益增量上百万元。

3. 影响力

该项目仅用 6 个月时间提前 10 天完成边运营边升级，项目过程中的实施管理、测试管理、上线保障、现场管理方式方法均有参考意义，对未来医药商业领域有强示范效应，有效带动医药物流进一步深化自动化、智能化转型，促进产业高质量发展。

该项目荣获多个奖项，得到业内认可，同时也在体系内成为标杆项目，接待多家兄弟公司进行参观交流。

（二）项目所获成就

1. 荣获第十二届 LT 中国物流技术奖创新应用奖。该奖项评审程序严谨，初审阶段由

2,000多位专业用户完成,终审专家评委涵盖来自业内组织、科研院校、知名企业等领域的各界代表,以其独特的影响力被誉为"物流界奥斯卡"。

2. 2020—2021年度"医药供应链最具价值创新示范案例奖"。该奖项由中国医药商业协会颁发,评选过程中经过专家评审、现场展示、现场投票,现场公布,为该年度医药供应链最具价值奖项。

(三)项目知识产权申请

本项目产出多项知识产权:4项实用新型专利、1项软件著作权(申报中)。

国药集团财务有限公司金融数据采集管理提质增效项目实践

吴 铎 闫艳妮[*]

一、引言

中央金融工作会议强调,要做好科技金融、绿色金融、普惠金融、养老金融、数字金融五篇大文章,以数据为关键生产要素、数字化赋能经济金融高质量发展为大势所趋,推动金融业态转型升级,为促进实体经济发展提供强大动能。金融监管机构将加强金融数据管理作为推动金融供给侧结构性改革、促进金融高质量发展的基础工作,提出了通过构建监管统计新格局、建设监管大数据平台,实现监管数字化转型,提升金融监管能力的目标。

作为数字化转型的必经之路,金融监管机构近年来着力强化金融数据管理力度,扩大金融机构数据采集范围,由结果数据向源头数据延伸,由汇总指标采集向关键指标和全量明细数据采集并重;提高数据质量要求,涵盖汇总指标和明细数据严格核对、跨期校验、交易数据的穿透披露等要求,将监管数据质量上升到机构合规高度进行管理。

财务公司作为服务集团的内设金融机构,是金融体系中的重要组成部分,迫切需要加强金融数据管理工作,为宏观调控和实体经营提供有效的信息支撑。国药集团财务有限公司(以下简称"国药财务公司"或"公司")以加大业务拓展力度、提升金融数据管理水平为目标,设立金融数据采集管理提质增效项目,全力推动公司高质量可持续发展。

二、案例背景

国药集团财务有限公司是中国医药集团有限公司(以下简称"国药集团"或"集团")所属二级子公司,也是集团内唯一一家持牌金融机构。公司坚持"服务集团 以融促产"经营宗旨,聚焦打造与国药集团发展战略相匹配的、综合性优秀金融服务平台的核心目标,始终坚持以提质增效理念引领精益管理,努力发挥集团内设金融机构平台作用。

国药财务公司需向中国人民银行、原银行保险监督管理委员会等监管机构报送各类金融统计及监管报表,频次从日报、周报、月报、季报、半年报到年报,全面覆盖公司所有

---

[*] 作者简介:吴铎,国药集团财务有限公司计划财务部经理;闫艳妮,国药集团财务有限公司计划财务部金融统计分析主管。

经营数据，2021年涉及33大项、年度报表总量约1.63万张。立项前，公司金融数据采集管理工作呈现以下特点：

一是占用人员多。前中后台多个部门、占公司人数一半左右的员工均参与到金融报表数据采集流程中；采集报送时间的刚性限制、多种类的报表填报工作影响了业务拓展。

二是系统化率低。2021年末，公司各类金融业务总数字化上线率仅为40%，金融数据采集多为人工采集上报，数据采集的系统生成率仅为30%。

三是验证机制弱。数据采集口径缺少系统化梳理，同一数据来源的报表填报结果因缺乏交叉验证机制而有所不同。

三、项目实施目标与思路

（一）以项目制管理方法为基础，明确立项目标

针对金融数据采集管理的痛点难点问题，公司依托提质增效专项工作组，审议批准立项金融数据采集管理提质增效项目，财务部门为项目牵头部门，项目组成员来自公司前、中、后台部门。立项目标为助力业务拓展、优化金融数据采集管理流程，提升金融数据采集系统化率达到95%以上。

（二）以量化效益为指导，明晰工作思路

公司量化立项目标，设置考核指标，指导督促相关工作稳步推进。信贷业务部门退出报表流程，将完成全年信贷投放业务指标设为具体考核指标，助力公司业务拓展；明晰金融数据采集系统化率考核口径，将报表报送频率纳入计算口径，以全面体现工作成效。

四、项目实施过程

（一）优化管理流程，强化归口管理职能

管理流程优化是项目实施的关键一环。项目组采用分步走的方式，分阶段逐步落实流程优化方案，提高金融数据采集管理质效。

阶段一：职能集中化

（1）统筹设置专岗人员。公司在财务部门设立金融统计分析专岗，接管两个业务部门业务数据初步采集工作，为数据采集集中化做好人员准备。

（2）调研确定归口部门。项目组开展内外部调研工作，外部调研掌握行业金融数据采集管理分工现状，内部调研厘清全部数据采集种类数量、工作时长、数据表间关系等因素，评估由财务部门和风险管理部门归口管理不同监管机构数据采集工作模式的适用性并经公司审议通过，确定归口管理模式和范围。

阶段二：业务部门退出数据采集复核流程

撤销原需业务部门参与金融数据采集环节，由归口管理部门增加分管报表数据初填与实质性复核流程，保证过渡阶段金融统计数据采集质量。

阶段三：归口部门数据采集填报集中化

从填报流程上：归口管理部门从岗位职责、金融数据采集类别所占比重对初填复核人员进行重新调整分工，固化两轮实质复核及备岗工作机制，职责更明晰、流程再优化。

从分工内容上：明确金融数据采集角色分工职责，确保一人全流程跟踪、及时报送；全面细致复核与交叉验证合理性复核全面覆盖，分工明确、保证质量。

（二）厘清数据资产，夯实数据资产管理基础

以金融数据采集标准为抓手，项目组对业务数据字段及系统取数来源进行摸底和梳理，全面厘清数据资产，明确底层业务数据的系统维护和扩充范围，为数据采集提供有力支撑的同时，也夯实了未来数据资产管理基础。

1. 梳理数据字段，摸清业务系统数据现状

项目组梳理全部业务类型数据字段及取数来源，据此对数据进行分层标识。从业务主条线入手，继续细分为24项子业务，梳理形成1,040条数据字段，并将其分为原始数据和复合数据两类，便于分类采集管理。

将数据采集来源分为七大类，结合需求分析，进一步分类标识数据字段，系统梳理确定数据字段覆盖率情况，明确下一步工作方向，完善业务系统功能或从外部获取相关信息和数据资源等方式提高底层数据完整性。

2. 完善业务系统功能建设，满足数字化建设需求

以数据字段梳理成果为基础，项目组牵头、业务部门对金融数据采集基础字段进行确认，提出缺失数据字段的系统化建设需求，完善业务系统底层数据字段并持续排查整理，持续提升业务系统数据字段覆盖率。

按照公司"十四五"发展规划，公司加速推进金融科技建设，提升线上服务数字化水平，陆续上线同业业务模块、优化完善应收账款融资模块和新一代电票系统等，有效提高了业务数据字段系统覆盖率。截至2023年末，业务系统数据字段常规业务覆盖率已提升至97%，完成基础数据底层筑底工作，为金融数据采集系统化提供了有力支撑。

（三）推动金融统计报表信息化，强化科技赋能

按照监管金融数据采集要求，区分数据报表类别，分类施策。将数据报表分为逐笔明细类和统计指标类两大类。逐笔明细类报表需要采集每笔业务对应的合同号、客户、金额、利率、期限等基础要素和字段，信息化采集的关键点在于保证底层数据的完整性。统计指标类报表为业务数据的统计、加工和逻辑化运算，信息化采集的技术重点则在于报表基础逻辑的构建及维护，以实现数据的系统化生成及自动校验功能。

推进金融监管报表统一平台系统建设，建立报表平台与业务系统数据连接通道。随业务系统优化升级进程，分阶段提出基础数据的上线需求，进一步完善底层业务数据，经多阶段反复测试，截至2023年末，金融数据采集的系统生成率已达到95%以上。

（四）梳理数据采集口径，实现跨表自动校验

基于监管金融数据采集需求逐步增加的情况，项目组采用分阶段梳理数据采集口径的方式，首先筛选报表间采集口径一致、具备逻辑勾稽关系的数据指标，形成填报口径清单；再参照新增数据采集需求更新原有填报口径清单，以符合金融数据采集最新校验逻辑，并将部分校验规则嵌入大数据平台，实现系统跨表校验功能，保证同一指标在不同监管机构采集结果的一致性，提升数据采集质量。

（五）坚持精益化管理，狠抓数据质量

公司充分认识到提质增效是实现精益管理的本质要求，按照"向展业创新要效益、向

精益管理要效益、向服务提升要效益"的工作策略,项目组通过事前、事中、事后全过程数据质量治理,保证金融数据采集质量。

1. 核查底层数据,夯实采集基础

制定源头数据质量核查方案,实施源头数据质量核查,建立全流程、可溯源的源头数据核查机制、形成核查风险点,强化源头数据质量责任意识;开展数据质量专项治理,核查业务系统客户信息数据字段准确性和完整性,提高底层业务数据的准确性,进一步夯实数据采集系统化基础。

2. 优化操作流程,完善管理机制

制定企业规模划型管理操作细则,优化基础信息变更管理流程,引入数据复核环节,加强跨部门协同,从数据录入、复核、变更等多环节把控成员单位客户基础信息数据质量,确保数据准确性和一致性、提高数据变更及时性。

3. 对标寻找差距,整改促进提升

开展金融数据采集标准执行情况评估,对标差距、评估整改项目,制定整改计划,敦促落实整改,保证金融业综合统计标准执行质量。

(六)建立填报操作手册,提供规范指引

为全面规范金融数据采集管理工作,归口管理部门建立数据采集《操作手册》,明确数据采集上报时间点,列示数据来源及取数逻辑、审核流程一览表及流程图,明晰数据采集路径,更直观定位数据源及采集标准,形成操作指引。根据监管发布最新采集标准动态更新和完善《操作手册》,固化工作机制。

五、项目实施成效

根据 2023 年发布的《数字化发展规划》,公司将数字化转型提升至公司发展的战略高度,而金融监管报表作为数据能力建设中的重要应用场景,成为数字化转型的有力抓手。通过基础数据筑底、监管报表自动化、数据自动校验、审核流程优化、数据质量治理、操作手册指导等多措并举、组合发力,形成了全面的金融数据采集管理闭环和体系,金融数据采集管理整体提升至新水平,具体体现为以下几方面:

一是分工精细化。金融数据采集归口管理流程优化后,填报人员总体数量从全员的 1/2 下降至 1/3;业务部门得以退出金融监管报表填报流程,每年为业务部门节省约 155 天的填报工作时长、19.85 万元的人工成本;信贷业务人员集中精力聚焦业务拓展,2023 年公司"集团内季均信贷余额"指标同比增长 13.46%,增幅高于行业平均水平,圆满完成年度预算考核目标。

二是报表系统化。2023 年人民银行和金融监督管理总局等监管机构采集的各类报表数据系统生成率已达到 95% 以上,极大节省了报表初填人员时间成本,每年约节省 80 天的填报工作时长、10.24 万元的人工成本。

三是管理精益化。管理流程优化使数据采集工作集中化、清晰化、审核流程标准化、精简化,有效降低跨部门协调和沟通成本、提升精益管理水平。

四是业财融合再深化。金融数据采集管理项目提高了业务信息获取的时效性和便利性，有效促进财务信息和业务信息的有机融合，提高数据分析颗粒度，为深化业财融合创造系统基础。

五是项目管理经验推广化。2023年公司获得人民银行金融机构调查统计工作考评A级、会计报表报送优秀单位称号。公司认真总结项目管理工作经验，开展行业交流，应邀向同业财务公司分享金融统计人员管理、双岗复核及统计数据治理等金融数据采集管理提质增效项目经验，形成同业示范效应。

六、总结与启示

公司以项目目标责任制为提质增效工作主要管理手段，持续挖掘潜在质效提升点，提质增效工作常态化，助力公司价值提升。在实践过程中主要收获以下三方面的启示。

（一）提质增效赋能高质量发展，顶层设计是关键

贯彻高质量发展理念，提质增效是推进公司战略实施、有效应对各种风险挑战的重要举措。2022年国务院国资委印发《关于中央企业加快建设世界一流财务管理体系的指导意见》（国资发财评规〔2022〕23号），引导中央企业主动运用大数据、人工智能等新技术，充分发挥财务作为天然数据中心的优势，推动财务管理从信息化向数字化、智能化转型，实现以核算场景为基础向业务场景为核心的转换，努力成为企业数字化转型的先行者、引领者、推动者。国药集团坚决贯彻国资委要求，将提质增效作为提升企业精益管理水平和应对不确定性的重要抓手，公司以"十四五"规划、信息科技"十四五"规划以及数字化规划为纲领，为提质增效行动拓宽思路、找准方向。

提质增效工作以国家、集团、公司等不同层面的纲领文件为指导，受益于其全面清晰的顶层设计，与公司战略发展方向相吻合，对公司数字化转型、促进高质量发展起到推动作用。

（二）提质增效目标达成，组织机制是保障

提质增效专项行动是长期性战略举措，是需要公司上下齐抓共管、全员参与的价值挖掘工程，管理机制是实施工程的重要保障。按照集团统一部署，公司成立总经理为组长的提质增效专项工作组、财务总监靠前指挥，建立并不断优化"立项—执行—检查—结项—考核"的项目制管理机制，工作组明确提质增效专项总体目标及立项标准，每年度向各部门征集项目，项目提出部门阐明立项原因、实现目标及团队构成等要素，经公司专题会论证后形成批准立项清单；项目进行常态化管控、牵头部门季度督导进展、总结报告，年末由项目执行部门提交结项报告、工作组进行项目验收考评，公司对提质增效工作有突出贡献的团队及个人给予奖励。

随着提质增效工作的深入开展，公司项目制管理模式深入人心，共同的项目目标促进项目组员协同内外部资源共同作战、形成合力；在金融数据采集管理提质增效项目上尤其体现了项目制管理下"众人同心、其利断金"的显著成效，保证了项目有序开展和成果稳健落地。

（三）提质增效定位准，解决问题是目标

提质增效工作从公司管理痛点难点问题入手，通过开展对标一流及同业调研工作，找

差距、定目标，将问题解决与推进公司高质量发展结合起来。金融数据采集提质增效项目从业务人员参与报表填报工作、影响业务拓展问题入手，深挖问题根源，对标同业先进企业做法，开展多轮次调研工作，结合工作实际，提出解决思路与方法并积极落实，通过完善核心系统业务模块，搭建监管数据系统平台，提高监管数据采集工作效率，提升监管数据质量，形成了具有公司特色的金融统计管理模式。

七、展望与思考

展望未来，在数字化浪潮席卷全球的大背景下，需要思考巩固扩大并转化应用提质增效工作成果，持续推进高质量发展。

（一）以提质增效成果促进数字化转型

数字金融为公司服务集团高质量发展开辟新的路径。作为集团内的持牌金融机构，公司连接着集团实体企业与金融市场，有着产业性和金融性的双重属性，具有现实的数字化转型需求和丰富的数字化转型基础。数据作为公司数字化转型过程中的一种重要生产资料，是实现数字化可持续发展的动力源泉。金融数据采集管理提质增效项目通过有效促进公司拥有更完整的资金存量、业务流量和交易价格等内部数据资产，为数字化转型提供扎实的数据支撑，为公司实施数字化转型"数据筑底、数据治理、数智升级"的"三步走"战略提供基础保障，助力公司稳步向满足集团管理和成员单位业务需求的数字化金融生态体系方向迈进。

（二）以提质增效成果推进数据治理

在国家政策与内生需求推动下，集团在加强资金监管等方面进行了积极探索。国药财务公司坚持"以融促产、服务集团"经营宗旨，以集团价值最大化为目标，在金融数据采集提质增效项目成果基础上，继续拓展金融数据采集流程方面优化空间，加力解决"数据孤岛""数据烟囱"等数据能力建设方面的问题，加快数据中台建设工作，通过识别数据资产、数据标准化、数据的分级分类、制定数据治理策略、实施数据治理流程以及监控运行情况等，实现数据质量全生命周期管理、推进数据治理见成效。

（三）以提质增效成果深化业财融合

金融数据采集管理不应仅满足监管机构统计工作要求，在对业务数据的汇总统计、加工和逻辑化运算的基础上，需要有效利用过程中形成的数据资产，提高数据分析能力，深入挖掘积累的经营业务数据利用价值，充分发挥数据资产在业财融合中的效能，切实提高经营决策管理水平，全力支持成员企业提高核心竞争力，以优质金融服务助推集团高质量发展。

主要参考文献

[1] 陈施行，杨珊华. 国药集团提质增效工作的探索与实践 [J]. 财务与会计，2022 (17)：33－36.

[2] 杨珊华，陈施行. 项目制提质增效的逻辑与国药实践 [J]. 新理财，2024 (1).